rowohlt

Andreas Münzner

Die Höhe der Alpen

Roman

Rowohlt

Jede Ähnlichkeit mit lebenden oder toten Personen ist zufällig und vom Autor nicht beabsichtigt.

1. Auflage Juli 2002

Die Höhe der Alpen

1

Wir gehen zu viert auf das Tor der Tiefgarage zu, meine Eltern, mein Bruder und ich. Der Platz vor der Garage ist weit und hell, die Sonne scheint. Es ist Sommer, warm jedenfalls. Vielleicht wollen wir einen Ausflug machen, an den See, in die Berge, was weiß ich.

Wir schreiten auf das große Garagentor zu, das in die graue Betonwand eingelassen ist, wir Buben vorneweg. Und plötzlich sehe ich im kleinen Lüftungsfenster neben dem Garagentor die gefaltete Wolfshaut liegen. Es ist nur der Wolfskopf, mit ein bisschen Fell dran. Sauber gefaltet. Er liegt einfach da, auf dem Absatz des kleinen Fensters. Regt sich nicht, liegt ganz ruhig, in einer eigenen, langsameren Zeit. Es ist heiß, der Platz um uns herum ist weit und hell.

Ich weiß genau, was jetzt kommen wird, und kann doch nicht anders. Es ist nicht zu vermeiden. Ich gehe auf das kleine Fenster zu, Bruder, Vater und Mutter hinter mir, über den weiten Platz direkt auf die gefaltete Wolfshaut zu, und fange an zu rufen. Obwohl ich es weiß. Ich rufe und blitzschnell faltet sich die Haut auf. Der Mann, der die ganze Zeit daneben gesessen und gewartet hat, schlüpft hinein. Jetzt ist es der Wolf. Der große Wolf. Er brüllt. Ich reiße meine Augen weit, weit auf. Ich schreie.

Jetzt gehen wir nicht mehr auf das Garagentor zu, sondern rennen weg davon, so schnell wir können. Ich glaube, ich schreie noch immer. Und bald wird der Wolf über uns sein und uns alle verschlungen haben. Endgültig gefressen. Wobei noch zu bemerken ist, dass der Wolf dann einer Schiffsbauchgarage ähnelt, das heißt, sobald wir verschlungen sind und uns im weiten, trockenen Raum des Innenwolfs befinden, sehen wir, dass der Wolf nach der Hälfte des Körpers plötzlich abbricht und nur noch aus ein paar flatternden Hautfetzen besteht. Wir steigen hinten wieder aus der Hülle heraus, und es ist vorbei.

Ich weiß nicht, ob ich diesen Traum nur einmal geträumt habe oder viele Male, oder eben nur einmal so, dass er sich mir eingeprägt hat, als wäre er immer wiedergekommen, in unzähligen Nächten, über lange Jahre hinweg. Immer wieder erschrecke ich, wenn ich im Traum die Haut daliegen sehe und weiß, dass ich nicht werde widerstehen können. Immer wieder darf ich nicht zögern und muss ganz schnell entzaubern, was sich sonst nur noch schrecklicher ausnehmen würde. Es ist ein Zwang, diesen Schrecken herausfordern zu müssen, jene unsagbare Überfahrt ins Dunkle des Wolfsbauchs zu bestehen, aus dem ich dann doch wieder unversehrt hervorgehen werde, neugeboren und befreit, bereit, es sofort wieder zu tun.

Es gibt nicht viele Träume, an die ich mich erinnere, so wie ich mich an diesen erinnere, und auch bei den wenigen sind es höchstens Bruchstücke. Wahrscheinlich hatte die Szene mit dem Wolf im Original ihren Vorspann, wahrscheinlich ging es auch danach noch weiter, obwohl ich zu wissen glaube, dass ich nach dem Hinaustreten aus dem dunklen Bauch, aus der flatternden Haut in die Helligkeit, jeweils ruckartig im Bett aufsaß, die Augen aufriss, zusammenkniff und wieder aufriss im Dämmer meines Zimmers.

Wölfe gab es sonst nur im Ferienhaus in den Bergen, das heißt, einen hatte es da einmal gegeben, der war aus Italien oder Österreich gekommen, um die Schweizer Schafe zu kosten, und dann war das ganze Tal in Aufruhr gewesen, und wir Kinder sahen die Jäger vor dem Haus ausschwärmen und durften nach dem Dunkelwerden nicht mehr hinaus, eine der wenigen Aufregungen in dieser an äußeren Ereignissen so neutralen Zeit. Er wurde mitten im Dorf erschossen, direkt neben der Metzgerei, aber das Fleisch war ungenießbar, ich weiß nicht, machten sie Tierfutter daraus. Auf der schwarzweißen Fotografie des Lokalblatts war das Wolfsblut im Schnee zu sehen, ein dunkler Fleck, und auch wenn die grobe Rasterung der Fotografie vielerlei Interpretationen zuließ, waren doch die ins Feuerorange spielenden Spuren im blendend weißen Schnee zu erahnen, wie, als wieder einmal ein ungeschickter Tourist am Skilift der durch seine Bretter aufgezwungenen Wegführung aus der Spur hinaus direkt in den Liftmast hinein zum Opfer gefallen war, liegen geblieben und im körnigen Schnee verblutet.

Erst nach einer Weile weiß ich wieder, wo ich bin. Ich sitze aufrecht in meinem Bett. Da, die Fensterfront mit dem fein geschnittenen Grau der Nacht hinter den Lamellenstoren. Da, mein Schreibtisch, still ruhend im Dämmerlicht, die Platte fest auf dem Korpus. Der Spannteppich atmet Ruhe. Das Nachttischchen neben mir, die dunkle Holzoberfläche glänzt ganz schwach, ein Buch liegt darauf, die Schrift ist nicht zu erkennen, nur die Abbildung auf dem im Halbdunkel so griffig scheinenden Umschlag, ich weiß nicht mehr, was für ein Buch es ist, welche Seiten zwischen diesen Deckeln liegen, schlafend. Plötzlich erinnere ich mich wieder an den Traum. Erschreckt haste ich den Bildern nach, versuche ruhig zu atmen. Mit weit offenen Augen. Als alles vorbei ist, am Ende, liegt die Wolfshaut abermals als lächerliches Häufchen auf dem Garagenvorplatz.

Über mir, an der Decke, dringt zwischen der Holzwand und der weißen Tapete ein Lichtstrahl durch. Jemand ist noch am Arbeiten. Ich weiß, wer es ist. Er sitzt ganz still da, von mir getrennt nur durch die Holzwand, und schreibt etwas, Zahlen womöglich, in jener präzisen, fest aufgedrückten Schrift mit den kleinen Vokalen. Ich könnte aufstehen und, wüsste ich wie, das heißt, ohne ein Geräusch zu machen, meine hölzerne Türe in ihrem hölzernen Rahmen aufziehen, mich über den Spannteppichboden bis an die Ecke schleichen, die den Gang vom Büro trennt. Ich könnte, würde ich mich getrauen, um die Ecke schielen, mich am dunklen Holz der Wand festhaltend, das diesen ganz feinen Film aus kaum sichtbaren Tröpfchen bekommt, wenn man seine Hand zu lange darauf gehalten hat. Ich könnte atemlos dastehen und schauen, schauen, wie sich der Rücken im Hemd leicht bewegt vor unserem alten Schreibpult mit den furnierten Seitenwänden, das wir von den Großeltern haben. Ich könnte die Augen schließen und auf das Rascheln der Blätter hören in seinen Fingern, auf das Ächzen der heruntergelassenen Schreibtischplatte, wenn sich mein Vater ein wenig stärker darauf stützt, die dunkle Platte mit den spitzen Ecken, an der ich mir eines meiner tieferen Löcher im Kopf geholt habe, mit Höchstgeschwindigkeit, auf der Flucht vor dem Bruder wohl, um die Ecke biegend und mit dem Schädel hängen bleibend. Ich könnte auf seine stoßweise herausgelassenen Atemzüge hören und mir vorstellen, wie er, wie jedes Mal, wenn ihn etwas anstrengt, die Zunge zwischen die Lippen klemmt, und ich könnte mir vorstellen, wie er die Stirn runzelt und über die Lesebrille ernst auf die Blätter schaut. Ich könnte mir auch vorstellen, dieser Blick gälte mir, ein ernster, taxierender Blick, nachdem der Vater sich etwas steif gewendet hat, ein fragender Blick, was ich denn hier suche, und ich würde sofort wieder verschwinden, mich verkriechen in meinem Daunenbett, die Decke über den Kopf ziehen, das Deckenende unter die Füße schlingen und die Finger in die Ohren stecken, um ganz bei mir zu sein, da, wo mich niemand erreichen kann. Ich würde den Lichtstrahl über mir an der Decke nicht mehr sehen und die Geräusche nicht mehr hören, wenn er aufsteht und einen Ordner im Schrank verräumt, auch nicht das Tippen auf der Schreibmaschine oder am Computer. Ich höre nichts mehr und sehe nichts mehr, und höre dann doch ganz deutlich das Klicken, welches das Klicken des Lichtschalters ist, und dann die leisen Schritte entlang der Längswand, die einen Moment, in der Höhe meiner Türe, stehen bleiben, dann verschwinden. Ich kann endlich ruhig einschlafen.

2

Wir legen immer die Hände offen auf den Tisch. Beide Hände. Auf die weiße Tischplatte. Die Platte des Tischs in unserem weißen Wohnesszimmer. Die auf den sauberen silbernen Beinen liegt. Die von den Ecken der weißen Tischplatte ausgehen und nicht von einer irgendwo unter der Tischplatte verborgenen Stelle, die Hände gehören ja auch auf den Tisch, denn früher dachte man sonst, da wolle ihn jemand umstoßen, oder sonst etwas Unheimliches. Bei uns liegen die Hände immer auf dem Tisch, so weiß man, woran man ist, niemand denkt an Unheimliches und der Tisch fällt nicht um.

Die Stimmen schießen wild durcheinander. Weil die Wände aber weiß und rechteckig sind in unserem Wohnesszimmer und auch der Tisch weiß und rechteckig ist, und der Spannteppich hell, will mein Vater das Ganze genauer wissen. Ich als der Ältere erzähle also und bemühe mich, nichts auszulassen. Da wir beim Essen aber nicht schmatzen dürfen, genügt das nicht ganz, denn vorerst einmal muss Klarheit herrschen, das sieht auch das Pferd ein. Das Pferd nämlich ist ein abstraktes, aber trotzdem braunes, das über dem weißen Wohnesszimmertisch hängt, in einem schlichten silbernen Rahmen, wo es eigentlich glücklich scheint. Es hätte zwar bestimmt gerne gewiehert, aber das geht nicht, wir dürfen ja auch nicht schmatzen beim Essen.

Wo seid ihr nochmal gewesen, fragt mein Vater. In Schwellbrunn, tönt es aus unseren beiden Mündern im Chor, den anzuführen ich längst aufgegeben habe, und da steckten gschpässige Liebesbriefe im goldenen Wirtshausstern, und der Wettlauf die Bergstraße hoch, und der verbrannte Finger, vom heißen Blech in der weißen Asche, der auch nachher noch so lange wehtat, und die Heimwehheulerin, die nicht mehr bei der Klasse bleiben wollte, was wir gar nicht verstehen konnten. Die bunten Bilder wirbeln wild durch das weiße Wohnesszimmer und wollen gelobt und bestaunt werden.

Mein Vater fragt, Schwellbrunn, wie hoch liegt denn eigentlich Schwellbrunn. Ziemlich hoch, sage ich, und dann haben wir eine Schnitzeljagd gemacht im Wald, da ging es auch hoch, und dann haben wir uns voll verlaufen mit der Leiterin. Meinen Vater interessiert die Leiterin im Wald aber nicht, das heißt, denke ich jetzt, im Wald hätte sie ihn vielleicht schon interessiert, aber nicht am weißen Wohnesszimmertisch. Er will wissen, wie hoch Schwellbrunn liegt.

Ich sage, sicher über tausend Meter. Bist du sicher? Ich sage, ja, todsicher. Er schweigt. Das heißt ziemlich, füge ich hinzu. Weißt du es, oder weißt du es nicht? Ich weiß es, sage ich, aber ich habe es vergessen. Dann weißt du es also nicht, folgert mein Vater. Ich weiß es schon, das heißt, es ist so wie im Ferienhäuschen, ein Tal mit Wiesen und die Bäume alles Tannen. Oben sind sogar Felsen. Es ist sicher über tausend Meter. Oder vielleicht neunhundert, mindestens.

Ich habe nämlich ein Edelweiß gefunden, platzt mein kleiner Bruder heraus, der die wichtige Diskussion natürlich nicht versteht, aber wohl doch etwas Bedeutendes gesagt haben muss, denn der Vater geht darauf ein. Edelweiß gibt es zwar erst ab tausend Meter, da habt ihr Recht, sagt mein Vater, aber die kommen nur im Zentralalpenraum vor, und Schwellbrunn liegt ja nicht in den Zentralalpen. Ich werde kleinlaut, denn das mit den Zentralalpen kenne ich nicht so genau, Hauptsache, es sind Alpen, hätte ich gesagt, und Alpen sind immer wahnsinnig hoch.

Der Vater sagt, das kann kein Edelweiß gewesen sein, das war bestimmt eine andere Pflanze. Aber auch die Leiterin hat es gesagt, verteidigt sich mein Bruder, und wir haben es sogar dem Mann vom Heim gezeigt, der hat nämlich noch ein Restaurant, auf einer Alp, da sind Bilder von allen Gebirgsblumen, die hängen überall an den Wänden. Der Vater schweigt. Von allen bestimmt nicht, hören wir ihn sagen. Mein Bruder scheint immer noch nicht begriffen zu haben, dass die besagte Leiterin für Glaubwürdigkeit in keiner Weise stehen kann, und auch ein Heimleiter nicht, doch vielleicht liegt das nur am Wort, weil da schon so viele Idioten mit drin sind, in so einem Wort wie Heimleiter, und wir krebsen in stillschweigendem Einverständnis auf achthundert zurück. Meine Mutter trägt die Nudeln, die magere Tomatensoße und das kurz gedämpfte Gemüse auf, natürlich nichts Fettes, Fleischiges oder Frittiertes, das ist ungesund und gibt Krebs, aber wir haben trotzdem Appetit, Hunger darf man nämlich nicht sagen, denn wir wissen ja gar nicht, was das ist, und weil uns der Vater wünscht, nie wirklich Hunger haben zu müssen, aber auch ohne Hunger und mit Appetit darf nicht geschmatzt werden.

Bei den Alpen unterscheidet man ja verschiedene Zonen, die richtigen Alpen fangen erst oberhalb tausend Meter an, erklärt uns der Vater, und wir sind sofort wieder bei tausendeinhundert, tausendzweihundert, vielleicht sogar tausendzweihundertfünfzig mit unseren Schätzungen, denn richtig in den Alpen waren wir auf jeden Fall. Oder vielleicht kommen ja auch die richtigen Alpen mal ein bisschen herunter, die nehmen es bestimmt nicht so genau.

Es war so wie bei unserem Ferienhäuschen, sage ich, aber ich merke dann auch selber sehr bald, dass man das einfach nicht vergleichen kann, das ist doch etwas völlig anderes, das sehe ich auch sofort ein, und überhaupt, man müsste es eben wissen und nicht einfach nur so daherplappern, und ich bin wieder ganz klein, obwohl ich eigentlich schon zu den Großen gehört habe im Lager.

Ich habe ja gesagt, dass ich es nicht gewusst habe, sage ich, und mein Vater sagt, nein, das hast du nicht. Aber das ist doch nicht so wichtig, meint die Mutter, und ich hake mit großzügigem Tonfall ein, das ist doch nicht so wichtig, wir kennen doch Schwellbrunn. Was heißt schon kennen, sagt mein Vater. Aber wir sind doch jetzt eine Woche in Schwellbrunn gewesen, ertönt der Chor wieder, fast hätten wir beim Kauen den Einsatz verpasst und mit vollem Mund reden, das ist wie schmatzen, das ist wie die Hände unterm Tisch, da schnaubt sogar das Pferd vor Missbilligung.

Aber kennen, kann man denn überhaupt kennen, sagt mein Vater, und es übersteigt mich und meinen Bruder natürlich um Köpfe, dass man nun plötzlich nicht einmal mehr kennen kann. Wer kann denn schon sagen, er kennt etwas, man kennt doch nie etwas wirklich, fährt nun mein Vater fort, es gibt ja immer noch mehr kennen zu lernen, kennen, das gibt es doch gar nicht, das Wort sollte man einfach nicht benutzen, es ist ein völlig irreführendes Wort. Ich bin froh, dass ich nun ein irreführendes Wort kenne, das tönt schon so mysteriös, und freue mich, dass ich im Gegensatz zu meinen Schulkameraden nun weiß, dass man kennen nicht sagen darf, aber ein bisschen irregeführt bin ich schon. Vielleicht kenne ich ja das irreführende Wort auch gar nicht so richtig. Und was wäre denn eigentlich, wo wir gerade schon dabei sind, der Unterschied zwischen wissen und kennen, das würde mich auch noch interessieren, denn sich interessieren ist fast noch besser als gesund essen und keinen Krebs bekommen. Nicht, dass ich es wirklich wissen will, denke ich, aber vielleicht kann man es ja einmal einbringen, in einem geeigneten Moment.

Ich denke an den morgigen Tag, schaue auf die dunkle Terrasse hinaus, es ist nicht viel zu erkennen, eine gezackte Silhouette, das ist der Wald, darüber matte Helligkeit. Die großen Fensterscheiben spiegeln, ich sehe unseren Tisch hell im dunklen Wald stehen, nur die Beine enden im Leeren. Ich denke an den morgigen Tag, das erste Mal darf ich mit, die allwochenendliche Fahrradtour mit den Vätern der Siedlung, nur ich, mein Bruder mag nicht mitkommen, hier darf ich wirklich zu den Großen gehören. Plötzlich kriege ich Angst, vielleicht bin ich ja doch nicht genug durchtrainiert, vielleicht schaffe ich es doch nicht mitzuhalten. Vielleicht bin ich doch noch nicht ganz erwachsen.

Mein Vater doziert weiter über die Firmenphilosophie amerikanischer Unternehmen und über die Ölkrise, über das Sichdurchsetzen der Naturwissenschaften und das Versagen der Geisteswissenschaften, und ich bin ja grundsätzlich interessiert an allem Wissenswerten, vor allem an den Naturwissenschaften und auch ein bisschen an den Geisteswissenschaften, wenigstens soweit ich das überblicken kann. Weil ich aber auf einmal nicht mehr genau weiß, warum ich mich für irgendein natürliches oder geistreiches Wissen interessieren soll, spüre ich, wie mich in der Mitte dieses Abendessens plötzlich das Pferd anstarrt und seinen Blick nicht mehr von mir lässt. Dann höre ich es auch noch mit den Hufen scharren. Ich weiß, jetzt, gleich, sofort muss etwas geschehen, sonst brennt es durch, mitten durch die Nudeln und das Gemüse und die ganze rote Soße. Ich fixiere das Pferd und zwinge es mit meinem Blick zur Ruhe. Es soll eine Minute lang die Augen schließen, und wenn sich dann noch nichts geändert hat, darf es durchstarten, ab durch die Mitte und quer durch unser Wohnesszimmer.

Da ich ganz ohne etwas zu sagen vom Tisch aufstehe und das bei uns nicht üblich ist, genauso wenig wie das Schmatzen und das Nicht-die-Zähne-Zeigen, nach dem Essen kommt das Zähneputzen und danach das Zähnezeigen, auch wenn Gäste da sind, es gibt kein Darum-herum-Kommen, ein freundliches Blecken zwar nur, wie um zu zeigen, dass da nicht plötzlich über Nacht gefährliche Reißzähne gewachsen sind, da mein Verhalten nicht in den Ablauf passt, ist es erst einmal still um den Wohnesszimmertisch.

Ich gehe in den Gang, der zu meinem Zimmer führt, und bleibe stehen. Weil ich aber immer noch an das Pferd denken muss und die Minute sicher bald um ist, gehe ich nun nicht weiter in mein Zimmer, sondern mache die Schranktür auf und steige auf den Stuhl. Der Stuhl ist ein Klappstuhl aus Plexiglas, und er wackelt. Aus dem Wohnesszimmer höre ich die mit der Drohung des Vaters schwangere und doch zögerliche Frage der Mutter, was machst du da? Dann wieder ist es still. Ich höre sie noch einmal, betonter wohlwollend, du, was machst du da? Ohne meine Bewegungen für die Tischgesellschaft zu kommentieren, zerre ich aus dem obersten Fach des Schranks hastig alles heraus, was ich zu greifen kriege, und schmeiße es hinter mich auf den schlichten Spannteppichboden, der unsere gesamten sanften Tritte in dieser Wohnung dämpft. Ganz zuhinterst im Fach liegt gemütlich eingerollt mein moosgrüner Schlafsack. Ich stelle mich auf die Zehenspitzen, nehme den Schlafsack herunter, steige vom wackligen Stuhl und wandere, ohne den Blick zu heben, vorbei an den sechs dunkelbesockten Füßen und den vier silbernen Beinen auf dem hellen Teppich, vorbei am Pferd, das nun seine großen Augen wieder offen hat und mir traurig, aber offensichtlich beruhigt nachschaut. Die Hand auf der Klinke der Haustür, bleibe ich noch einmal stehen. Ich höre die Mutter fragen, willst du nicht mit auf die Velotour morgen? Der Vater schweigt.

Draußen vor der Tür ist es sofort grün und nicht mehr weiß. Ich atme auf. Ich weiß nur, dass ich einen Schlafsack bei mir habe, sonst weiß ich nichts. Mehr interessiert mich auch nicht. Etwa, was das Pferd jetzt wohl geboten kriegt als Bild von diesem Wohnesszimmertisch. Ich steige neben dem Waldrand den Wiesenhang hoch, hinter mir ruht die ordentlich terrassierte Siedlung, Eigentumswohnungen.

Ich marschiere an den Tennisplätzen vorbei, wo ich an einem Tag einmal sechs Stunden an der Wand gespielt habe, alleine gegen die eigenen zurückprallenden, harten Schläge. Ich stapfe über die kleine Wiese vor den Pferdeställen, wo einige der Bewohner unserer Siedlung ihre Pferde halten, die sind viel lebendiger als unseres über dem Wohnesszimmertisch, deshalb müssen die Nachbarn sie immer pflegen, das ist doch auch nichts, wie meine Mutter immer sagt, jeden Morgen so früh hoch und sie füttern, sie schauen mich mitleidig an, immerhin haben sie einen Stall und können schnauben, wann sie wollen. Ich steige auf den kleinen Wall, in dessen Büschen wir immer nach Tennisbällen suchen, und vor mir liegt der grün leuchtende Fußballplatz.

An unserem ersten Tag in der Eigentumswohnungssiedlung haben mein Bruder und ich Tarzan gesehen, jenen wilden Mann, der in den noch leeren Wohnungen hauste und halb nackt mit einem riesigen Schwert von Terrasse zu Terrasse sprang. Hinter Bretterstapeln kauernd erzählte er uns Geschichten, die wir unseren Eltern nicht erzählen durften, genauso wie es umgekehrt Geschichten unserer Eltern gab, die wir Tarzan und anderen unheimlichen Gestalten, den Leuten von der Siedlung und überhaupt einfach niemandem erzählen durften. Zwischen diesen beiden Fronten herrschte das unheimliche Unwissen. Weiter hinten, in einem anderen Wald, dort wo die Leilöcher waren, gab es neben Pilzen auch Fahrlehrer, die mit Fahrschülerinnen auf Bänken saßen und ihnen den Bauch rieben, das konnte man von hinter dem Gebüsch aus ganz gut erkennen. Und in noch einem anderen Wald war einmal eine junge Frau mit einem Hündchen, und dann hatte der Bub das Hündchen gefoppt, und dann hatte es angefangen zu bellen, und dann sagte die Frau, du kannst ja mit mir kämpfen, statt deine Kräfte an mein Hündchen zu verschwenden, hier auf der Wiese, aber da getraute er sich dann doch nicht, weil sie so luftige Kleider anhatte und ihre glatten Beine darunter so verschwommen verschwanden.

Ich schaue in Richtung Siedlung zurück, die sich dort hinter der Wiese hinter hin- und herwischenden Grashalmen aufschichtet, Terrasse um Terrasse über dem kleinen, türkisblau in meiner Erinnerung spiegelnden Hallenbad. Einmal war ein Mädchen in der Siedlung auf Besuch, sie spielte mit den Buben Wasserball, sie hatte schon Brüste, schon lange hatte sie die, das sah man, schon große, rund wie der Ball, und nass glänzend. Ihr rutschte immer wieder das ganze Oberteil weg, wenn gerangelt wurde, was aber nichts machte, denn sie hatte ja da ihre Brüste. Sie wollte dann noch mehr rangeln, doch man selber wollte nicht mehr, weil man sich nicht getraute, weil die Brüste so glitschig waren, wenn man sie einmal in der Bewegung berührte und wieder abglitt, und weil man gleichzeitig hineinsinken wollte. Man getraute sich überhaupt viel zu wenig, auch wenn man immer größer wurde, es wurde alles sofort gerüchteweise weiterverbreitet, jeder wusste alles über alle und vor allem alles über einen selbst, vorsichtigerweise war man höflich und machte nichts. Jetzt endlich getraue ich mich etwas, sage ich mir, und das ist wegzukommen.

Auf dem Rasen des Fußballplatzes denke ich an die morgige Fahrradtour, die ich verpassen werde, an die verpasste Chance, zu zeigen, was ich kann, wie ich kämpfen kann, wie weit ich mich aufopfern kann. Auf dem Rasen des Fußballplatzes denke ich an nichts. Auf dem Rasen des Fußballplatzes denke ich an die Füße auf dem hellbeigen Spannteppich. Ein kurz geschnittener Rasen ist wie ein kurzwolliger Spannteppich ist wie kurz geschnittene Haare, die uns der Vater immer verpasst. Wir stehen nackt in der Badewanne, und er schnipselt uns die Haare kurz und danach müssen wir zur Mutter gehen, die in der Küche kocht, und fragen, wie ist es, und sie sagt laut, oh, so elegant, damit es auch der Vater hört im Badezimmer, und damit wären unsere Köpfe wieder einmal ausreichend geschoren für ein Weilchen. Ich bin froh, dass hier nur der Rasen gemäht ist und ich ihn nach Belieben betreten kann, denn der Platzwart ist nicht da, und zufrieden laufe ich in der milden Frühlingsluft geradeaus.

Hinter dem Fußballplatz steht einer dieser typischen Voralpenhügel, einer dieser Wiesenhügel, wie es sie nur in dieser Region der Voralpen gibt, am Rand des Mittellands, und in den Zentralalpen leider nicht. Oben in der Mitte ein Baum drauf, ein einzelner Baum, und sonst nichts. Alle diese Bäume so allein auf ihren Hügeln. Einmal, später dann, an einem dieser einsamen Voralpenvorstadtwochenenden, las ich in der Zeitung, dass am Abend alle freien Frauen um die allein stehenden Bäume auf den Hügeln herumtanzen und sich Jünglinge aussuchen würden. Ich wusste nicht, was für unheilig schöne Taten sie diesen Jünglingen antun würden, wollte es wissen und doch wieder nicht zu genau. Ich zog meine Schuhe an, ging hinaus und fürchtete die Hexen nicht. Auf dem Voralpenhügel über dem Fußballplatz blieb es in dieser ganzen Vorstadtvollmondnacht aber still – die Geschöpfe der heiligen Walpurga waren wohl anderweitig beschäftigt. Nur die Autobahn rauschte gleichmäßig, mit der Zeit weniger gleichmäßig und dann gar nicht mehr. Lange blieb ich in jener Nacht an den Baumstamm gelehnt, auf dem vorstädtischen Voralpenhügel, und wartete vergebens.

An diesem Abend hingegen, an dem ich vom weißen Wohnesszimmertisch aufgestanden bin, als ich die Eigentumswohnungssiedlung ein für alle Mal verlassen habe, als ich die Mitte des grün leuchtenden Fußballplatzes erreiche, den ich genau in Richtung jenes Baumes auf dem Hügel angeschnitten habe, meinen moosgrünen Schlafsack fest unter den Arm geklemmt, tippt mir plötzlich jemand auf die Schulter und es ist mein Vater, er sagt, so, komm jetzt, und dann gehen wir stillschweigend wieder nach Hause.

3

Frühe Morgenluft, kein Wind, und doch bläst es uns kühl ins Gesicht. Wir sind zu fünft. Einer hinter dem anderen, in einer geraden Linie, die nur ab und zu leicht zur Seite flattert, sich aber sofort wieder strafft. Manchmal auch läuft eine Welle durch die Linie, von vorne nach hinten, verliert sich im Nichts. Dann eine zweite, ebenso schnell vorüber, und wieder stilles Wabern, minutenlang. Die Linie steht, stilles Wabern. Bis sich dann auf einmal der Kopf von der Linie löst, an ihr heruntergleitet und sofort wieder vom Hinterteil angesaugt wird. Das passiert alle paar Minuten. Sonst nichts, nur ab und zu die Wellen. Die Linie steht. Plötzlich wird die Linie zum Band, das langsam kippt, sich in einer leicht gedrehten Richtung wieder aufrichtet, wieder zur Linie wird. Stilles Wabern. Wenn der Wind von der Seite bläst, liegt die Linie leicht versetzt da. Sonst schnurgerade, in der kühlen Morgenluft.

Die Linie hat sich aufgelöst, die Steigung wird bald beginnen, Einzelne heben sich ein erstes Mal aus den Sätteln, um den Rücken zu lockern. Ich spüre, wie leicht meine Beine kreisen, schaue auf die Zahnräder, die unter mir schimmern, als drehten sie rückwärts, in Zeitlupe. Sonst ist mein Vater immer allein mit ihnen gefahren, den Männern von der Siedlung. Wir sind zeitig aufgebrochen, der Vater hat beim Morgengrauen an meine Türe geklopft, und dann sind wir mit unseren Rädern auf den Wendeplatz vor die Eigentumswohnungssiedlung getreten. Goldenes Sonnenlicht überflutet uns jetzt und wärmt die leicht fröstelnden Glieder. Der Meiere hat eine ganz neue Übersetzung, die Naben glänzen, ein ganz leises Schnurren nur macht sein ultraleichter Renner, aber der Meiere ist zu schwer dafür. Mein Vater hat gesagt, das ist doch

Unsinn, jetzt kauft sich der Meiere so ein Rennrad für zweieinhalbtausend Franken, und dann fährt er am Ostersonntag und dann noch einmal an einem Sonntag und sonst steht's im Keller. Ein richtiger Sonntagsfahrer eben. Außerdem sieht man es ihm an, an seinem Bauch. Obwohl, der Vater hat auch schon Mühe gehabt gegen ihn. Einmal hat ihn der Meiere ganz gottserbärmlich abgehängt. Obwohl er nur so ein Sonntagsfahrer ist. Aber das war an der Ibergeregg, und die sind sie von hinten hochgefahren, und mein Vater war schon joggen gewesen vorher. Heute an der Sattelegg hat ja der Meiere überhaupt keine Chance, die ist viel kürzer als die Ibergeregg, und jetzt hat er eh wieder zugenommen.

Mein Vater hat sich zurückfallen lassen, noch ein letztes flaches Stück, bevor es wirklich losgeht, hier lässt es das Tempo zu, es muss nicht unbedingt Windschatten gefahren werden. Ich rolle neben ihm, vorne die Gruppe der Männer. Er redet mit gedämpfter Stimme, unterbrochen nur durch ein Keuchen ab und zu. Letzte Einfamilienhäuschen mit sauber gemähtem Rasen, der See, im Hintergrund die weißen Gipfel. Eine Weile treten wir schweigend in die Pedale. So dick wie der Meiere will ich schon nie werden, sage ich, den hängen wir sicher ab, heute. Meinst du nicht? Mein Vater schweigt. Das würde ich nicht einfach so sagen, man weiß nie, was kommt, sagt er, und so gut trainiert bist du jetzt auch wieder nicht. Er ist schon ein Fätze, sage ich laut heraus, fast so, dass er es hören könnte, und er wiederholt es, ja, ein ziemlicher Fätze. Das schweizerdeutsche Wort klingt komisch in seinem hochdeutschen Mund. Aber irgendwie sieht er gemütlich aus, füge ich hinzu, weißt du, so bedächtig. Jetzt hat er dann bald zu viel Gewicht für solche Touren, sagt mein Vater. Der hätte lieber schon im Frühling ein bisschen mehr trainiert. Das wäre aber ziemlich verkrampft, schon so früh anfangen zu trainieren, werfe ich ein. Obwohl es schon ein gutes Gefühl ist, wenn man einmal jemanden überholen kann. Klar muss man nicht, sagt der Vater, aber du siehst ja, was sonst passiert. Man kann ja auch einfach so Velo fahren, oder nicht? Nur wirst du bald merken, sagt der Vater, dass das keine Früchte trägt, denn wenn's dich schon beim ersten Hügel oder am Anfang des Bergs verbläst, dann ist eben fertig. Ich sage, aber das macht doch nichts, man muss ja nicht unbedingt den ganzen Berg hinauf. Der Vater lacht. Er sagt, ich war auch mal so wie du. Da war ich sogar schon ein Stück älter, in Berlin. Ich finde aber, wir sind jetzt nicht in Berlin, wir sind vor der Sattelegg, und ich weiß plötzlich gar nicht mehr, ob ich wirklich auf diese Sattelegg will. Ich finde es plötzlich albern, Windschatten zu fahren und mich einzuordnen wie bei einem Ausflug des Kindergartens, damals mussten wir sogar noch die klebrigen Händchen der Nebengehenden halten. Ich will an den See hinunter und schauen, ob die Egli jagen, denn es ist noch früh am Morgen und das Seeufer flach hier, eine Gegend für Kapitale. Die Egli, das sind die mit den Streifen und Stacheln, von denen man höchstens am frühen Morgen einmal in der Tiefe des Wassers einen dunklen Schatten sieht, an der Oberfläche aber immer wieder die Garben der fliehenden Kleinfischschwärme, den spiegelglatten See, der in den Tag wächst, und dann regnet es Schpiisli.

Ich sage, ich komme nicht weiter, ich biege im nächsten Dorf ab. Das sei eben schade bei mir, meint der Vater, immer wenn es darauf ankomme, würde ich kneifen, es lohne sich eben, sich mal zusammenzureißen, am Schluss habe man dann eben etwas in der Hand und sonst nichts. Ich habe lieber einen zappelnden Egli in der Hand, finde ich. Bei ihm seien die höchsten Glücksmomente immer gewesen, sagt er in vertraulicherem Tonfall, während vor uns auch die anderen Männer noch ein letztes Mal das Tempo etwas verlangsamt haben, heruntergeschaltet in ein runderes, schnelleres Beinkurbeln, wenn er sich zusammengerissen habe, es sei zwar immer hart gewesen, aber dann habe es sich auch gelohnt danach, nicht wie damals in Berlin, als er zwei Jahre auf sein Diplom habe warten müssen, da habe er sich dann auch gehen lassen, so kurz vor dem Mauerbau, sie hätten ihn eben nicht weglassen wollen, weil sie gewusst hätten, so einer würde in den Westen gehen. Das sei das Schlimme gewesen. Zwei Jahre habe er dort verplempert. Dann aber, als sie ihm das Diplom ausgehändigt hätten, sei er endlich frei gewesen und sei gegangen. Endlich habe er sich in die Arbeit stürzen können. Manchmal müsse man eben anpacken, damit etwas dabei herausschaue, danach könne man sich dann frei fühlen.

Ich sage, schöne Freiheit, das, und überhaupt, ich will jetzt lieber am See schauen, ob die Egli jagen, außerdem laichen die Frösche jetzt. Es ist mir schon klar, denke ich, dass man für das Interesse, ob jetzt die Frösche laichen oder nicht, keinen Nobelpreis kriegt, mich interessiert es aber, ich finde es sogar unsäglich spannend. Er sagt, komm doch wenigstens mit bis ins Tal hoch, dann hast du auch eine Abfahrt. Und wenn du bis ganz nach oben kommst, das schaffst du ja spielend, ich kenne dich, dann geht's hinten auch viel leichter runter, und du musst nicht den See entlang durch die Dörfer und den ganzen Verkehr. Ich sage, die Egli jagen aber nur am Morgen. Du bereitest das besser einmal richtig vor, meint er, und damit hat er natürlich Recht. Jetzt sind wir doch beim Radfahren und nicht beim Angeln, sagt er, aber tu, was dir gefällt.

Die Steigung ist noch sanft hier. Fast im Takt und dennoch in loser Formierung bewegen wir uns voran. Kein Auto stört das Bild, kein Lärm, ein bisschen kühle Luft hier im Schatten, vor uns erhebt sich der tannenbekleidete Berg, die höheren, unbewaldeten Regionen bleiben im Dunst des Strahlenkranzes über den Tannen verborgen. Leicht wie ein Wiesel stehe ich in den Pedalen, wie eine Nähmaschine schnurrt das Rad unter mir. Auf der Hinfahrt habe ich mich zurückgehalten. Denn ich weiß: Einteilen, auch der Berg ist eingeteilt. Anstieg, Steilstück und Zielgerade. Zuerst fahren sie los wie die Wahnsinnigen und dann, im steilen Stück, sammelt man sie ein wie tote Mücken. Zuerst protzen sie und treten in die Pedale wie die Wilden, aber dann sieht man sie ein paar Kilometer weiter oben in einer Kurve neben ihrem Fahrrad stehen und verdächtig an der Kette zerren. Das darf man eben nicht machen. So wild lostreten. Sonst verbläst es einen, und das letzte Mal hat es ja den Meiere so grausig verblasen, seine Frau musste ihn schließlich mit dem Auto holen kommen. Der fährt dann ganz schnell ein, in die Tiefgarage der Eigentumswohnungssiedlung, damit ihn keiner sieht, zieht sich noch im Wagen um und holt das Fahrrad erst am Abend, im Dunkeln, aus der Garage in den Keller. Wenn er nicht gar vergessen hat, dass ja das Rad auf dem Dachständer ist und die Tiefgarage nicht hoch genug dafür, wie es dem Rütimann kürzlich passiert ist, drum ist der auch nicht dabei heute, er hat sich noch nicht für einen neuen Renner entscheiden können, oder er ist noch daran, sein altes Fahrrad wieder auseinander zu falten, wie die Männer am Morgen gescherzt haben. Wahrscheinlich hat er nicht genug Kohle, hat der Erwin noch hinzugefügt, halb verständnisvoll, halb lachend.

Ich trete fester in die Pedale, ich fühle ein Jucken in den Beinen, kein Widerstand ist spürbar, warum schleichen sie nur so, frage ich mich, die alten Männer? Es ist doch eine Prachtstrecke. Mein Unmut ist verflogen, die Egli sind vergessen, Berlin auch, weg sind die blinkenden Egli und eiligen Berliner, jetzt zählt nur noch der Berg. Ich schaue hinter mich. Ernste Gesichter. Der Erwin ist schon weiter zurückgefallen. Direkt hinter mir, ruhig wie eine Maschine, mein Vater, dann der Meiere, der keucht schon ein bisschen. Ich will auch nicht gerade bremsen. Ganz allmählich und bewusst nicht zu unhöflich brüsk erhöhe ich das Tempo, höre bald schon den regelmäßigen Atem hinter mir nicht mehr, eine seltsame Stille, und hinter dem Tunnel habe ich sie alle abgehängt.

Die Frühlingssonne zeichnet ihre Muster in den Waldboden, der neben dem Asphaltstreifen unter meinen Augen vorbeizieht. Ich habe das alte Fahrrad meines Vaters. Ein korrosionsfest lackierter Rahmen. Die Mittelstange ist an den Ösen für das Schaltkabel ganz rostig. Im Regen ist er damit nie gefahren. Der Schweiß meines Vaters brachte das Rad zum Rosten. Das bringt sogar die Frühlingssonne zum Kichern.

Ich fahre ruhiger jetzt. In den Beinen spüre ich einen leichten Widerstand, während sie ruhig unter mir kreisen. Bei der Brücke kommt die Abzweigung, und dann geht's rechts hoch, hat der Meiere mir noch zugerufen. Denn wo ich jetzt bin, das ist erst der flache Anstieg aufs Plateau, hier geht's noch nicht richtig hoch, obwohl es schon hoch geht, aber eben noch nicht richtig. Dann kommen die steilen Kehren, hat der Meiere gerufen. Nach dem Plateau des Tales. Neben der Straße unten rauscht der Bach, über den dann die Brücke wohl gehen muss, noch bin ich im Wald. Stilles Wabern, nur für mich. Ich weiß gar nicht, warum es so leicht geht. Und schon wird es flacher, schon kommt das Plateau, ich denke, sicher bald auch die Brücke, das weite Tal eröffnet vor mir seine Pracht, wie jetzt die Männer sagen würden. Ich fahre und fahre, ich fahre schnell, weil es flach ist, ich fahre, und immer noch kommt keine Brücke. Ich fahre bis ganz hinter ins Tal, sogar mir kommt es jetzt weit vor, bis ich auf einmal denke, Abzweigung, Brücke, da war doch eine Abzweigung, gleich am Anfang des Plateaus, im Dörfchen, da war zwar keine Brücke, aber eine Abzweigung, und vielleicht kommt die Brücke dann danach, hier ist weit und breit keine Brücke zu sehen.

Im Steilstück sind die Bäume gefällt, die Landschaft zieht wieder langsamer vorbei, nach der flachen Abfahrt durch das Tal zurück plötzlich der Anstieg, der, den ich vorhin verpasst habe. Erbarmungslos steigt die Straße, steigt und steigt, langsamer werden darf ich nicht, ich werde aber langsamer, finde schließlich den Rhythmus am Berg, denjenigen meiner Atmung und denjenigen des ewigen Kreisens meiner Beine. Baumstümpfe leuchten frisch abgesägt in den Himmel, Mücken kreisen um die feuchten Jahresringe, werden sie in den goldenen Harz fallen, werden sie als schwarze Punkte drin liegen bleiben, vielleicht in der Mitte?

Hell strahlt der Tag nun herauf, immer dunstiger sieht das Tal von hier oben aus, immer heller und mittäglicher wird es, je höher ich steige, Umdrehung um Umdrehung dem Berg abgewinnend. Die Situation hat sich abrupt gewendet, die Positionen sind vertauscht. Wo vorher ich an der Spitze war und trotz des großen Abstands mich immer wieder nach meinen Verfolgern umwandte, liege ich jetzt dank meiner Extrarunde ins Tal zuhinterst, bin auf einmal derjenige, der das Feld aufrollen kann, die Verblasenen einsammeln. Wenn ich schnell genug bin. Wenn ich sie überhaupt einhole. Und sonst? Ich habe ja eine Entschuldigung. Oder gilt die etwa nicht? Klingt die vielleicht genauso wie diejenige von Erwin, der sich ja damals verfahren hatte, nachdem er allein losgeprescht war, verfahren, wie es alle sofort merkten und nur er nicht merkte, dass die anderen es merkten, absichtlich verfahren? Jetzt darf ich wenigstens Verblasene einsammeln, als Beweisstücke, nur nicht absacken jetzt, und ich merke, wie es beginnt zu ziehen in den Oberschenkeln, die steilen Kehren haben es in sich, würde der Erwin jetzt sagen, auch brennt die Sonne härter jetzt. Wie weit mögen die anderen sein? Sooft ich auch zwischen den einzelnen Tannen hochspähe, nirgends im Hang ein wippender Oberkörper, nirgends in der Sonne aufblitzende Speichen. Was mögen sie wohl denken? Nichts natürlich, natürlich gar nichts, natürlich denken sie einfach, ich sei auf und davon. Das bin ich ja auch, denke ich, nur, wie kann ich ihnen das glaubhaft machen, wenn sie dann alle oben sitzen und ich komme keuchend an? Nur nicht aufgeben, wie damals an unserem Hausberg, als ich gar nicht mit meinem Bruder und meiner Mutter hochfahren wollte, sondern mir auf halber Höhe im Tierpark die Steinböcke ansehen ging, und dann kriegte der Bruder einen Zweifränkler, weil er es geschafft hatte, und ich ging leer aus.

Wie ich den Berg hochfliege, denke ich. Nur so an ihnen vorbeiflitzen würde ich, stelle ich mir vor, warum kommen sie denn noch nicht, habe ich tatsächlich so viel Zeit verloren im Tal? Habe ich mich vielleicht doch absichtlich verfahren? Bin extra geradeaus weitergestrampelt, dort bei der Abzweigung zur harten Realität des Bergs? Einmal wurde unser Lehrer durch die Frau Haug vertreten, und sie nannte mich zwei Wochen lang bei einem von mir erfundenen Namen, den ich ihr angegeben hatte, und dann, nach Überprüfen der Klassenliste, sagte sie eines Morgens meinen richtigen in die Klasse hinein und ich sagte dummerweise, ja, was ist, nicht mehr daran denkend.

Wie ich den Berg hochfliege! Wie hätte ich es ihnen endlich einmal zeigen können! Ich stehe die ganze Zeit im Sattel, weit kann es nicht mehr sein. Als vor mir ein bunter Punkt auftaucht, herangleitet, zum grellen, krampfhaft wippenden Farbklecks wird, der auf gleicher Höhe zusammenzuckend fast an den unteren Bildrand kippt, und hinter meinem Rücken das Keuchen des dicken Meiere bald leiser wird, hebe ich kaum den Kopf. Endlich ist die Hütte da! Jetzt kommt das Endstück, jetzt kannst du aufdrehen, hat der Meiere noch gekeucht. Ich frage mich, wo nur die anderen sind. Weit können sie nicht sein. Wenn nur der Berg höher wäre! Wenn nur das

Tal nicht so lang gewesen wäre! Wenn ich nur schon am Anfang des Steilhangs schneller gefahren wäre!

Während die Männer auf der Aussichtsterrasse ihr Mineralwasser trinken, in die sonnenüberfluteten Voralpen blinzeln, während der Meiere sein Bier schlürft und auch die anderen ihre Bauchfalten nicht mehr unter den bunten Trikots zu verbergen suchen, sitze ich mit erwartungsvoller Haltung vor meinem Eistee. Ich habe keinen Durst, trotz der Hitze. Wer war denn der Erste, frage ich in die stille Runde. Wir haben immer gedacht, du seiest weit voraus, sagt mein Vater, und er lacht. Aber als ich dich dann von der letzten Kehre des Steilstücks aus, bei der Hütte, dort, wo die große Wiese anfängt, nicht gesehen habe, habe ich mir schon etwas zusammengereimt. Als dann dein Fahrrad nicht hier stand, war es klar. Wir haben es dir aber deutlich genug gesagt. Erwin schaut mich bewundernd an; ihn habe ich auf dem Parkplatz noch eingeholt. Bis ganz hinten im Tal bist du gewesen? Erwin grinst. Am Schluss, lacht mein Vater in die Sonne hinein, zählt eben nur das Resultat. Und wer keinen Kopf hat usw.

Auf der Rückfahrt schlägt die Linie ein zügiges Tempo an. Jedes Mal wenn ich an der Spitze gefahren sei, wird mir später erzählt, sei ich wie ein Wahnsinniger angetreten, und dann sei wieder Vesperpause gewesen. Man habe schon gemerkt, dass ich Mühe hätte, alle hätten es gemerkt. Immer wieder kleine Steigungen und lange, ermüdende Geraden. Aufgeben darf ich natürlich jetzt auf keinen Fall, sage ich mir, schon gar nicht nach meinem ungekürten Bergspurt.

Stilles Wabern. Der Wind bläst uns entgegen, oder vor allem mir, so scheint es wenigstens. Kurz vor dem Ziel, einige Dörfer vor unserem, wird die Linie plötzlich zum Band, das langsam kippt, sich in einer leicht gedrehten Richtung wieder aufrichtet. Die Spitze ist unerwartet zum Wald hoch abgebogen, sie wollen wohl nicht die Straßen durch die Dörfer fahren, sondern oben die Autobahn entlang im Wald, sie wollen das steile Sträßlein hoch und dann ruhig, ohne Verkehr, auf der Anhöhe zurück, wo man auch einen besseren Ausblick hat. Die Steigung fängt abrupt an. Ich komme völlig unvorbereitet in den Hang, habe kaum Zeit herunterzuschalten. Immer weiter falle ich zurück, verliere die anderen bald aus den Augen, und je mehr meine Beine stampfen, desto mehr drehen sie im Leeren, desto weniger komme ich vom Fleck. Die Steigung wird plötzlich zur senkrechten Wand, steht unüberwindlich vor mir. Ich trete und trete. Wenn ich jetzt absteige, dann werde ich mich für immer verachten, dann muss ich nächsten Monat zehnmal fünfzig Meter tauchen im Hallenbad, dann darf ich nächsten Monat nie warm duschen, sondern nur eiskalt, und mir nichts kaufen vom Taschengeld, sondern muss es mit dem ganzen Gesparten in den Gully schmeißen. Der Schweiß tropft im Halbsekundentakt von der Nase auf die rostige Öse. Ich quäle mich. Wenn ich jetzt nicht durchhalte, muss ich noch dieses Jahr die Öse durchrosten mit meinem Schweiß, durchrosten, bis sie abfällt. In die Stille des Asphalts hinein sage ich, jetzt fallen mir bald die Beine ab, dann muss ich tief keuchen, mein Hals brennt. Jetzt fallen mir bald die Beine ab. In meinem überhitzten Kopf gefällt mir auf einmal dieses Sätzchen, ich wiederhole es, murmelnd, mir fallen die Beine ab, mir fallen die Beine ab, ein Singsang entsteht, und ich höre nicht mehr auf damit. Mir fallen die Beine ab. Und ich winde mich diese letzte Steigung hoch.

Als ich auf den kleinen Wendeplatz vor der Siedlung einfahre, lassen die anderen schon eine ganze Weile im Kreis ihre Räder auslaufen, um die Beine zu lockern. Der Meiere steht daneben, stolz auf seinen neuen Renner gestützt, und gibt Kommentare in die Runde der langsam kreisenden Muskelpakete, bunt und hauteng eingepackt. Die ganze Eigentumswohnungssiedlung kann sehen, wie locker die schweren Männer auf ihren schlanken Gefährten sitzen und vom bezwungenen Berg prahlen. Plötzlich fragt der Meiere, während er seine Zahnräder kontrolliert, und was war denn mit unserem Juniorrennfahrer, am Schluss? Ich steige ab. Ich will etwas antworten, doch dann sagt schnell der Erwin, er ist ja auch ein bisschen weiter gewesen als wir. Mein Vater lächelt und sagt nach einer Weile, es gehört halt doch noch ein bisschen mehr dazu als nur so ein bisschen Radeln. Richtig einteilen ist eben gar nicht so einfach.

4

Wir gleiten dahin. Es gibt nur noch unsere saubere Kapsel, die macht, dass die ganze Außenwelt gespiegelt wird und nichts zu uns hereindringt. Die schwarz glänzende Kapsel mit den spiegelblanken Scheiben und den dunklen Stoffpolstern. Hier drin hat alles seinen Ort, seinen genau bestimmten Zweck, die hellen Flächen und die kantigen Geraden, die sauber gefalteten Jacken und die sauber gefalteten Beine, wir haben unseren Platz und die Eltern den ihren. Hier drinnen hat alles seinen Geruch, diesen Geruch einer Kaugummimarke, die machen sollte, dass uns beim Autofahren nicht schlecht wird, und die genau das Gegenteil bewirkt. Hier drin ist alles sauber. Hier drin herrscht Mathematik. Nur draußen ist dieses Durcheinander, das Chaos, vor dem man sich schützen muss, diese Welt, die an uns vorbeizieht, lauter schlechte Beispiele. Das Pflaster der üblen Straßen ringt unserem Motor jedoch höchstens ein müdes Schnurren ab. Wir in unserem Mercedes und draußen die Welt: Wir fahren wieder einmal den Qualensee entlang.

Von hier kommt Mozart, vom Qualensee. Hier schwebt er auch jetzt, zwischen den tiefen kühlen Wassern des schwarzen Sees und den gezackten Kronen der sieben Churfirsten. Mächtig erheben sich die grauen Felsungetüme in den Himmel, und ich höre genau, wie er sich hinaufschwingt aus dem Tal in die Höhen und erwartungsgemäß zu uns herniederfallen wird, nach einigen Schnörkeln, die dies schon lange angedeutet haben: Mozart. Dessen Kapriolen in mein Blut übergegangen sind und bei dem ich nach jeder Tonfolge genau weiß, was jetzt kommen wird: Mozart. Bei dem jeder weiß, was kommen wird, so lange wird es schon angedeutet, in endlosen Verzierungen und Ziselierungen, auswendig kennen wir sie schon, diese Kassetten, nur mein Vater weiß nicht, was jetzt kommen wird, und fällt immer wieder aus dem Takt beim Dirigieren. Er dirigiert mit dem Kopf, denn er hat beide Hände auf dem Steuerrad, ganz unten, nur je einen Finger eingehakt, das kommt aus seinen früheren Zeiten als Privatrennfahrer durch den Schwarzwald, dem Anfang seiner Langzeitarbeitsstelle in der Schweiz, als er noch seinen VW-Käfer hatte. Jetzt aber gleiten wir mit Mozart und Mercedes durch die Landschaft, und die Landschaft kann uns nichts anhaben in ihrer Ungeordnetheit, die Landschaften so an sich haben und die ihnen manchmal sogar einen gewissen Reiz verleihen, ja, manche Landschaften sind sogar herrlich in ihrer Ordnungslosigkeit, man kann auch sagen Kargheit.

Auch die Mutter mag Mözi, wie sie immer sagt, auch die Mutter mag die Landschaft, dort oben, gegen die Churfirsten hoch, wo sie ganz unwirtlich wird, wo Mözi herkommt, dort oben war die Mutter einmal als Mädchen und die Strümpfe bissen wahnsinnig, dort oben war es kalt, aber das ist ja gerade das Herrliche, sagt sie jetzt, diese Nüchternheit der Berge, diese Kälte, das Abweisende. Schon damals diese Faszination für die Kargheit, oder jedenfalls jetzt, in ihrer Erinnerung. Wir leben in einer einzigartigen Orgie des Abweisenden. Kalte Duschen, kalte Zimmer, karge Einrichtungen, karge Worte. Die Faszination für das Abweisende und Mozart mit seinem Gefiedel und Geklimper. Seltsam, wie das im Kopf meiner Eltern zusammenpasst.

Der Qualensee heißt eigentlich Walensee, aber er heißt Qualensee, weil die Leute hier immer im Stau stehen. Schon meine Großeltern fuhren den Qualensee entlang, um aus der Vorstadt in die Berge zu kommen, sie fuhren sein Ufer schon entlang, als es das Lied noch gar nicht gab, das ihn so taufte und das mit der Melodie von O Tannenbaum gesungen wird.

Sie standen im Stau, weil die Straße nur das Seeufer entlang durch die Dörfer führte, damals gab es noch nicht einmal eine Autobahn, das Tal war eben zu eng. Man kann auch über den Kerenzerberg fahren, aber das ist so anstrengend, wie es klingt: Kerenzerberg. Nun haben sie zwar Tunnels unter dem Kerenzerberg hindurch und den Walensee entlang gegraben, aber noch immer kommt es zu Staus auf dieser Strecke. Dann sitzt man als Kind auf der hinteren Sitzbank, im dunklen Tunnel, streitet mit dem Bruder um die Position in der Mitte, schaut krampfhaft nach vorne auf die roten Bremslichter, wird wieder auf den Platz verwiesen, weil der aufmerksame Fahrer so nichts sieht, und reckt den Hals jeweils, wenn die Tunnelwand wieder von Galerien durchbrochen wird, die geriffelte schwarze Wasseroberfläche sichtbar wird, darüber die von den Pfeilern geraffelte gegenüberliegende Felswand, darüber die einzelnen Wasserfälle, die über sie hinab in das geraffelte geriffelte Schwarzwasser stürzen.

Das ist auch die Strecke, wo der Vater einmal nicht aufgepasst hat, ich weiß nicht, ob Mozart ihm gerade eine besonders schwierige Passage vorführte, wo er nun überhaupt nicht mehr wusste, was nun kommen würde, was dann aber kam, war die Staukolonne, und wir klebten schon mit der Nase im Hinterteil des Vorderfahrzeugs. Mit unserem schönen schwarzen Mercedes. Das ist aber auch die Strecke, wo mir später von den Freunden aus dem Sportklub vorgemacht wurde, wie man ohne Stau am Qualensee vorbeikommt, natürlich ohne den leichten Mozart, sondern mit Heavymetal, indem man nämlich zu sechst in einem Kleinwagen kurz vor dem ersten Tunnel, wo sich die Kolonne hinter einem Heuwagen zu stauen beginnt, aus fünfter Position die ganze Reihe überholt und gerade noch vor dem mit heulender Hupe entgegenkommenden Mercedes (natürlich) in den dunklen Schlund des Tunnels zurück auf die eigene Fahrbahn biegt.

Als ich einmal einen Kopfhörer aufhabe, der an meinen Walkman angeschlossen ist, und mir mit irgendwelcher beliebiger Popmusik den Kopf zumülle, wie der Vater immer sagt, natürlich nichts so Erhabenes wie unser Hauskomponist, werde ich sofort angeherrscht. Ich merke dann aber selber sofort, dass der Innenraum unseres Gefährts nicht durch so niedere Frequenzen gefährdet werden darf, und widme mein Gehör sofort wieder dem walenseestämmigen Wunderkind im karosseneigenen Kassettengerät, auf dass die hehren Töne erschallen über den herrlich kargen Landschaften, aus welchen diese geboren. Sofort rieche ich wieder den Kaugummigeruch und bin wieder eins in und mit der Kapsel. Mein Vater hat Recht, zum Qualensee passt Mozart einfach viel besser.

Es ist Sonntag. Draußen regnet es wahrscheinlich. Die Zeit kommt nicht voran. Ab und zu huscht jemand über den Spannteppich. Leise schließe ich die Holztür zu meinem Zimmer, ziehe mich in meine Welt zurück. Die Tür quietscht ein bisschen, weshalb ich gelernt habe, sie jeweils mit meinem ganzen Körpergewicht in die Angeln zu drücken, dann am Schluss ganz leicht zu heben und letztendlich die Klinke wiederum mit Druck nach vorn, gegen den Rahmen, nach oben gleiten zu lassen. So gibt sie nicht dieses widerliche Quietsch-und-Knarr-Geräusch von sich, das den Vater immer aus seiner Fassung bringt, manchmal schläft er vielleicht oder manchmal denkt er auch nur über etwas Wichtiges nach, aber hauptsächlich ist es ja, um die Türe und das Holz zu schonen. Damit nicht etwa das eigene Leben auch noch in der Welt der harten Gegenstände Abnutzungserscheinungen hervorruft. Nein, wir wandeln ja, wir gleiten. Dieselbe Holzwand, die mir so sehr auf die Türe drückt, bietet allerdings auch eine angenehme Nische, in der mein Bett stehen kann, sowie eine weitere Wandfläche. Dumm ist nur, dass die Holzwand so schön ist, dass man da keine Bilder aufhängen darf. Ich habe meine neuen Poster heute deshalb direkt über dem alten Plattenspieler angeheftet, dem von der Großmutter, den ich haben durfte, an die weiße Tapete und nicht an die braune Holzwand. Es sind Poster eines Popsängers, nichts besonders Schräges, nichts besonders Wildes. Einmal in rotem Scheinwerferlicht auf der Bühne, und einmal in blauem. Dann noch eins, das mehr aussieht wie ein Porträtfoto. Die drei Poster sind adrett angeordnet, nicht ganz regelmäßig, sondern ein bisschen schief, wie ich das bei einem Freund gesehen habe, der den ganzen Tag mit dicken Kopfhörern über den Ohren oder auch mal ohne hartes Zeug hört, nichts für Memmen.

Plötzlich geht vollkommen ohne Quietsch-und-Knarr-Geräusch die Türe auf. Was soll denn das, sagt mein Vater, warum machst du die Türe zu, wir haben doch nichts zu verheimlichen. Die Türe bleibt offen bei uns, das wäre ja noch schöner, wenn sich jeder hier einschließen würde. Ich schaue ihn erstaunt an. Ich denke, dass ich ja gar nichts verheimlichen will, im Gegenteil. Er erzählt mir wieder von der amerikanischen Firmenphilosophie, wie auch er bei der Arbeit seine Bürotür immer offen hat und wie die Leute das sehr sympathisch finden.

Das ist aber nicht mein Büro hier, sage ich. Er sagt, das stimmt, das ist zwar kein Büro, aber diese Offenheit kann wohl generell gelten. Ich schaue ihn an, aus meinem Sitz am Boden auf dem Spannteppich, wie er dasteht, in seinen Jeans und dem karierten Hemd, alles alt, weil es Sonntag ist, aber sauber gewaschen. Es ist eben viel angenehmer, mit Leuten zusammen zu sein, die einem klar zeigen, dass sie nichts zu verheimlichen haben, sagt er. Und wenn einer etwas zu verheimlichen hat, frage ich, was ist dann? Er sagt, das will ich ja wohl nicht hoffen, dass du etwas zu verheimlichen hast. Hast du etwas zu verheimlichen? Die Frage hängt etwas wacklig im Raum. Natürlich habe ich nichts zu verheimlichen. Allenfalls hätte ich gerne ein Geheimnis. Auch wenn es nur ein kleines wäre. Aber das geht ja nicht. Wo sollte ich es auch hintun. In meinem Zimmer ist jedenfalls alles so ordentlich, dass ein Geheimnis hier überhaupt nicht hineinpassen würde. Das müsste ich schon irgendwo sonst verstecken, irgendwo draußen. Aber dann, fürchte ich, würde es ja nicht mehr so sehr mir gehören, mein Geheimnis. Vielleicht ist es ja doch einfacher, wie mein Vater sagt, einfach keine Geheimnisse zu haben. Man hat eine reine Weste und man kann immer die Türe offen lassen: Man hat ein ruhiges Gewissen.

Was ist denn das, das habe ich ja noch gar nicht gesehen, sagt er auf einmal. Er schaut an die Wand, auf meine Poster. Ich denke, vielleicht findet er den Popsänger ja cool, das würde mir helfen, ich habe nämlich, ehrlich gesagt, ziemlich Mühe, zu beurteilen, was nun cool ist und was nicht. Ich habe dir doch nicht umsonst eine Schiene aufgehängt. Was fällt dir überhaupt ein, sagt er. Womit hast du sie überhaupt festgemacht? Mit Stecknadeln, sage ich kleinlaut. Er nähert seinen Kopf dem Poster mit dem Popsänger im roten Licht und sagt, das sind keine Stecknadeln. Er schaut mich an. Das sind Nägel. Ich will doch nicht die ganze Wand durchlöchert haben, sagt er. Stell dir doch mal vor, wie das nachher aussieht. Mit nachher meint er die Nachwelt oder sonst etwas ganz Entferntes, auf jeden Fall eine Zeit, da von uns keine Spuren mehr auffindbar sein dürfen und schon gar keine Abnutzungsspuren, vom Leben oder so.

Es ist still eine Weile. Poster kommen an die Schiene. Die nimmst du sofort herunter. Was ist das überhaupt für ein Kerl? Ich sage nichts. Er löst die Hand von meiner Türklinke und verschwindet. Ich schaue hoch zu den Postern. Es ist mein erster Versuch gewesen, cool zu sein. Aber an der Schiene aufgehängt, eins gerade neben dem anderen, sehen die Poster alles andere als cool aus. Plötzlich sehe ich das Gesicht meines Vaters wieder in der Türe. Und die Türe bleibt offen, sagt er, dass das ein für alle Mal klar ist.

Das ist eben der Vorteil, wenn die Türe offen ist, denke ich, man kann sich sofort alles sagen, was man sich sagen möchte, und es kommt zu keinen dummen Missverständnissen. Zudem weiß man, wie in den Büros in Amerika, dass, wenn die Türe offen ist, auch die Person im Zimmer offen ist für alles, was man ihr sagen will, vor allem weiß man ja, dass die Person die Türe freiwillig offen gelassen hat, als Einladung zum Gespräch sozusagen. Ich sage, klar, und drehe mich weg, zum Fenster. Aber wo, frage ich mich, während ich mich in meinem mit milder Strenge geführten Reich umsehe, soll ich mich dann, wenn ich einmal mit niemandem sprechen will, hinstellen, -setzen, -legen?

Vorsichtig ziehe ich die Nägel heraus und nehme die Poster ab. Einer der kleinen Nägel reißt ein Fetzchen Tapete mit. Ich erschrecke. Ich schaue schnell auf die offene Türe, überlege. Ich gehe zu meinem Schreibtisch, öffne die oberste Schublade und entnehme ihr das Fläschchen Tipp-Ex. Ich steige auf einen Stuhl und überstreiche die Stelle. Das Tipp-Ex ist aber grau, viel dunkler als die Wand. Jetzt ist der Fleck größer. Ich steige vom Stuhl herunter und schaue nochmal hoch, kann den Fleck aber glücklicherweise nicht mehr erkennen. Das ist gut so. Aber vielleicht kann ihn der Vater sehen, wenn er hereinkommt? Man weiß nie, was der Vater sieht, immer sieht er viel mehr als man selbst, und dann hat man wieder einmal nicht aufgepasst, obwohl man eigentlich aufgepasst hat. Ich zögere. Die Poster lege ich einfach übereinander und schiebe sie unters Bett. In die Schiene kommen sie nicht, das wäre ja lächerlich.

Was soll ich jetzt tun? Ich muss immer daran denken, dass jetzt sofort jemand hereinkommen kann, und dann muss ja klar sein, was ich tue, irgendetwas, was man so tut, oder jedenfalls muss ich aufpassen, dass ich nichts Falsches tue, und sogar noch mehr aufpassen, denn so, wie ich aufpasse, reicht es ja nicht, ich muss also auch noch auf mein Aufpassen aufpassen und das nimmt meine ganze Energie in Anspruch, sodass ich, als ich so daliege auf dem Rücken auf dem Bett, die Hände hinter dem Kopf verschränkt, gar nicht weiß, was ich eigentlich tun will, und darum nichts tue und nur warte, bis jemand hereinkommt und mich fragt, was ich tue. Obwohl, da ich ja nicht sagen kann, ich passe auf, da ich ja nicht sagen kann, ich passe auf, dass ich aufpasse, tue ich eben nichts und passe nur auf. Dass niemand hereinkommt.

Ich setze mich auf den Boden, vor den alten Plattenspieler. Er steht neben der Tür. Ich lege eine der alten Platten auf. Diese Platten darf man hören, auch wenn man an das alte Gerät keine Kopfhörer anschließen kann, sodass der Klang die ganze Umgebung in Mitleidenschaft zieht. Selber etwas spielen wollen wäre ja auch blöd, auf der Flöte oder auf einem dieser Kinderkeyboards, da hat wiederum mein Bruder Recht, wenn er sagt, Mozart konnte das besser. Mozart konnte das auch besser. Jetzt höre ich es auch. Hoffentlich nur nicht zu laut. Aber so können wenigstens die Eltern hören, dass ich es höre. Und hören ist eigentlich auch weniger anstrengend als selber spielen, zumindest wenn man dabei nicht zu sehr aufpassen muss.

Die Geigen fiedeln, das Klavier klimpert, harmonisch rauscht die Musik die Tonleitern auf und nieder. So ist das mit der Musik, sie rauscht und bringt Beruhigung. Ich beginne mich zu entspannen. Mein Bruder guckt herein, starrt mich an, tippt sich an die Stirn und verschwindet. Ich versuche zuzuhören. Meine Gedanken gleiten immer wieder ab. Ich weiß gar nicht, wie man Musik hört. Muss man immer alles, was schon verklungen ist, sich merken? Auswendig lernen, was man eh schon auswendig kann? Ich bin nicht einmal sonderlich gespannt, welche Töne als Nächstes folgen werden. Ich kenne sie ohnehin schon im Schlaf. Nach ein paar Takten bin ich mit meinen Gedanken immer schon ganz woanders, und dann denke ich, aber du wolltest doch Musik hören, aufpassen, was jetzt kommt. Ich sitze auf dem Spannteppich und starre aus dem Fenster. Plötzlich steht wieder mein Vater in der Türe. Gefällt dir das? Er lächelt. Und in einer ganz fremden Tonlage antwortet es aus mir heraus: Ja, sehr. Ich höre die Schritte meines Vaters, gedämpft durch den Spannteppich, wie er im Gang weitergeht und einige Takte mitsummt. Noch immer sehe ich das Lächeln in seinem Gesicht.

5

Im Ferienhäuschen in den Bergen ist es kalt. Das ist so, weil jeweils früher jemand aus dem Dorf ein paar Tage vorher schon eingeheizt hat und es jetzt nicht mehr tut, das heißt nicht mehr tun soll, nicht unbedingt wegen der Umwelt, zwar sicher auch wegen der Umwelt, aber vor allem wegen der Kargheit. Die Kargheit ist unser zuverlässigstes Prinzip, denn bei Kargheit kann man nichts falsch machen, nicht zu viel ausschmücken, nicht zu viel miteinander reden, nicht zu viele Sachen kaufen, es nicht zu warm haben, da würde einem ja schlecht vor lauter Zuviel des Guten. So dürfen wir jeweils ein bis zwei Tage warten, bis es warm ist im Ferienhäuschen, und frieren halt ein bisschen, aber das tut gut, für die Durchblutung und auch zur Erinnerung, wie gut es uns eigentlich geht, sodass ich trotzdem froh darum bin. Außerdem werden wir durch die stärkere Durchblutung manchmal zu Dingen hingerissen, die uns das Blut gefrieren lassen in den Adern, was die Freude wieder ein bisschen relativiert.

Draußen liegt Schnee. Viel Schnee. So viel, wie schon seit Jahren nicht mehr. Die Großmutter hätte sich vielleicht noch erinnert an ein Jahr mit so viel Schnee. Von der Straße zum Auto müssen wir schwimmen. Das heißt neben der tief verschneiten Straße auf die Schneemauer klettern, die mehr als kopfhoch ist, auch für meinen Vater, und anfangen, mit den Armen und Beinen zu kreisen. Wenn man bis zur Brust im Schnee einsinkt, dann kommt man nur noch mit Schwimmbewegungen vorwärts. Von der Garagentür ist nur noch der obere Rand zu sehen. Die Schaufeln sind jedoch in der Garage, verschlossen. Ohne die Haupttüre freizuschaufeln, kommen wir nicht ins Haus hinein. Und dafür müssen wir zuerst in die Garage, die Schaufeln holen. Wir buddeln mit den Händen. Und schieben mit den Schuhen. Drücken den Schnee mit dem Bauch weg. Schließlich lässt sich die Garagentür um einen Spalt öffnen. Mein kleiner Bruder kann endlich hinunterschlüpfen und uns die Schaufeln hinausreichen. Er ist es auch, der uns jeweils die Späne herausoperiert, wenn wir nicht vorsichtig genug waren, er hat die schärfsten Augen und die feinsten Finger. Auch sieht er die Straßenschilder, die wir seit Stunden suchen, im Auto Kreise ziehend, immer als Erster. Da ist er gut. Dafür gehören ihm auch alle kleinen Häuschen, die wir irgendwo sehen, von der Autobahn aus, am Wegrand, auf Spielplätzen. Er ist es, der hineinklettern kann, drin sitzen bleibt und niemand sonst hat dort Platz, es ist sein Reich. Schau, hier hat er wieder sein Häuschen hingestellt, sagen wir nur und zwinkern ihm zu, wenn wieder eines am Weg steht, zwei Meter breit, mit einer Türe, dass sogar ein Kind sich bücken muss.

Dann fängt es an. Es ist eine Manie. Bis in ein paar Tagen wird mein Vater alle Wege ums Haus freigeschaufelt haben. Ausnahmslos alle, und zwar sauber und schön, mit rechteckigen Winkeln. So entstehen auch in diesem schneeüberreichen Jahr fußgängerbreite Kanäle, die immer tiefer und breiter werden zwischen den weit über mannshohen Schneemauern. Kommt hinzu die Garageneinfahrt, die zwar mit dem Auto wegen des vielen Schnees im unteren Bereich nicht befahrbar ist, die aber doch bis zur Skipiste freigemacht wird. Irgendwann ist auch das getan. Meterhoch türmen sich die aufgeschaufelten Berge. Wir haben auch geholfen, ein bisschen, und irgendwann schauen wir nur noch zu. Wie er die Mauern glättet, hier noch etwas abschabt, dort noch eine Ecke freimacht, da noch begradigt, ausweitet, abrundet. Wir sitzen auf unserer Schneeburg, in die man durch verschiedene Gänge hineinkriechen kann. Das heißt, wenn man noch nicht zu groß ist, noch nicht erwachsen.

Wir sitzen oben auf der Burg und schauen nach unten. In gleichmäßigem Rhythmus schwingt eine Schaufel in unser Blickfeld und entlädt eine weiße Ladung auf die Mauer zu unserer Seite. Wir schauen zu. Und lauern. Wie wir immer lauern. Wie es unser Sport geworden ist, an diesen frühen Winterabenden, wenn es schon dunkel ist und wir abtauchen, in die verborgenen Gänge im weißkühlen Element. Entlang der Straße, auf den Dächern der Abfallhäuschen, im Vorgarten der Nachbarn, überall haben wir unsere Gangsysteme gegraben, von denen aus wir den Passanten auflauern. Sobald jemand unter der Schneewand vor uns durchspaziert, beglücken wir ihn mit einer Ladung Schnee, mitten auf den Kopf. Und tauchen ab. Die Leute erschrecken zuerst. Dann versuchen sie zu lachen. Wir schießen noch einmal. Dann werden sie wütend. Manche fast wahnsinnig. Doch sie finden uns nicht. Einmal haben uns zwei Männer verfolgt, und wir kriegten Angst. Sie meinten es ernst. Im kühl rieselnden Pulver rannten wir davon, versteckten uns im Wald, gruben uns ein. Da blieben wir und warteten lange.

Wahnsinnig sind auch unsere Nachbarn, zwei alte Schwestern, immer noch Jungfern, wie jeder weiß, die sind richtig wahnsinnig, das heißt ein bisschen gaga. Aber das waren sie schon vor unseren allabendlichen Attacken. Im Dorf unten sieht man sie manchmal laut keifend an einer Kreuzung stehen und alle drehen sich um nach ihnen. Oder hinter dem kleinen Supermarkt neben einem Busch kauern, den Rock hochgeschlagen. Jeden Abend locken wir sie mit Schneebällen vor die Haustüre und irgendwann stehen sie so, dass sie einen mitten ins Gesicht abkriegen. Sie haben keine Ahnung, wer ihnen so böse zusetzt, aber auf die Idee, dass wir, ihre Nachbarn, die sie jeden Morgen so freundlich krächzend grüßen, das sein könnten, kommen sie nicht. Als wir es den Eltern einmal andeutungsweise erzählen, natürlich nicht alles, sagt meine Mutter nur, ach nein, lasst die doch in Ruhe, die

Armen. Die sind doch so schon genug gestraft, sagt sie und lacht.

Wir sitzen auf unserer Schneeburg, und unten schaufelt der Vater. Mein Bruder hat einen Eisbrocken in der Hand. Ich spähe über den Rand. Wir schauen einander an. Ich ziehe den Eisbrocken zu mir heran, versuche ihn hochzustemmen. Dann lasse ich die Arme wieder sinken. Der ist zu hart, flüstere ich, und viel zu schwer, das geht nicht. Wir schieben ihn auf die Seite, in den Tiefschnee. Wir suchen einen anderen. Mein Bruder findet einen, der ist kleiner und weicher. Wir müssen ihn immer noch zu zweit heben. Gerade als die Schaufel unter uns ist, lassen wir los und rutschen sofort in Deckung. Ein dumpfes Geräusch ist zu vernehmen. Es ist eine Weile still. Die Angst steigt in uns auf, es könnte tatsächlich etwas passiert sein, ein unheimliches Gefühl. He, hören wir ihn rufen, passt auf, sonst kommt alles wieder herunter. Und schon fliegen die nächsten weißen Ladungen neben uns auf die Mauer. Wir schauen einander an und atmen auf. Wir kriechen im Schnelltempo durch den Hintergang unter der Schneemauer hindurch, rennen einen der sauber ausgeschaufelten Wege entlang bis zur Haustür, dort über die Mauer, durch den Tiefschnee ins Gangsystem an der Straße. Wir treten auf die von der Straßenlaterne erleuchtete Fläche des festgedrückten Schnees, schauen die Straße hoch und runter, springen wieder in die Gänge zurück, klettern in unser Hauptquartier und lehnen uns erschöpft an die Schneewand. Heute ist irgendwie nichts los, sagt mein Bruder. Ich nicke.

Auf der Terrasse, die jeweils einer von uns beiden freimacht, ist der Schnee auf der Sitzfläche mit dem Schnee des Daches zusammengewachsen. Da ich der Tüchtigere bin, mache ich das meiste davon weg. Ich brauche viel länger als der Vater für alle Wege zusammen und die Garageneinfahrt dazu. Danach können wir von der Terrasse, die im ersten Stock liegt, fast ebenerdig hinaus auf den Schnee steigen oder von der Terrasse mit einem Schwung hoch auf das Dach. Vor uns erstreckt sich dann die ganze, tief in Weiß versunkene Landschaft. Die Gipfel glänzen stolz in ihrem neuen Winterkleid. Alles ist weich und weiß und rund, sogar die sonst so spitzen Tannen. Wie begnadigte Zwerge, im Märchenland, und niemand ist schuld. Vom Giebel springen wir herunter, am besten in die angeschaufelten Berge des Vaters. Die dann wieder den freigeschaufelten Weg zuschütten. Wir springen vom Giebel ab – einige Sekunden, wie es uns scheint, der Leere der Luft ausgesetzt, während welcher wir mit Armen und Beinen rudern, die senkrechte Lage in der Luft zu halten versuchen –, und schon sind wir tief in den Schnee eingerammt. Wir stecken bis zur Brust drin. Im tiefen, jetzt nicht mehr so weichen Kühlweiß. Es braucht mehrere Minuten, bis wir einander wieder ausgegraben haben. Ganz unten in den Löchern, wo unsere Moonboots feststecken, schimmert der Schnee in hellem Türkis. Ich schaffe einen Salto. Mein Bruder später auch. Am Abend sind wir durch und durch nass, und tot und erschossen vor Müdigkeit.

Drinnen ist es warm jetzt. Nur die Betten sind kalt. Denn in den Zimmern kann nicht geheizt werden. Es gibt nur einen zentralen grünen Kachelofen mit einer Feuerung für den oberen Stock und einer für den unteren. Die Ofenbank ist aus grauem Stein, und oben, die grünen Kacheln entlang, läuft ein Fries mit hellblauen Zeichnungen auf weißem Grund. Eine Windmühle, eine Jagdszene. Eigentlich alles Bilder aus dem Flachland. Als wir klein waren, gab es curlingsteinförmige Bettflaschen aus Kupfer, doch jetzt nicht mehr. Meine Mutter sagt, tut doch nicht so, als ich noch klein war, war am Morgen jeweils eine Eisschicht an der Wand über meinem Kopf. Vor dem Essen gehen wir ins Bad, das heißt in die Sitzbadewanne, zuerst beide zusammen, mit dem Älterwerden einer nach dem anderen, und dann rennen wir nackt ins Wohnzimmer, wo oben auf dem Kachelofen, über dem schwarzen Gitter, aus dem die heiße Luft strömt und das man mit der goldenen Flügelschraube auf- und zudrehen kann, unsere Ganzkörperpyjamas liegen. Danach wird gegessen, dann kommen die Nachrichten im kleinen Schwarzweißfernseher und dann wird gelesen in den drei mit Fellen ausgelegten Sesseln, entweder Zeitungen oder die Romane meiner Mutter. Einmal später dann, in den Ferien, wollen alle lesen und in Hundert Jahre Einsamkeit versinken. Manchmal spielen wir auch Karten, alle zusammen. Oder reden vom nächsten Tag, mit der Großmutter, und als sie dann nicht mehr ist, eben ohne Großmutter.

Mein Zimmer im Ferienhäuschen liegt im oberen Stock, das meines Bruders im unteren. Früher waren im großen Schlafzimmer neben meinem die Großeltern und im großen neben dem meines Bruders die Eltern. Die Großeltern haben immer gebetet am Morgen im Bett, wir mussten ganz still am Boden kauern und durften erst danach in die warmen Decken schlüpfen, wo uns die Großmutter kitzelte. Nach dem Tod der Großeltern sind Mutter und Vater oben bei mir eingezogen, und mein Bruder war unten allein. Als er klein war, hatte er Angst, alleine nach unten zu gehen. Dann war ich froh, oben bleiben zu können. Später beneidete ich ihn um die Freiheit des eigenen Stockwerks.

Die Wände des Häuschens sind aus Arvenholz. In meinem Zimmer hängt vor dem Arvenholz über dem Bett eine Bastmatte. Aus irgendeinem Einkaufszentrum unten im Feriendorf habe ich Poster von Skirennfahrern mitgebracht. Mehr Werbung als wirkliche Sportposter. Werbung für Langlaufskier oder eine Wachsmarke. Ich habe sie mit Reißnägeln an die leere Holzwand über das Bett geheftet. In der Nacht kann ich sie nicht sehen, in der Nacht ist es wegen der geschlossenen Läden stockfinster, bis dann am Morgen einzelne Lichtstrahlen durch den Spalt der Fensterläden zu mir hereinfädeln, tatsächlich einzelne Lichtstrahlen – wenn ich blinzle, kann ich jeden einzelnen genau erkennen –, bis dann die Geräusche des daneben liegenden Badezimmers, das Klopfen des Wassers in der Warmwasserleitung, mich wecken, ich aber noch lange, sehr lange liegen bleibe und erst spät, als wäre ich noch ganz verschlafen, die Tür aufmache und ins Wohnzimmer trete. Und dann sehe ich draußen die Schneedecke, die immer noch niemand weggeschlagen hat, und denke, ich könnte eigentlich auch wieder zurück.

Es ist Abend, mein Bruder und ich stehen in meinem Zimmer und schauen die Poster an. Wir witzeln herum. Auf einmal kommt mein Vater herein und sagt, so, jetzt aber ab in die Flohkiste. Er sagt immer Flohkiste für Bett. Gegen diese Poster hatte er nichts einzuwenden, vielleicht, weil es das Haus seiner Schwiegermutter ist. Keine Regel ohne Ausnahme. Jetzt aber ab in die Flohkiste, sagt er. Mein Bruder grinst und zeigt auf den Langläufer, sagt, schau mal, der haut auch ab, oder irgend so etwas sagt er. Mein Bruder kriegt einen Lachanfall. Der Vater hat ihn wohl auch nicht richtig verstanden und schaut den Langläufer an. Mein Vater ist ein eifriger Langläufer, mit seiner Jugend im deutschen Flachland hat er sich erst spät im Leben auf die Pistenbretter gewagt, und auf der Loipe muss man mehr arbeiten, nur hinunterkurven, sagt er immer, das kann jeder.

Mein Bruder sagt, schau nur, der hat wirklich einen ab, da mit den Beinen, ganz gestreckt. Mein Bruder erzählt manchmal einfach nur Unsinn und erstickt dann fast an seinem eigenen Lachen. Der Vater meint noch immer, da sei wirklich etwas, und als ich in nachdenklichem Ton sage, stimmt, der sollte wirklich nicht so gestreckt …, schau mal, wie komisch gestreckt der läuft, tritt mein Vater einen Schritt näher zum Bett heran, näher zum Bett hin, über dem das Poster an der Wand hängt. Wir kichern jetzt beide, mein Vater ist irgendwie angesteckt vom Kichern, grinst ebenfalls und versucht zu erkennen, was da beim Langläufer wie gestreckt ist, als wir uns plötzlich hinter seinem Rücken mit fragend hochgezogenen Augenbrauen anschauen und den Vater mit einem Schwung aufs Bett schubsen. Rumms macht es. Wir wollen hinterdrein springen, auf ihn drauf, doch wir halten inne. Der Vater ist mit dem Kopf direkt in die Holzwand gedonnert. Steif stehen wir da. Er liegt auf meinem Bett, hält sich den Kopf. Richtig wehgetan haben kann er sich nicht, denke ich, oder vielleicht doch? Benommen steht er auf und sagt, macht doch nicht so einen Unsinn. Er steht nur da, mitten im Zimmer. Irgendetwas muss doch noch kommen, denke ich. Er geht hinaus, ohne ein Wort zu sagen.

Wir wissen gar nicht, ob wir jetzt erschrocken sein sollen, weil wir einen Moment dachten, jetzt ist wirklich etwas Schlimmes passiert, oder eher traurig, weil er unseren Witz nicht verstanden hat. Wortlos verlässt auch der Bruder mein Zimmer. Ich stehe da und schaue auf den Langläufer. Er hat tatsächlich etwas Komisches in seiner Bewegung. Keine gute Werbung, denke ich. An diesem Abend gehen wir ganz schnell und ohne Zirkus zu machen in die Flohkiste.

6

Es gibt bei uns ein Bild von einem Jungen, einem kleinen Jungen, vielleicht vier oder fünf Jahre alt. Es ist kein richtiges Bild, sondern eins, das der Vater immer wieder evoziert hat, vor unserem geistigen Auge. So ein kleiner Knirps warst du noch, sagt mein Vater und hebt die flache Hand waagrecht neben seine Hüfte, ich sehe dich noch, wie du ganz allein die Straße hinunter watschelst, die Skier auf den Schultern. Es war im Ferienhaus, in den Bergen. Meine ersten Lektionen in der Skischule. Der Skischulsammelplatz unten im Dorf, ein großer schneebedeckter Platz, übersät mit Stangen, die runde rote Schilder tragen, mit weißen Zahlen und Buchstaben darauf für die verschiedenen Gruppen, je nach Grad der Beherrschung der Bretter. Wenn man groß ist, kann man von da oben, wo unser Haus steht, auch über die Piste ins Dorf hinunterfahren, dann sind es nur fünf Minuten. Sonst muss man die Straße entlanglaufen, auf dem schneebedeckten Trottoir, dessen Rand im Weiß des Schnees kaum mehr zu erkennen ist. Im festgedrückten Schnee schwarze Punkte, Streukies. Daneben fahren all die Autos mit Skiträgern ins Dorf hinunter oder schon wieder hoch. Sie bringen Kinder oder holen Kinder, fahren einkaufen oder zum Skilift auf der anderen Talseite, zum großen Parkplatz. Ich weiß noch, wie ich ihn losgeschickt habe, sagt er zu meiner Mutter, und dann sagtest du, das kannst du doch nicht machen, komm, geh doch mal schauen. Und wie ich mich dann schnell angezogen habe und dir nach bin, erzählt er, wieder zu mir gewandt. Da habe ich gleich gesehen, dass meine Bedenken vergeblich waren. Ich spazierte einfach hinter dir her. Aus sicherem Abstand sah ich, wie du ganz allein den Weg ins Dorf hinunterwatscheltest. Ohne dich irgendwo aufzuhalten, die Nase keck in die Luft gestreckt. Bis hinunter bin ich dir gefolgt. Ich habe gleich gesehen, du machst deinen Weg.

In Amerika, wo wir ein Jahr wohnten, als wir zum ersten Mal mit dem gelben Schulbus zur Schule fuhren, nahm ich meinen Bruder fest bei der Hand und wollte schon am Ausgang unserer Siedlung aussteigen, wo aber nur weitere Kinder zustiegen, worauf mir der Chauffeur sagte, don't panic, this is not where you want to go. Und ich schaute, als er wieder anfuhr, weiter gespannt auf die Straße, bei jeder Stange am Straßenrand denkend, hier müssen wir doch raus, nur die Schule nicht verpassen. Die Hand des Bruders hielt ich fest mit der meinen umklammert.

Vor meiner Aufnahmeprüfung ins Gymnasium kann ich nicht einschlafen. Ich denke an das, was der Vater immer sagt, dass es gesund sei, früh schlafen zu gehen, dass man nur dann einen klaren Kopf habe am nächsten Morgen, wenn man früh ins Bett gehe, dass die anderen Kinder, die spät aufbleiben dürften, dann eben keinen klaren Kopf hätten am nächsten Morgen und überhaupt nie einen klaren Kopf hätten. Ich denke, ich muss jetzt unbedingt einschlafen, sonst schreibe ich keine gute Prüfung morgen und komme nicht ins Gymnasium – und kann nur noch weniger einschlafen. Als ich im Badezimmer einen Schluck Wasser trinke, kommt mein Vater herein, sieht die roten Augen und sagt, das macht doch nichts, spät ins Bett gehen kann auch erfrischend wirken. Das heißt natürlich, wenn es eine Ausnahme ist, fügt er noch hinzu, aber einmal macht gar nichts. Ich verstehe die Welt nicht mehr, und zugleich fällt mir ein Stein vom Herzen. Ich schlafe sofort ein.

Es klingelt an der Wohnungstüre. Es ist – wer könnte es anders sein – der Busenfreund meines Bruders, der immer nur

Busenfreunde hat und dadurch keine Zeit mehr für irgendetwas anderes. Auch früher konnte sich mein Bruder endlos seinem Spielzeug widmen, während es mir immer sehr schnell schon langweilig wurde. Schau nur, wie schön dein Bruder spielt, hieß es immer. Meine Mutter steht in der Küche, schaut durch die Lamellenstoren auf die Treppe im Aufgang, wo Sämi steht, sie macht aber nicht auf. Meine Mutter findet, Sämi sei nicht der richtige Freund für meinen Bruder, weil Sämi ein verwöhntes Einzelkind ist, das alles darf. Mein Bruder geht an die Türe. Aus der Küche heraus sagt sie, immer dieser Sämi, und merkt gar nicht, dass dieser schon in der Wohnung steht. Vielleicht hat er es auch gar nicht gehört, nur ich habe Angst, er könnte es gehört haben. Ein paar Monate später hat mein Bruder jedenfalls seinen Busenfreund gewechselt.

Ich habe mir schon genau überlegt, was ich sagen werde, was ich machen könnte mit Karel heute Nachmittag, Karel vom Sportclub. Ich wähle seine Nummer. Jemand mit einer tiefen Stimme nimmt ab und sagt, einen Moment. Als Karel kommt, sagt er, wir sind gerade alle am Fernsehen, Jessica, Coco und Heinz sind auch hier, willst du nicht auch kommen. Natürlich möchte ich auch gern kommen, denke ich. Ich möchte aber, dass er mich bittet. Und noch lieber hätte ich mit Karel allein etwas gemacht. Die vielen anderen verwirren mich nur. Ich sage, ich weiß nicht recht, ich habe nicht so viel Zeit heute, bis mir plötzlich einfällt, dass ich es ja war, der ihn abholen wollte. Ich frage, was guckt ihr denn. Er sagt, nichts Besonderes, und später wollen wir uns noch ein Video anschauen, komm doch auch. Ich sage, ich weiß nicht. Er sagt, mach, was du willst, wenn du deine Meinung noch änderst, kannst du ja hereinschauen. Ich sage, gut, ich komme. Sonst müsste ich dann, denke ich, vor der versammelten Runde erklären, warum ich jetzt plötzlich meine Meinung geändert habe, und vor vielen Leuten reden, das ist wie nicht wissen, wie hoch Schwellbrunn liegt. Ich kann doch nicht alle zugleich zu überzeugen versuchen, dass ich es ehrlich meine.

Als ich klingle, macht Karels Schwester auf. Ich schaue sie an und sie schaut mich an. An sie habe ich gar nicht gedacht und habe darum auch keine Worte für sie bereit. Sie führt mich stumm ins Wohnzimmer. Da sitzen sie alle und schauen mehr oder weniger konzentriert auf den Bildschirm. Karel winkt mir zu, die anderen schauen nur kurz auf. Willst du etwas trinken, fragt er. Auf dem Bildschirm sehe ich plötzlich etwas, das ich noch nie gesehen habe, und ich kann meinen Blick nicht davon wenden. Unmäßige Muskelberge, nackte, schweißtriefende Glieder, ineinander verschlungen und brutal aufeinander einschlagend. Ich habe zwar schon davon gehört, es ist eine Art Ringen, aus Amerika, bei dem alles erlaubt ist, und zugleich simulieren sie auch ein bisschen, aber man weiß nicht genau wann. Man denkt immer, jetzt bricht die Wirbelsäule. Ich schaue Karel an und sage, nein danke. Mein Blick gleitet immer wieder zum Bildschirm. Die anderen sitzen herum und plaudern miteinander, nur die kleine Schwester sitzt allein. Sie ist die Einzige, die auch auf die flimmernden Bilder starrt. Ich will nicht so sein wie die kleine Schwester und wende meinen Blick weg vom Bildschirm, der, wie ich trotzdem sehe, bald etwas anderes zeigt, jemand hält die Bedienung in der Hand und drückt darauf herum. Karel schiebt eine Kassette ein, einige lachen, und als der Film beginnt, werden alle still. Die nackten, schweißnassen Muskelpakete gehen mir nicht mehr aus dem Kopf. Ich komme mir vor, als hätte ich in einen tiefen Sündenpfuhl geschaut und mich unsäglichen Dingen hingegeben.

Ich bin schon ein Großer, meine ich immer überall herauszuhören, meine ich zu spüren, wenn mein Vater mit mir spricht. Wenn meine Mutter in mein Zimmer schaut, guckt sie mich immer lange an und wischt sich nachher mit der waagrechten Hand senkrecht vor den Augen durch, wie um mich aus irgendwelchen vermeintlich höheren Gefilden wieder auf die Erde zurückzuholen. Bei ihr bin ich manchmal übermenschlich groß.

Ich bleibe nicht lange bei Karel. Ich muss ja auch bald wieder zu Hause sein, zum Essen. Jetzt will nur noch mein Vater wissen, was Karels Vater macht, wie sie wohnen und was wir getan haben den ganzen Nachmittag. Wir haben einen Film geguckt, sage ich. Was für einen Film? Irgend so einen Film halt. Und wovon handelt dieser Film? Ich habe ihn ja gar nicht zu Ende gesehen. Aber du wirst doch wissen, was für ein Film es gewesen ist. So ein Kriegsfilm halt. Mitten an einem schönen Sonntagnachmittag habt ihr also nichts Besseres zu tun, als Kriegsfilme zu schauen. Waren da auch Mädchen dabei, fragt meine Mutter. Kriegsfilme sind doch brutal. War das auch so einer, wo man Tote sieht? Sicher nicht, sage ich. In ein paar Szenen vielleicht schon, aber den Teil habe ich gar nicht gesehen, ich bin ja früher gegangen. Jetzt leben wir in einem friedlichen Land, und anstatt sonst etwas zu machen, ist es das Schönste für diese jungen Leute, Kriegsfilme zu gucken, sagt der Vater. Wenn euch das nur nicht auf falsche Ideen bringt. Und die Eltern, sagen die denn gar nichts, will er noch wissen, und meine Mutter schließt gleich an, das sollte man verbieten, mitten an einem schönen Nachmittag.

Als ich wieder in meinem Zimmer bin, drehen sich immer noch die muskelbewehrten nackten Glieder in meinem Kopf, wie einfach einer dem anderen auf den Kopf gesprungen ist, und verbinden sich irgendwie unglücklich mit dem Wort Kriegsfilm, das man besser nicht erwähnt, und mit dem Namen Karel, sodass ich allmählich begreife, dass ich mir wahrscheinlich besser andere Freunde aussuchen sollte, dass man sich vor solchen Freunden eben hüten muss.

Zu den Kleinen gehöre ich wieder, als ich, der ich sozusagen auf dem Velosattel festgewachsen bin, bei der Veloprüfung in der Schule durchfalle. Ich habe ein Rotlicht überfahren. An der großen Kreuzung oberhalb der Schule, über die ich fünfmal die Woche fahre, steht während der Prüfung auf einmal ein Polizist und schaut, ob ich nicht vielleicht etwas falsch mache. Es ist der Dorfpolizist, ein netter, dicker Mann. Ich muss an all die verschiedenen Schilder denken, die wir im Unterricht hatten, und suche die ganze Kreuzung ab nach irgendwelchen Tafeln, blauen, roten, mit weißen Zeichen drin, und vielleicht eines dieser kleinen rechteckigen Schilder darunter, welche die oberen runden relativieren, sie vielleicht einschränken oder ihnen kleinlaut widersprechen. Da sind nur die beiden über der Ampel und das eine davor, das besagt, dass man da nicht parkieren darf und auch nicht halten. Ich denke an Stopp, an Rollstopp, an Nicht-den-Fuß-Absetzen und an alles Mögliche, ich schaue absichtlich am Polizisten vorbei, der mich anstarrt, und schaue auf die Tafeln, aber ich schaue gar nicht auf die Ampel – irgendwie muss sie wohl auf Rot gestanden haben, und schon trillert die Pfeife in meinem Ohr.

Einmal haben mein Bruder und ich weiter oben am See einen guten Ort für Egli gefunden. Wir müssen fast eine Stunde fahren mit dem Velo, bis wir da sind. Aber als wir dann am Steg sind, beißen die Egli wie verrückt. Entweder tief, auf die Gummiwürmer mit dem rotorangen Bleikopf am Haken, oder auf die bunten Schläuche, die hinter der ruckartig gezogenen und damit wie ein Egli spritzenden Wasserkugel herzockeln, wie fliehende Schpiisli. Wir haben schon einen ganzen Plastiksack voll, die grauen Fischleiber mit den schwarzen senkrechten Streifen und den orangen Flossen auf dem prallen weißen Bauch liegen kreuz und quer übereinander. Die Pfähle des Holzstegs ruhen im morgendlichen Seespiegel, kein Geräusch trübt die Aussicht, manchmal von fern das

Tuckern eines Motorboots. See, Hügel, Schäfchenwolken: unsere blaugrünweiße Voralpenstille.

Plötzlich kommen zwei Große auf den Steg. Trampeln wie Elefanten. Sie haben schwarze Ledersachen an. Ich ziehe gerade einen schönen Fisch heraus. Oh, guck mal, sag der eine. Das wäre doch was. Er will schon meinem Bruder die Rute aus der Hand nehmen, als der andere sagt, lass ihn doch, hier liegt noch eine. Es ist meine Ersatzrute. Betont höflich fragt er mich, ob er sie gebrauchen dürfe. Ich nicke unwillig. Der eine sagt, jetzt mach schon, aber er geht ganz bedächtig ans Werk. Es wird zu einem Wettfischen. Ab und zu zieht er einen raus, aber bei uns beißen sie besser. Er tötet sie nicht, legt sie nur in unseren Sack. Jetzt haben die beiden auch noch das Ende des Stegs erobert, wo die Egli immer durchjagen. Mein Bruder und ich sagen kein Wort, zeigen angespannt mit der Rute ins Wasser. Der ohne Rute, der Unterhund der beiden, redet ohne Unterlass, obwohl man still sein sollte. Dem anderen hängt lässig eine Zigarette im Mundwinkel. Als sie ein paar gefangen haben, sagt der Unterhund, komm, wir hauen ab. Der andere lehnt die Rute einfach an die Steinmauer, wo sie schon mit den Ringen scheuert, und beugt sich über den Sack mit den Fischen. Wie viele hatten wir noch, fragt der mit der Zigarette. Ich sage, die Fische gehören immer dem Besitzer der Rute. Der Unterhund sagt, red keinen Quatsch. Sie nehmen die sechs größten Exemplare aus dem Sack. Mein Bruder sagt, ihr habt nur fünf. Der mit der Zigarette sagt, Ruhe auf den billigen Plätzen, habt ihr nicht noch einen Sack oder was. Ich sage, die gehören uns, das ist ein altes Fischergesetz. Alter Fischer, lacht der Unterhund, so siehst du aus. Er sieht, dass mein Bruder auf einen alten Plastiksack zeigt, der am Ufer liegt, halb im Wasser. Den könnt ihr ja nehmen, sagt er, schüttet unsere Fische auf den Steg und nimmt sich unseren weißen Plastiksack. Komm, sagt der andere, und sie verschwinden. Wir stehen beide nur da und verdrücken unsere

Tränen. Es ist nur ein Plastiksack, ich weiß, es sind nur Fische, die außerdem zumeist sie selbst herausgezogen haben. Aber sie haben das alte Fischergesetz verletzt. Das ist das Schlimmste. Nicht einmal, dass sie den Größten auch mitgenommen haben. Den habe nämlich ich herausgezogen, sage ich zu meinem Bruder. Er schaut auf das Wasser hinaus. Es riecht nach faulendem Seegras, dieser Geruch, bei dem man direkt am Ufer übernachten möchte und der, wenn man verreist ist, Heimweh macht. Wir packen die Sachen und radeln heimwärts, den Blick still und verbissen auf den Straßenbelag gerichtet.

Irgendwann gehen auch die anderen Kinder unserer Siedlung, die gerade vor unserem Einzug neu gebaut wurde, mit dem Zug in die Schule, in die Stadt. Das ist eine ganz andere Welt als die der Siedlung, wo wir alle zusammen im Wald gespielt haben, Nachmittage lang, und wo ich so lange noch immer erwartungsvoll auf den Spielplatz hinausgehe, bis dann einer, der so alt ist wie ich, nicht mehr kommt, und als ich ihn frage, was er denn immer treibt, sagt er nur, ach weißt du, viel um die Ohren, und das ist doch kindisch hier. Und irgendwann gehen auch die anderen Kinder von der Siedlung, die viel jünger sind als ich, mit dem Zug in die Schule, in die Stadt. Ich sehe aber nicht ein, warum ich mich in der großen Welt, und das ist schon der Weg zum Bahnhof, auf das Niveau dieser Kinder herablassen und sie grüßen sollte, wo jeder mich sehen kann. Ich ignoriere sie konsequent, sobald wir uns nicht mehr auf dem Gelände der Siedlung befinden, sehe großzügig über ihre kindische Anwesenheit hinweg. Ich finde mich auch hinein, gewisse andere Leute nicht mehr zu grüßen, solche, die einfach unter meinem Niveau sind, und fange an, mich von der niederen Welt abzugrenzen, denn wer ist schon so wie ich?

Irgendwann einmal erzählt mir meine Mutter, dass die

Tochter der Nachbarin, die drei Jahre jünger ist als ich, mich arrogant findet. Ich hätte es ja nicht mehr nötig, sie zu grüßen. Von da an murmle ich wieder etwas, wenn ich an ihr vorbeilaufe, pflichtbewusst, wie ich bin, und manchmal sogar auch bei Jüngeren als ihr.

Eines Nachts habe ich einen schrecklichen Traum. Nach einer Schlacht, an die ich mich nicht mehr genau erinnern kann, haben mich die Ritter verfolgt und mir mit ihren Schwertern den Rücken zerschnitten. Als ich schweißgebadet aufwache, bin ich überzeugt davon, dass mein Rücken wund ist, blutüberströmt, den Schmerzen nach zu sagen. Ich rufe nach den Eltern, doch nichts passiert. Ich weiß, dass ich nicht wirklich etwas habe, aber irgendwie tut mir der Rücken doch weh. Ich rufe lauter, aber niemand kommt. Endlich steht mein Vater in der Türe. Was denn der Lärm solle. Ich erzähle ihm von den Rittern und von meinem Rücken. Er wirft einen Blick darauf. Unsinn, sagt er, da ist nichts. Mach doch nicht so einen Lärm. Er schließt die Türe, und ich lege mich ganz vorsichtig auf die Seite, sodass mein Rücken mit nichts in Berührung kommt.

In jeder Klasse, in die ich komme, stehe ich in der Reihe bei den drei Kleinsten. Einen gibt es immer noch, der kleiner ist als ich, aber der hat dann einen besonders untersetzten Knochenbau, und das wird auch so bleiben. Ich bin einfach nur spät dran. Und mit der Zeit immer später dran. Als ich dann einmal, als meine und meines Bruders Verspätung schon keine Verspätung mehr ist, sondern fast so etwas wie eine Behinderung, mit meinen Klassenkollegen auf der Galerie der Turnhalle stehe und wir hinunterschauen, wie der Turnlehrer einem Zweimeterlulatsch, der irgendeine Krankheit hat und nur ein Knochengerüst ist, zu zeigen versucht, wie man sich auf das Reck schwingt, und der lange Lulatsch nur immer seine Glieder verwickelt, aber nicht hochkommt, starrt einer von unserer Klasse auf den Lulatsch und dann auf mich und sagt, dann lieber noch wie unser Knirps.

Beim Ferienhaus in den Bergen gibt es einen Stausee, aber da darf man nur mit Patent fischen, weil sie die Forellen aussetzen. Eines Sommers stehe ich neben den Grünberockten, Pfeiferauchenden, Schnauzbewehrten auf dem Staudamm, die Rute vor mir im Gras, das Patent in der Tasche. Einer von ihnen vertreibt Heftchen. Ob ich auch irgendwo in der Kommode, unter dem Bett, irgendwo eben, solche Produkte versteckt halte, fragt er mich einmal in vertraulichem Tonfall. Ich sage nein. Ob ich, in meinem Alter fange das ja an, ab und zu so Heftchen lese oder mal eben durchblättere, einfach so. Ich sage nein. Aber selber, ob ich schon mal selber habe, er meine Schmusen, oder Petting. Ich weiß nicht genau, was dieses Wort heißt, ich stelle mir vor, es hat mit Nutten zu tun, vielleicht auch nur wegen des Doppel-t. Ich sage, ja klar, aber nur ab und zu. Und wenn ich mir so Bilder anschaue, mit prallen Formen, ob ich dann nicht etwas spüre, nicht erregt sei. Ich sage, da braucht's bei mir schon etwas Richtiges, und lasse ihn stehen. Ich muss an Heiri denken, den alten Fischer bei uns am See, der uns einmal zu sich nach Hause genommen hat. Als wir ihn fragen, ob er da alleine wohne, erzählt er, meine Frau hat mich vor die Wahl gestellt. Entweder ich oder die Fische, sagte sie. Da habe ich meine Ruten gepackt und bin an den See hinunter. Als ich wiederkam, war sie weg, sagt er und lacht.

Immer häufiger kommt es vor, dass die Eltern fürs Wochenende ins Ferienhäuschen in die Berge fahren und uns alleine zurücklassen. Dann liegen immer Zettel auf der Bar mit dem Menü und den Anweisungen, alles auf Englisch. Lock door with key, when you go out. Sun protection. Damit ist der Sonnenschirm gemeint, der vor das Terrassenfenster gestellt werden muss, damit die Farbe nicht vorzeitig abblättert, das heißt nicht vor Ende des nächsten Jahrhunderts. Tortellini in fridge. Sauce pesto or sugo. Pizza. Fishsticks and Stocki. Eat lots of fruit! Have a nice weekend! Back Sunday evening. No silly things! Und wir machen dann sowieso immer alles anders. Vor allem, wenn Freunde kommen, was sie natürlich nicht dürfen. Der Fernseher ist vor langer Zeit einmal kaputtgegangen, seither haben wir keinen mehr. Erlaubt waren ohnehin nur Tierfilme. Einmal spielen wir unser Deckenspiel. Alle Decken und Kissen, die auftreibbar sind, werden in den Gang geworfen, die Türen alle geschlossen. Einer zieht eine Decke über den Kopf, das Gespenst, und steht am einen Ende des Gangs. Der andere muss versuchen zu fliehen. Der Gang ist so breit wie das Gespenst mit ausgestreckten Armen. Man kann dem Gespenst aber zur Täuschung ein Kissen an einen Arm schmeißen und dann unter dem anderen durchflutschen. Einmal donnere ich in die Wand. Was nachher ist, weiß ich nicht mehr. Als ich aufwache, sind die Eltern da, aber ich weiß nicht, ist es jetzt Morgen oder Abend und was für ein Tag. Ich weiß nicht, muss ich morgen in die Schule, muss ich noch etwas vorbereiten. Es ist ein neues Gefühl, diese Zeitlosigkeit, ganz seltsam. Irgendwann gibt es Abendessen. Es ist komisch, ich habe vergessen, wozu ich überhaupt da bin. Ich bin ganz still, versuche herauszuhören, wo das Leben stehen geblieben ist und in welche Richtung es sich weiterbewegt. Irgendwann finde ich heraus, dass wir das Deckenspiel gespielt haben, und später rekonstruiere ich, dass der Bruder mich auf mein Bett gezerrt und alles aufgeräumt haben muss.

Im Ferienhäuschen in den Bergen, einmal, auf der Skipiste, wir spazieren die Skipiste hinunter, wir sind mit den Nachbarskindern, ich will etwas sagen, es kommt nur ganz langsam, ich kann es nicht sagen, es kokokommt soso wie aus der

Pipistole gegegeschossen. Ich stottere. Irgendwann, wohl bald schon, hat es wieder aufgehört. Ein Junge im Dorf, der stottert richtig, die ganzen Jahre schon. Er kann zwar auch so alles sagen, was er will, aber es klingt trotzdem komisch. Ich stottere nicht richtig, bei mir geht es wieder vorbei.

Wir stehen in der Küche, mein Bruder, meine Mutter und ich. Es ist still. Meine Mutter schaut meinen Bruder an. Sie lacht. Er hat eben etwas gesagt. Wir haben das erste Mal darüber gesprochen, darüber, dass wir nicht so sind wie die anderen, die körperliche Reife betreffend. Wir wollten nicht wachsen, und das haben wir jetzt davon: Wir sind in jeder Gesellschaft die Kleinen. Auch die Mutter ist so gewachsen, dass sie immer zu allen aufschaut. Für sie ist aber insofern nichts weiter daran, als sie selbst die ganze Zeit Witze darüber macht, über die Kleider, die sie sich in der Kinderabteilung kauft, über die Hilfe, die sie braucht zum Erreichen hoch gelegener Aufbewahrungsorte, über die andere Perspektive, die sich ihr bietet. Das ist nur wegen euch, hat er gesagt. Das ist nur wegen euch. Ich weiß nicht genau, meint er, wegen euch, weil ihr auch zu spät gewachsen seid, oder wegen euch, weil ihr etwas macht, dass wir nicht wachsen. In seinem vorwurfsvollen Ton schwingt irgendwie beides mit. Meine Mutter lacht. Wegen wem denn sonst, sagt sie und schaut ihn an. Der Bruder runzelt die Stirn, dreht sich um und verschwindet. Gut Ding braucht Zeit, schaut euch euren Vater an, sagt sie noch, bei ihm hat es auch ein bisschen gedauert, und eigentlich ist das doch völlig unwichtig, oder etwa nicht? Sie lacht. Ich schaue sie an, verschwinde in mein Zimmer. Irgendwie passt das ja alles zusammen, denke ich, sogar auch das Land, in dem wir leben.

7

An der Wand, in unserem vermeintlich verdoppelten Eingang – die Wand gegenüber der Türe wird vom Boden bis zur Decke von einem Spiegel abgedeckt –, hängt bei uns ein Telefon. Dieses Telefon aber ist klein und unauffällig und als Wandapparat weitum beliebt. Es ist eines dieser Telefone der neuen Serie, die in den ersten Seiten der Telefonbücher abgebildet sind, Miete soundso viel im Monat, Kauf soundso viel, direkt abgebucht von Ihrer Rechnung. Meine Eltern haben natürlich eine schlichte Farbe gewählt, denn schon ein Telefon ist viel, dazu auch noch eine Farbe, das wäre eindeutig zu viel gewesen. Dieses Telefon hängt an der Wand, gleich neben dem Türpfosten zum Keller, gleich neben dem Kleiderständer vor dem Spiegel, und für den Telefonierenden entweder genau mitten im Öffnungswinkel der Eingangstüre oder dann, mit der in ihrer Kürze sträflich gestreckten Ringelschnur, mitten im Keller, gleich neben dem Schuhregal. Über dieses Telefon verlaufen alle die abzählbar endlichen Gespräche unserer nicht eintreten wollenden Pubertät, von der Küche aus aufmerksam mitgehört, vom Spiegel in den verdrehten Körperpositionen des vergeblich sich anlehnen oder abstützen wollenden Jungen hämisch reflektiert und vom gedeckten Wohnesszimmertisch aus mit zuerst nur leise, aber sehr schnell immer dezidierter geäußertem Misstrauen kommentiert und schließlich mit einem Appell an die Vernunft in gegenseitigem Einvernehmen gütlich abgewürgt.

Das Telefon klingelt. Der Himmel ist blau auf einmal. Die Sonne lacht. Der Weg über den hellbeigen Spannteppich jedoch ist weit. Der Vater liegt auf der Terrasse und bräunt sich. Er liegt nahe am Pflanzentrog, weil die Nachbarn durch die vom Vater gesetzten und sogleich liebevoll gestutzten Büsche und Bäumchen nicht so viel erkennen können oder nicht wollen, genauso wie der Vater die Augen geschlossen hat und nichts erkennen will, auf seinem Liegestuhl. Doch das täuscht. Habe ich nicht nach der Fahrradtour, für meinen Fenstersims vielleicht, für unser Terrarium mit den Eidechsen, wer weiß, einen Stein haben wollen, einen schönen flachen, und bin zu faul gewesen, hinunter vor die Tür in den Wald zu gehen? Bin ich nicht auf der Terrasse umhergestrichen, natürlich keineswegs mit der Idee im Kopf, in den sorgsam gepflegten Trögen etwas zu finden, ich kenne ja jeden Stein dort, auch den, unter welchen wir einmal eine Blindschleiche gelegt haben, die aber nicht lange dort wohnhaft blieb, bald ausgezogen war, verständlich warum, und der nun verwaist daliegt? Bin ich nicht in einer völlig absichtsfreien Haltung die Tröge entlanggestrichen, während der Vater schlief? Habe ich nicht besonders leise gemacht? Habe ich den schönen runden flachen Stein nicht ganz per Zufall ergriffen, weil er eben dalag, die Blindschleiche sowieso schon wieder weg war und ich ihn gerade brauchte? Ist nicht eine Terrasse einer dieser Orte, wo man versucht, die Natur heimisch werden zu lassen, dass sie gedeiht und sich ausbreitet? Und liegt da nicht immer alles so schön herum, in der Natur, wo man frei ist, weil auch alles um einen herum frei ist und wild wächst, wuchert und frisst und nimmt, und gefressen wird und bald wieder vergessen? Bin ich nicht sogar extra vorsichtig gewesen und bin mit der Hand, die den Stein umfasst hielt, wieder zurückgezuckt, habe ich mich nicht sogar gewendet und geschaut, ob der Vater schaut, gesehen, dass er nichts sieht, und dann hat er nur so träge geblinzelt in der Sonne? Es stimmt schon, dass ich dann mit dem Stein in der geschlossenen Hand vielleicht ein bisschen überhastet schlendernd an ihm vorbeigegangen bin, die Terrassenschiebetüre anpeilend, etwas zu leger, und prompt kam es aus seinem Mund gezischt:

Was soll das? Seitdem weiß ich, dass Schlafende noch nicht tot sind, sondern leben in unserer Mitte, dass auch die Natur ein geordneter Bereich ist und dass man einfach nie vergessen darf aufzupassen. Auch wenn man doppelt und dreifach aufpasst. Natürlich legte ich den Stein sofort wieder zurück.

Es ist die längste Stunde dieses Samstags, in der das Telefon klingelt. Nun, nach seinem obligaten Morgenjogging, nach unserem idyllisch-kühlen Frühstück auf der Terrasse an der Sonne, nach dem durch die beiden Buben brav erledigten Tischabräumen und Tischzurücktragen, dazwischen natürlich das Tischabwischen, mit dem von der Mutter noch schnell angefeuchteten und zwischen die schon abgetragenen und auf die Bar gestellten Teller geworfenen Kunststoffwischtuch, nun darf der Vater ruhen, nun hat er seinen für allfällige ausfällige Bewegungen empfindlichsten Aussichtspunkt auf dem Liegestuhl wieder eingenommen, die ganze sonnenüberflutete Terrasse wieder erobert, bis die Sportorgie wieder losgehen wird, wohin zieht es ihn heute? Fahrrad fahren und dann spazieren und dann schwimmen? Ich bleibe lieber zu Hause – schau doch, wie schön es ist draußen, alle sind draußen jetzt, an der frischen Luft –, doch draußen ist es brutal hell, man kann sich nirgends einfach so hinsetzen, außer man fährt mit dem Rad ganz weit weg, aber dann muss man wieder erzählen, wo man gewesen ist, und das weiß man schon im Voraus, dass man erzählen wird, und man ist wieder dabei, Sport zu machen, obwohl man eigentlich gar nicht will. Und ich fange an, abzugleiten in die herbeigesehnte Möglichkeit, dass da doch noch die Welt anruft und mich aus meinem so unsportlichen Dornröschenschlaf reißt. Denn vielleicht kann ich ja mit den anderen etwas machen, jenen als fremd bezeichneten und doch so verwandten anderen, mit ihnen zusammen und einfach so, ohne ausschließlich aktiv zu sein oder nur Gutes dabei zu tun, irgendwie, nicht wichtig wie, herumhängen. Und mir so, mit den anderen, in den von Gelächter umrahmten Geschichten die erlaubte Zwecklosigkeit des Nachmittags verdienen, sie tatsächlich erringen, weil man viele ist und müde danach.

Wir verkaufen nichts, höre ich in meinem Innenohr schon den Vater rufen, dieses Sätzchen, das unweigerlich kommt, wenn es einmal beim Abendessen klingelt, natürlich hängt die Jugend an der Strippe, die Jugend, die einfach noch nicht gelernt hat, die Privatsphäre ihrer Mitmenschen zu respektieren, und bei uns zu Hause ist alles privat, die mitten in heilige Räume platzt, da ist sie bei uns gerade richtig, die Jugend. Bei uns wird schon einmal grundsätzlich nichts ausgeliehen, wir sind doch kein Verleih, und Heiligtümer ausleihen, das ist wie … Da hätte ja alles keinen Sinn mehr, und schon gar nicht an die Jugend, und das heißt an uns Buben, die wir die Priesterweihe noch nicht empfangen haben und nie empfangen werden, wir tragen ohnehin nicht die gleiche Sorge zu den Dingen wie der Vater, ihr werdet ja nie erwachsen, es ist ein Jammer mit euch, ganz nach der regelmäßig mitgebeteten Prophezeiung am Abendessenstisch. Nie kommt der Moment, da wir als Erwachsene angeschaut werden, und folgsam senken wir den Blick und lehnen uns nicht auf, bleiben die Kindsköpfe, die wir immer gewesen sind. Nie kommt der Moment, da wir die Kraft hätten aufzubegehren. Nie wird der Moment kommen, wo der Vater sagt, so, jetzt seid ihr groß und dürft Wein trinken. Fast möchte ich zu meinem Bruder hinübergehen und einen Streit anzetteln, das ist nicht schwierig, das gelingt eigentlich fast immer.

Das Telefon klingelt immer noch. Ich renne immer noch. Die Haut des Vaters bräunt immer noch ein bisschen mehr. Und jetzt hat das Klingeln aufgehört. Ich halte den Hörer in der Hand. Es ist Karel. Ich lade dich ein, für morgen, Samstag, wir machen eine Party, höre ich, und nimm doch jemanden mit. Ich stocke. Du kommst doch, oder nicht? Ich sage ja. Er sagt, sonst alles in Ordnung? Ich stocke und sage, ja, ich weiß noch nicht genau, ich schaue mal. Er erzählt, dass er noch viel erledigen muss, wir würden uns ja am nächsten Tag sehen, und ich sage, ja. Es ist gut, dass er nicht lange mit mir sprechen kann und noch vieles erledigen muss, es ist gut, hat er mich angerufen, so darf ich zur Party und muss nicht im Nachhinein erfahren, was man alles Tolles erlebt hat, es ist gut, hat er an mich gedacht, obwohl ich nicht mehr an ihn denke, weil er ja irgendwie unter meinem Niveau ist, es ist gut, hat er gesagt, ich solle jemanden mitnehmen, nur muss ich jetzt auch noch einiges erledigen, und das heißt selber jemanden fragen, und das heißt zurück aufs Bett und alle die Möglichkeiten jedes Wortes und jeder Geste mir ausmalen, auskosten, die Türe offen gelassen, die Türen macht man ja nicht zu, amerikanische Firmenkultur.

Es kann wohl der Karel, der in unserem Sportclub derjenige ist, dem alles ein bisschen leichter fällt, der ein eigenes Auto schon hat und der bei sich zu Hause immer Partys feiert und der ein ganzes Stockwerk im Haus der Eltern sein Eigen nennt, wo er die Leute und die Mädchen auch einladen darf und kann und wohin ihm auch alle immer folgen müssen, denn bei ihm zu Hause ist es halt am einfachsten – wenn er einem Mädchen sagt, willst du meine Freundin sein, dann kann man nicht nein sagen als Mädchen, der mit diesen Mädchen Sachen macht, wo sie halb nackt mit ihm im Bett liegen, wenn man in sein Stockwerk kommt und man plaudert über andere Sachen, von Schreibtischstuhl zu Bett –, Karel kann wohl leicht sagen, nimm doch jemanden mit, und dann fragt man sich, will er vielleicht dann diese Person für sich haben am Schluss oder will er nur, dass man endlich auch einen Schritt tut, und man weiß es nicht und das ist furchtbar.

Denn selber möchte man so viel, dass man auch in den langen Nächten und den ewigen Nachmittagen nicht durchkommt, all die unsäglichen Möglichkeiten sich auszumalen, es ist viel zu viel, was man möchte, und drum muss man dann auch immer in den Gesprächen schmunzeln und darum nennen sie einen nur noch den Schmunzler, weil man eben hauptsächlich schmunzelt und sonst nichts. Nicht etwa dem Schulhauswart in der Pause in den Garten pinkelt oder der Französischlehrerin in die Brüste zwickt oder betrunken zu spät in die Mathestunde kommt und sagt, ich bin heute nicht rechnungsfähig. Nicht etwa jeden Tag schwarzfährt mit der Bahn und, wenn man erwischt wird, einfach davonrennt, oder am Bahnhof vor allen Vorstadtpendlern einem Mädchen in der Gruppe lauthals eine Liebeserklärung macht. Oder eines Samstagabends von der Geleiseüberführung springt, aber ungeschickt in die Böschung fällt und vom nächsten neben dem Kopf vorbeidonnernden Zug ein mittleres Hörtrauma kriegt auf einem Ohr. Nicht etwa nach dem Sporttraining nackt durch die Mädchengarderobe rennt, vorne rein und hinten raus und dreimal rundherum, wie der Flatschinger, und alles kreischt und hält die Luft an und kreischt. Oder einmal nicht nach Hause kommen für eine Nacht und nicht da sein, wo man immer ist, wo immer man ist, endlich einmal abwesend. Doch nein, nichts dergleichen. Höchstens lange noch, viel zu lange noch, denen aus den oberen Klassen, die schon zu den Demos in der Stadt gehen und gegen die richtige Polizei kämpfen oder den Polizisten den nackten Hintern zeigen, aus den Verstecken Schneebälle nachwerfen, doch nicht von zu nahe; höchstens jenen ebenso scheuen und ebenso kindischen Spätzünder, mit dem man sich zum Schutz zusammengetan hat, in die nächste Mädchengruppe schubsen; höchstens dem Lateinlehrer das magister timendus mit ein fürchterlicher Lehrer übersetzen, das Schmunzeln schon auf den Lippen. Wenn man gefordert wird, kann man folgen, aber wenn man selber die Initiative ergreifen muss, wird es schwierig. Sehr schwierig sogar. Darum sind ja auch die Lager so schön, Klassenlager, Sportlager, Ferienlager, man muss nur folgen, die Nase vorne haben, und dann schaut einem niemand auf den Hintern, der so unschuldig pfirsichförmig und pickelübersät in die Welt hinausstarrt, die Polizisten würden sich totlachen.

Ich wähle die Nummer, die ich auswendig kann und die ich dennoch nachsehen muss. Guten Tag, sage ich mit unterdrückter Stimme, im Öffnungswinkel unserer Eingangstüre stehend, den Hörer ans Ohr gepresst, und nenne meinen Namen. Ich gestehe, mit welchem Wesen aus meinen hochfliegenderen Träumen ich zu sprechen wünsche, und die freundliche Stimme erklärt, dass die Nymphe nicht in ihren Räumlichkeiten weilt, und ich sage, macht auch nichts. Es ist einen Moment still, dann fragt diese Stimme, in die man sinken möchte, kann ich etwas ausrichten, mit einem sehr hoch steigenden Au bei ausrichten, und ich sage, nein, das heißt ja, vielleicht, also ich wollte eigentlich, oder ist sie länger weg? Die freundliche Stimme sagt, nein, sie hat sich nur mit einer Altersgenossin zum Gestade des Sees aufgemacht, zum Zwecke des Bades, mit an Sicherheit grenzender Wahrscheinlichkeit wird sie sich jedoch in Bälde wieder hierselbst einfinden. Ich hänge auf.

Ich weiß auf einmal, dass ich mich unmöglich getrauen kann, noch einmal bei der freundlichen Mutter anzurufen, das Telefonieren dient der Informationsübermittlung, es ist nicht gedacht, um stundenlang zu plaudern, und jetzt ist die Information eben nicht hinüber. Weil die freundliche Stimme aber so freundlich war und ich mir denke, schade ist es schon, sage ich mir einfach, vielleicht will ich ja auch selber zum See und baden, und wenn ich sie treffe, kann ich sagen, was für ein Zufall.

Als ich mit meinem alten blauen Fahrrad die weiß gerippelte tiefblaue Fläche entlangfahre, die meine ganzen freien Nachmittage und Wochenenden gespiegelt hat, meist ungerippelt, glatt, fast trostlos glatt, wie ich sonst immer fischend oder nach Fischen Ausschau haltend den glatten Unterwasserleibern nachspüre, badend oder am Ufer wandernd, den sich sonnenden Frauenkörpern ausweichend, als sich der Himmel in seinem hellsten Blau über den grün gewellten Horizont spannt, dass man meint, jetzt muss man gleich sofort absolut glücklich sein, weil man in so einer schönen Postkarte lebt, aber man ist nur ein bisschen glücklich und nicht absolut, und dieser Unterschied macht dann, dass man ziemlich unglücklich ist, als ich um eine dieser dichten Hecken biege – ich habe richtig vermutet, sie liegen nicht in der Badeanstalt, sondern in der freien Anlage, wo die großen Frauen oben ohne sind und die Jungen mit dem krausen Flaum im Gesicht rauchen und Musik machen, auch abends noch –, sehe ich die beiden, tandaradei, dass mir das Herz gefriert: helle, glatte Haut, die scheu in einem neuen Bikini steckt, sich räkelt, darüber wohlgeformt geschlossene Augen, Helios entgegenwartend, das Mundrund aufgehellt von einem Lächeln, das mich in seiner zu weichen, fast zitternden Erwartung sofort zurückzucken lässt, und schon steht mein Elan gebrochen lächerlich hinter eine Hecke geduckt, hinter der Frage, haben sie mich jetzt gesehen oder nicht, ich glaube, sie haben mich noch nicht gesehen. Noch kann ich mich verdrücken und ich trete einen Schritt zurück, nichts passiert, noch einen, sie sehen mich jetzt bestimmt nicht mehr, gewiss nicht, noch einen Schritt, und schnell renne ich davon, froh, mich nicht mehr im Gefahrenbereich zu befinden, im Gefahrenbereich der Nymphen. Nein, ich warte doch lieber auf eine andere Party, eine, bei der man zugelassen ist, ohne solch fürchterliche Mutproben bestehen zu müssen.

8

Vor mir steht die weiße, blank geputzte Schüssel. Sie glänzt. Der ovale Rand weiß. Die hochgeschlagene Brille, etwas breiter, ebenfalls weiß. Die Innenseite der Schüssel weiß, wasserüberrieselt. Unten in der Schüssel, auf der üblichen Höhe, der klare Wasserspiegel, regungslos. Ein Bild von vollkommener Schönheit. Ein Bild von vollkommener Schönheit, wären da nicht, auf der weißen Brille, vorne, in der Mitte, drei Tupfer von unzweideutiger Farbe.

Habe ich dir nicht gesagt, höre ich die Stimme des Vaters, dass dir hier noch etwas bevorsteht? Bestimmt hat er es gesagt, irgendwann, ich frage mich nur, wie er plötzlich zweifeln kann. Genauso zwingend, wie in diesem Badezimmer nicht zu viel herumliegt, auch nicht die kleinste Tube, und nicht das kleinste Kalkfleckchen auszumachen ist, genauso sicher wird er es gesagt haben, und warum etwas mehrmals sagen, wenn einmal genügen könnte? Alles hat seinen tieferen Grund hier, seine höchste Logik, seinen festen Platz und seine maximal nötige Menge (das ist so etwas wie das kleinste gemeinsame Vielfache aus dem Mathematikunterricht).

Hörst du mir eigentlich zu, fragt die Stimme, wenn ich dir etwas sage? Ich muss mir natürlich eingestehen, dass ich mir in meiner Andacht mittlerweile angewöhnt habe, nicht mehr kanonisch streng dem Wortlaut zu folgen. Es ist immer dieselbe Litanei, aber das ist ja gerade das Schöne an Gottesdiensten, in der endlosen Wiederholung der Zeremonien erst kann sich der Glaube entfalten, der tiefere Glaube.

Was stellst du dir eigentlich vor, höre ich es aus der Ferne und denke, das ist gewiss eine sehr weit reichende Frage, aber wenigstens versuche ich meine Gottesvorstellung im Vagen zu halten und mir kein Bild zu machen, obwohl sich mir eins böte, vor meinen Augen.

Ich halte den Kopf gesenkt und schaue auf die weiß strahlende Brille, auf welcher die drei Tröpfchen des Anstoßes sitzen, die sich, wie ich erst jetzt sehe, gar nicht so regelmäßig ausnehmen wie zunächst angenommen. Das Bild hat tatsächlich etwas Schönes. Würde ich etwas von moderner Kunst verstehen, es wäre mir bestimmt aufgefallen, dass gerade die drei hellgelben Farbtupfer an der Ausdruckskraft des Ganzen so unwesentlich nicht beteiligt sind. Gewiss, der Rest der Komposition hat einen unvergleichlich tieferen sanitärhistorischen und vor allem formalen Ansatz, aber vielleicht, so würde ich jetzt zu vermuten wagen, ist es doch gerade diese ungeordnete Spur Leben, die dem Ganzen ein wenig zur Auflockerung und damit erst zur Ausstrahlung verhilft oder, wenn man will, zur Ausdünstung.

Toilettenschüsseln sind aus Porzellan gemacht, Porzellan ist hart und weiß und glänzt im Normalzustand, das heißt, insofern es gereinigt ist. Bei uns ist für diese Installation naturgemäß das schlichteste Modell gewählt worden, mit der schlichtestmöglichen Brille. Eine Brille an und für sich ist ja schon viel. Aber braucht man denn überhaupt eine Toilette? Aus Sparsamkeitsgründen könnte man es vielleicht auch ohne versuchen. Dann müsste man aber bald einsehen, dass diese Sparsamkeit viel zu viele Umstände machen würde, was ja wiederum dem Prinzip der Kargheit widerspräche, und darum haben sich meine Eltern umsichtig für das klassische Wasserklosett entschieden. Hie und da, sehr vereinzelt, ist ja noch das einfache Loch anzutreffen, da haben sich meine Eltern aber großzügig den Sitten gebeugt und für einmal keine Ausnahme gemacht, denn hier wäre ja die ästhetische Form nicht mehr gewahrt gewesen, da wäre gar nichts mehr gewesen, was in seiner Reduziertheit die Kargheit hätte ausdrücken können, nur ein Loch, und ohne nichts keine Kargheit, wie auch ohne Zweck keine Schönheit, wenigstens nach dem Ermessen der Eltern.

Sodann wären da die Waschbecken zu nennen. Jawohl, die Waschbecken, denn es sind ihrer zwei. Dies ist einerseits bedauerlicherweise der Fall, da man in einer Eigentumswohnungssiedlung nicht alles selber bestimmen kann und ab und zu auch Überflüssiges zu übernehmen gezwungen ist. Es ergänzt sich andererseits aber, wo nicht funktionell – benutzt werden darf selbstverständlicherweise nur ein Waschbecken, auch wenn zwei Personen gerade eines benötigen würden –, so doch allgemein-ästhetisch aufs Glücklichste. Eine derartige Dualität vermittelt einen viel lockereren Eindruck, ja, sie löst diesen sogar in ihrem Gegenspiel schon fast wieder auf. Die beiden Waschbecken existieren nur durch ihre Zweiheit, ohne sich je alleine aufdrängen zu müssen, sie können stets auf das (nicht vollkommene, durch die einseitige Benutzung verletzte) Spiegelbild verweisen. Dadurch haben sie viel weniger Eigenverantwortung zu tragen, können sich durch den Nachbarn oder Bruder sozusagen ein bisschen entschuldigen.

Diese beiden Waschbecken, sowohl das zur Benutzung freigegebene als auch das unter Androhung einer an Erschütterung grenzenden Entrüstung gesperrte, sind nun nicht einfach das, was sie sind, nämlich Waschbecken an und für sich, nein sie sind eingebunden in eine Welt von eifrigen Verschmutzern. Da man sich ganz offensichtlich gegen eine derartige Verschmutzung abzusichern angehalten ist (wo käme man sonst hin), ist besagte Benutzung auch gewissen Regeln unterworfen, die den Alltag ordnen und vor allem die dank des fehlenden Lebens mit einer echteren Kargheit leuchtenden Gegenstände schützen sollen. Als ein ebensolcher Gegenstand hat das Waschbecken (grob vereinfacht) nach jeglichem Gebrauch trocken gerieben zu werden.

Die Schlichtheit der vorangehenden Regel mag nun verblüffen, vor allem dadurch, dass sie keine angefügten Wenn und Aber aufweist. Wenn und Aber gibt es nicht. Das heißt, wenn etwa sofort nach Benutzung des Waschbeckens ein naher Verwandter (man nehme zur Vereinfachung den Bruder) nach ausgesprochener und nicht sofort befolgter Verpflichtung, sich die Hände zu waschen (unter dieser Bezeichnung verbirgt sich eine weitere komplizierte Tätigkeit), vor dem Betreten des Badezimmers zurückzuschrecken scheint, so hat das Waschbecken ebenfalls trocken gerieben zu werden. Denn erstens weiß man nie, ob der ausgesprochenen Verpflichtung tatsächlich umgehend Folge geleistet wird, und zweitens ist dies kein genügend gewichtiger Grund, sich seiner Pflicht zu entziehen. So gibt es zahlreiche Einwände, die sich bei genauerer Betrachtung natürlich in nichts auflösen, aber das sind Anfängerfehler, die lernt man bald zu vermeiden, das heißt, man lernt bald zu vermeiden, solch überflüssige Fragen zu stellen.

Sodann sollte nur noch ein wichtiger Regelkomplex nicht unerwähnt bleiben, der mit dem vorhergehenden eng zusammenhängt. Dieses Zusammenhängen ist übrigens die Ursache des ganzen Übels – wie einfach wäre doch alles, wenn es sich als getrennt behandelbar erwiese. Besagter Regelkomplex wird auch bei (großzügig gesagt) weitgehender Beherrschung des so genannten ersten Pflichtenheftes gerne vernachlässigt, vor allem von der Jugend. Und zwar geht es hier um den Übergang zwischen dem, was bei uns mit Händewaschen überschrieben wird, und dem, was hier grob vereinfacht Händetrocknen genannt werden darf. Erfolgt dieser Übergang nämlich, wie dies bei Vertretern der jüngeren Generation leicht möglich ist, mit zu viel Schwung (was durchaus als ein Euphemismus gewertet werden darf), so kann es sein und ist es im Regelfalle auch, dass sich einige Tropfen vielleicht sogar noch seifigen Wassers von der vom Wasserstrahl erfrischten Hand zu trennen entschließen und somit unweigerlich, in gerader Fortsetzung ihrer Bahn, unterhalb des Handtuchhalters auf die gegenüberliegende geflieste Wand auftreffen. Hier bieten sie dem Auge natürlich eine völlig unpassende und vor allem auch leicht zu beseitigende Verunzierung und strapazieren es damit bei nicht sofort erfolgender Beseitigung wirklich gänzlich unnötig.

Es bestünde nun wie gesagt die Möglichkeit, besagte Tropfen mit einem Tuch aufzuwischen, nur wird einerseits in der Eile zumeist das falsche Tuch, nämlich dasjenige für die Hände und nicht dasjenige für das später noch durchzuführende Ausreiben der Innenseite des Waschbeckens verwendet (das hier ausnahmsweise einmal für die Wand missbraucht werden kann), andererseits betont solch ein nachträgliches Aufwischen nur noch unnötig den begangenen Fehler und lässt durch das schlechte Gewissen die nachträgliche Putzarbeit nicht unbedingt durch Gründlichkeit glänzen. Vor allem bedeutet dies eine unnötige (und darum tunlichst zu vermeidende) Verletzung des Prinzips der Schlichtheit, Effizienz und Funktionalität und damit desjenigen der Kargheit.

Der Badewanne schließlich kommt gewiss nicht so viel Bedeutung zu wie der Toilette, sie hat aber als symbolische Vergrößerung jenes zentralen Abwasserschlunds einen ganz besonderen Stellenwert. Wichtig ist hier natürlich, dass diese Beziehung rein symbolischer Natur ist und nicht, wie es vielleicht damals jener Junge verstand, der einmal, in der vollen Wanne stehend, stolz in weitem Bogen sein Wasser ins ebenso warme Badewasser abschlug, eins zu eins zu übernehmen, was ihm vom Vater auch zu Recht sofort verwiesen wurde.

Die Badewanne lässt gerade durch den Effekt der größeren Abmessungen manch subtile Spur viel deutlicher erkennen, wie etwa nach dem Ablassen des Wassers jenen berühmt-berüchtigten Rand, der bei Vermutung ähnlicher Phänomene im Hauptgefäß des Sanitärleitungssystems, der Toilettenschüssel, Ahnungen unangenehmster Natur aufkommen lässt. Führt etwa, so muss man sich unweigerlich fragen, jede menschliche Berührung mit den heiligen weißen Schüsseln zu einem Rand und Rückstand, der vielleicht nicht einmal sichtbar ist, aber dennoch (siehe allgemeiner Regelkomplex) unverzüglich und tunlichst entfernt zu werden hat? Auf solche Fragen kann erfahrungsgemäß niemand wirklich genau antworten (ungenaue Antworten wollen wir hier nicht), und man ist gänzlich auf sich selbst zurückgeworfen, denn den Vater damit belästigen möchte man schließlich noch weniger, man geht ja schließlich auch nicht in eine Kirche und fragt, ob vielleicht in dieser Kirche ausnahmsweise nicht gebetet werden müsse. Beten möchte man, damit danach eben gebetet ist, oder man tut es von selbst, aus einer jener seltsamen inneren Überzeugungen heraus, die von manchen auch Religion genannt wird.

Mein Eifer bei der Pflege der Heiligtümer lässt zwar häufig noch zu wünschen übrig, aber ich gebe mir Mühe. So wie mein Vater möchte ich insgeheim auch putzen können, fürs Leben gern. Schon lange habe ich mir vorgestellt, wie schön es sich doch ausnähme, an einem Sonntagmorgen, anstatt im Bett herumzuliegen und zu lesen, anstatt an der Bar die Getreideknusprigkeiten in der kühlschrankgekühlten Milch neben einem aufgeschlagenen Buch möglichst wenig weich werden zu lassen und anstatt vielleicht gegen Mittag hinauszugehen an den Waldrand, zu schauen, wer mich dort erwartet, dass ich, statt mich so gehen zu lassen, in unseren Keller schritte, bedächtig die Schuhputzkiste nähme, eine ehemalige Langlaufwachsbox, und anfinge, ein Paar nach dem anderen, die schön auf einem Regal aus löcherlosen Ziegelsteinen aufgereihten Turn- und Lederschuhpaare zuerst grob zu bürsten, dann vorzuwichsen und schließlich fein zu striegeln, bedächtig, vielleicht pfeifend, gütige Sorge als Programm und den Geist frei schwebend. Was wäre das nicht für ein Start in den Tag, stolz rückblickend auf eine Reihe glänzender Schuhe, ja, ein ganzes Regal voll, und alles heute selber schon sauber gemacht.

So möchte ich mich auch meinem Besitz widmen können, mein Fahrrad wie den Leichtmetallrenner des Vaters nach jeder Ausfahrt in seine Teile zerlegen und frisch geölt wieder zusammensetzen. Bei meinem Tretross klappern immer alle Bleche und Schrauben, von den Bremsen geht nur noch eine, einige Speichen sind angeknickt, die Felgen nicht mehr sichtbar unter dem schwarzen Schmand der schon auf dem Metall laufenden Bremsklötzchen und der in der bei uns typischen Regenaufweichung versinkenden Feldwege. Der Hinterreifen ist andauernd halb platt, das Rad ein Schrotthaufen, wie mein Vater zu Recht sagt, denn irgendein wichtiges Zentrum scheint in meinem Hirn zu fehlen. Manchmal träume ich von glänzenden Naben und geölten Ketten, und doch weiß ich genau, dass dies Paramente sind einer viel ernsthafteren Religion, als ich sie zu praktizieren imstande bin.

Und nun soll ich die Toilette putzen, nur weil drei Tröpfchen den weißen Kunststoffring zieren? Irgendwo soll es doch sichtbar sein, das Gemälde des Lebens! Das bin gar nicht ich gewesen, erkläre ich der Schüssel, zwar derart, dass es auch mein Vater mitkriegt, aber ich sage es eindeutig nur meinem Freund, der weiß glänzenden Schüssel. Es ist die Taktik jenes Jungen aus dem alten Luzern, der in einer dunklen Gasse die bevorstehende Stürmung des Städtchens durch die Österreicher erlauscht hatte, aber von diesen erwischt wurde, sodass er ihnen versprechen musste, niemandem zu erzählen, was er eben gehört hatte, kein Sterbenswörtchen, keinem einzigen Menschen, wer auch immer es sei. Und da der Junge ein überaus ehrlicher war, ging er in die nächstgelegene Metzgerstube, stellte sich in die Mitte des Saales und fing an, zur Feuerstelle gewandt, mit der feierlichen Anrede O Ofen, o Ofen von der drohenden Gefahr zu erzählen – das Städtchen wurde gerettet.

Du willst doch wohl nicht etwa sagen, hebt mein Vater an, dass das der liebe Gott gewesen ist? Er stockt plötzlich, merkt wohl selber, dass diese bei uns für solche Zwecke häufig gebrauchte Redewendung hier nicht ganz am Platz ist. Meine Mundwinkel zucken unwillkürlich hoch. Ich stelle mir vor, wie der liebe Gott sich auf unsere saubere Schüssel geklemmt hat, um sein Bedürfnis zu verrichten, und auf einmal innehält, als er merkt, wie er in der Eile der göttlichen Geschäfte wohl einige unserer Grundregeln außer Acht gelassen hat.

Du willst doch wohl nicht etwa sagen, das seiest nicht du gewesen? Ich widerspreche ihm nicht. Ich wende mich jetzt zum aufgeklappten Deckel und nicht mehr zur Schüssel, da in dieser meine Worte doch nicht genügend Widerhall fanden. Noch habe ich Hoffnung auf Erhörung. Dann kannst du mir aber sicher sagen, wer es sonst gewesen ist? Ich weiß nicht, wer es gewesen ist, sage ich, im heimlichen Stolz, tatsächlich einmal etwas zu wissen, ich weiß nur, dass ich es nicht gewesen bin. Und wer soll es denn sonst gewesen sein? Ich schweige, wenigstens einen Moment lang. Ich weiß nicht, außerdem war ich heute noch gar nicht hier, sage ich, das Aussprechen des Ausscheidungsworts bewusst vermeidend, denn schon daran zu denken könnte vielleicht Spuren hinterlassen, solche, die man nicht sieht.

Du wirst doch wohl wissen, wechselt jetzt mein Vater in eine deutlich höhere Kirchentonart, ob du heute Morgen schon auf Toilette warst oder nicht. Und wenn man auf Toilette gewesen ist, dann schaut man eben kurz nach, ob da nicht usw. Mein Vater holt aus für eine längere Predigt, ich höre es schon. Man schaut eben trotzdem nach, vor allem wenn man so gedankenverloren bei der Sache ist wie du. Ich zwinge mich, meinen Kopf nicht zu heben. Es trifft mich tief, dass ich gerade bei diesem Dienst, den ich mich mit der höchsten Konzentration abzuhalten bemühe, der Nachlässigkeit bezichtigt werde.

Ich bin aber heute noch gar nicht hier gewesen. Mein Gegenüber hat jetzt abermals gewechselt, der Toilettendeckel hat mir auch nicht zugehört, trotz seiner stark an eine Ohrmuschel erinnernden Form. Da sich direkt darüber der Wandspiegel des Badezimmers anschließt, sehe ich mich nun plötzlich meinem eigenen Spiegelbild gegenüber. Ich versuche, ihm immer vergeblicher glaubhaft zu machen, was ich nicht getan habe und was nicht getan zu haben auch für mich immer unglaubwürdiger wird.

Du warst heute Morgen hier, ich habe doch deine Tür gehört. Und wenn du jeweils noch träumst, dass du das nicht einmal merkst, dann kann ich dir einen Rat geben. Jetzt bin ich auf einmal gespannt. Du gewöhnst dir besser an, sagt er, einfach jedes Mal nachzuwischen. Jetzt lacht mein Vater. Auch ich muss lachen, innerlich wohlverstanden, wenn ich daran denke, jedes Mal nachzuwischen, vielleicht könnte ich es mir ja auch zur Gewohnheit machen, überhaupt jedes Mal, wenn ich an der Badezimmertür vorbeikomme, schnell einen Schritt hinein zu tun und drüberzuwischen, das ist ja schnell getan. Auch wenn man vielleicht ab und zu einen Handgriff zu viel macht, es lohnt sich halt einfach.

Mein Spiegelbild sieht gegenüber demjenigen des Vaters nicht sehr glaubwürdig aus, ein rotes Gesicht, das ganz deutlich auf irgendeinen Überdruck hinweist, da ist es durchaus plausibel, dass da einmal ein paar Tröpfchen das Weite gesucht haben und vielleicht woanders gelandet sind als geplant. Ich war heute Morgen schon hier, sage ich, das stimmt, aber ich habe danach … geguckt, so wie du gesagt hast. Und da war nichts, füge ich schnell hinzu, da war sogar garantiert nichts. Mein Vater hält inne, horcht in sich hinein, als ob er sich noch einmal seines Glaubens vergewissern müsste. Er schaut auf seine Fingernägel, und ich kann hören, wie es denkt in ihm. Er dreht den Kopf, schaut schief an die Decke und hebt nun plötzlich die Stimme, ruft andere Mächte an. Ich höre den Namen meines Bruders in der hallenden Krypta und weiß, was jetzt kommen wird. Wir stehen da, warten geduldig, der Vater und ich, ich zumindest mit gefalteten Händen.

Mein Bruder erscheint, stellt sich neben mich, faltet ebenfalls die Hände und schaut auf die Schüssel. Er wahrt eine Minute der Stille und legt dann auf des Vaters Frage klar und deutlich seine Beichte ab, in der natürlich ebenfalls keine Tröpfchen vorkommen. Das darf ja wohl nicht wahr sein, das ist ja lachhaft, entfährt es dem Vater, und er ruft abermals einen Namen in den Raum, mit einer sanfteren Stimme, in einem anderen Winkel schief an die Decke blickend, sodass wir merken, dass seine Aufmerksamkeit jetzt in der Küche weilt. Mein Bruder und ich stehen still nebeneinander und halten den Kopf gesenkt. Mein Bruder hat vor Augen, was ich vor Augen habe, und ich frage mich, ob er dabei dasselbe sieht. Ich weiß nicht, ob er nicht vielleicht doch anhand der Farbe der Probe den Sündigen ausmachen kann. In solchen Sachen ist mein Bruder immer gut, er hat häufig eine Intuition oder ein Erinnerungsvermögen, das uns anderen Familienmitgliedern abgeht. So kann er sich auch garantiert noch an den Namen eines Motels erinnern, in dem wir einmal waren, wer uns jenes schreckliche Lederetui geschenkt hatte, das wir nie benutzten, und wo das war, wo wir einen Gecko hatten im Zimmer, der dann in der Zisterne verschwand, ein Gecko unter Wasser, und da waren noch mehr in der Zisterne, unglaublich, schwimmende Eidechsen, die uns irgendwie außerirdisch vorkamen.

Die Mutter kommt aus der Küche, ein Geschirrtuch in der Hand, stellt sich hinter uns und betrachtet die Bescherung.

Sie lacht. Was ist denn das, fragt sie und schaut uns an. Mein Vater zeigt wortlos auf die Schüssel. Wenn ihr das meint, sagt sie herrlich unbeschwert, ich war es nicht. Sie schaut meinen Vater an, seitlich, von unten, weil sie kleiner ist. Sie lacht lauter jetzt. Das kann ja wohl nicht möglich sein, höre ich nun meinen Vater zischen, wir sind vier Personen in dieser Wohnung, dieser Ort wurde in einem Sauzustand verlassen und keiner will es gewesen sein. Ich war es sicher nicht, wiederholt meine Mutter in halb lachendem Tonfall und fügt etwas leiser hinzu, außerdem sehen diese Spuren nicht sehr nach einer Frau aus. Die Szene wird immer lustiger, finde sogar auch ich. Meine Mutter muss zuerst grinsen und guckt dann, ihren Gesichtsausdruck sofort wieder demjenigen des Vaters anpassend, zuerst uns beide und dann wieder fragend ihn an. Der Vater aber schaut auf die Hinterköpfe vor seiner Nase, womit die Aufmerksamkeit wieder bei uns wäre. Wenn auch die Mutter kurz verdächtigt und sofort wieder freigesprochen wurde, so kann es doch nicht angehen, auch noch meinen Vater in diese lächerliche Inquisition mit hineinzuziehen.

Aber schlimmer noch, als die Schuldlast zu tragen, es gewesen zu sein, ist nun, verneint zu haben, es gewesen zu sein, das ist falsch gegen den Nächsten aussagen, den Erzeuger nicht ehren und neben ihm vielleicht sogar noch über andere Wissensquellen verfügen. Während draußen die Sonne langsam immer höher steigt und die anderen Kinder allmählich zum Spielen hinausströmen, Pläne machen für den Tag, in den Wald verschwinden oder auf den Sportplatz hoch, stehen wir alle vier, die beiden Buben in der vorderen Reihe, hinten Vater und Mutter, wie es sich gehört, vor unserer weißen Schüssel und blicken ratlos in unser Spiegelbild, das der Badezimmerspiegel so freundlich ist, uns auch an einem Sonntag zurückzuwerfen. Moderne Kleinfamilie bei ihrer Wochenendbeschäftigung könnte als Legende darunter stehen. Schade nur, denke ich, dass nicht auch die Großeltern noch Platz haben im Bild, aber die fänden das bestimmt doof, sich vor den Thron zu stellen, der bei uns zwar jeweils peinlich sauber ist, außer eben heute, oder dann würden sie wenigstens den Deckel schließen. Oder die drei dummen Indizien wegwischen, und wir könnten zu anderem übergehen.

So, sagt mein Vater, jetzt ist aber Schluss. Jetzt sagt mir sofort derjenige, der es gewesen ist, dass er es gewesen ist, und dann gehen wir zusammen nach hinten, das kennt ihr ja. Er schweigt. Ich will mich nicht noch einmal wiederholen müssen, fügt er noch an. Es ist ganz still jetzt. Ich komme natürlich in einen unsäglichen Konflikt, jetzt, da ich einerseits genau weiß, dass ich es nicht gewesen bin, zugleich aber auch weiß, dass ich vielleicht trotzdem nicht Recht habe, denn manchmal passe ich einfach nicht genug auf. Auch wenn ich aufpasse jeweils, habe ich eben häufig nicht aufgepasst vor lauter Aufpassen. Zugleich finde ich unter ständiger Anschauung jener Tropfen auf dem heißen Steingut auch nicht die Ruhe zu überlegen, was denn am Morgen tatsächlich vorgefallen ist, und vielleicht bin ich ja nur gemein und bürde so dem Bruder etwas auf. Dieser steht nur abwartend, in bewährter helvetischer Igelstellung, neben mir und scheint nicht einmal ungeduldig zu werden. Ich räuspere mich, um nur möglichst schnell das schreckliche Schweigen zu brechen. Ich weiß jetzt schon, dass ich es zugeben werde, aber etwas Unwahres laut auszusprechen ist doch noch einmal etwas anderes, als es sich auszudenken, da hat der Vater ganz Recht, wenn er sagt, lügen lohne sich nicht, das sei viel anstrengender, als die Wahrheit zu sagen. Ich räuspere mich abermals. Es ist wieder so still wie vorher, ich muss schlucken, merke immerhin, dass die Spannung der Gruppe fürs Foto merklich nachgelassen hat, das Ende der Zeremonie naht. Als der Druck in mir wieder anwächst, lasse ich mit dünner Stimme, ein Wort ums andere, mein falsches Geständnis in die schwüle Badezimmerluft tröpfeln und kann endlich den Kopf wieder ein bisschen heben.

Zum Dank dafür werde ich nun übers Knie gelegt, wie das bei uns so schön heißt, und es ist seltsam: Fast freue ich mich ein bisschen darauf. Eine zu große Entspannung bei einer Körperöffnung zieht ganz logisch die Massage und Lockerung einer anderen nach sich, so ist das mit der Logik bei uns, unter dem Strich muss es stimmen. Komm, sagt mein Vater nur, mit ernstem Gesicht, und ich weiß tatsächlich, was nun folgen wird. Ich habe keine Angst, vor den zu erwartenden Schmerzen nicht, die nicht schlimm sein werden, und vor seinen Worten nicht, denn ich kann mich darauf vorbereiten. Es ist höchstens ein bisschen erniedrigend. Ich bin eine Anemone, die sich in sich selbst zurückzieht. Ich spüre nur ein sanftes Streicheln von Wellen, die sich dort irgendwo hoch über mir an den Klippen brechen.

Ich gehe hinter meinem Vater her nach hinten ins Elternschlafzimmer, wo er sich schon auf die Bettkante gesetzt hat. Ich ziehe meine Hose herunter, bis an die Knöchel, und dann auch die Unterhose, die ich zusammenknautsche, damit man nicht hineinsehen kann, man weiß ja nie. Ich lege mich bäuchlings auf seine Knie, rutsche noch einmal hin und her, bis es uns beiden bequem ist. Mein Vater appliziert mit der flachen Hand eine Anzahl sich aus einer ganz unkomplizierten Berechnung ergebender Einheiten auf das helle Sitzfleisch, nicht überaus fest, aber doch stark genug, sodass ich merken soll, dass es ernst gemeint ist, was ich auch folgsam registriere. Ein bisschen schlimm ist dann, nachdem es einmal gebrannt hat, zu warten, bis es noch einmal brennt, bis endlich jenes logisch errechnete Maß voll ist. Bis der Vater sagt, so, das wär's. Ich ziehe schnell die Hosen hoch und verschwinde. Als ich wieder in meinem Zimmer bin und die Erinnerung an den Gang ins Elternschlafzimmer verraucht ist, der Vater sich wieder einer anderen Tätigkeit zugewandt hat, genieße ich fast ein bisschen das leise Nachbrennen. Da wenigstens ist es jetzt, nach der Aufmerksamkeitszuwendung des Vaters, gut durchblutet, denke ich, das ist bestimmt gesund.

9

Ein riesiger weißer Schlafsaal. Überall Podeste, ebenfalls weiß, rechteckige Erhöhungen, auf welchen große Menschen in dunkelsamtenen Mänteln liegen. Ein leises Murmeln ist zu hören. Die meisten jedoch liegen still da. Manche raunen noch einen letzten Spruch, den ich nicht verstehe, und schlafen dann ein. Ich kann es sehen, wie sie einschlafen. Auch ich will so tun wie sie, will mich hinlegen und diesen Spruch aufsagen, doch es ist kein Podest mehr frei. Es kann mir auch keiner helfen, alle haben sie schon die Augen geschlossen. Einer, ein besonders Großer, liegt ganz ruhig da. Er ist bestimmt noch wach. Ich gehe zu ihm hin. Aber je mehr ich mich ihm nähere, desto klarer wird mir, dass er sich nicht regen wird. Ich schaue im Saal umher. Alles schläft. Sie schlafen alle vollkommen geräuschlos. Auch ich sollte mich jetzt schlafen legen. Ich muss mich beeilen, es ist schon so still. Ich flüstere dem Großen etwas zu. Er reagiert nicht. Ich flüstere lauter. Ich weiß, ich darf die anderen nicht wecken. Ich dürfte auch ihn nicht wecken. Außerdem schaffe ich es gar nicht. Ich flüstere noch einmal, viel zu laut für diesen Raum. Plötzlich entdecke ich gar nicht weit von mir ein noch leeres Podest. Ich lege mich darauf, verschränke die Arme, wie ich es bei den anderen gesehen habe. Ich schließe die Augen. Ich warte. Ich atme. Regelmäßig. Doch nichts passiert. Ich kann einfach nicht einschlafen. Ich blinzle, schaue mich unauffällig um. Keine der Gestalten regt sich. Ich schließe wieder die Augen. Und warte. Der Schlaf will und will nicht kommen. Ich stehe ganz leise auf und gehe zum Großen. Keine Regung. Ich kriege Angst. Und wenn sie jetzt alle tot sind? Ich gehe auf Zehenspitzen weiter. Ich will raus. Ich laufe an lauter Podesten mit starr daliegenden Gestalten vorbei. Jemand müsste sich doch regen, sich an mich erinnern. Weit und breit sehe ich keinen Ausgang, nur schwarze Leiber auf weißen Podesten, die mich bedrohen mit ihrem Schweigen. Ich schreie.

Ich öffne meine Zimmertüre, mit beiden Händen, sodass sie sicher nicht quietscht, oder wenigstens fast nicht hörbar. Ich schaue in den Gang. Die Türe meines Bruders ist noch geschlossen. Die nüchternen Wände strahlen Ruhe aus. Im Wohnesszimmer ist es sehr hell. Die Sonne zeichnet Kringel auf die dunkelbraune Ledersitzgruppe, den hellen Spannteppich. Draußen ist es herrlich jetzt, es wäre ein Tag zum laut Hinausjauchzen, so wie im Wald oben die grünen Muster tanzen. Die Schiebetüre zur Terrasse ist leicht geöffnet. Frische Luft strömt herein. Plötzlich sehe ich eine Bewegung hinter der spiegelnden Schiebetüre. Es ist mein Vater. Er macht Gymnastik. Er schwitzt.

Er hat sich, wie immer an Feiertagen, etwas länger Zeit genommen für sein tägliches Jogging, hat seine übliche Wochentour um eine halbe bis eine Dreiviertelstunde ganz auf den Hausberg hoch und vielleicht noch weiter ausgedehnt. Er hat schon unten, in der Einbahnstraße vor der Siedlung, wo jeder ihn sehen kann, die Beine gestretcht. Jetzt, auf der Terrasse, macht er nur noch Lockerungsübungen. Hier hängt er dann seine durchgeschwitzte Sportbekleidung auf den Wäscheständer, drinnen würde es zu sehr stinken. Stinken wie damals, als er mich einmal, bei unserem Ferienhaus, nach seinem Jogging im Dorf abgeholt hat eines Morgens, und dann sind wir zusammen nach Hause spaziert, bis ich sagte, du, du stinkst, und er lachte. Das ist der eingetrocknete Schweiß, sagte er. Es war ein komisches Gefühl, der starke Geruch zog mich an und stieß mich ab zugleich.

Ich trete in den Spalt der Schiebetüre. Mein Vater steht mit dem Rücken zu mir. Er macht noch immer seine Lockerungsübungen, die er aus seinem ersten Joggingbuch aus Amerika hat, das er schon besaß, als man in Europa noch gar nicht wusste, was das überhaupt ist, dieses Jogging, es womöglich noch falsch aussprach, vielleicht immerhin nicht ganz so falsch wie Steak. Beim Schwingen schaut der Kopf des Vaters neben dem Rumpf hervor, und auf einmal hebt er den Blick. Willst du auch Übungen machen, fragt er lächelnd und ein wenig keuchend, jedoch ohne die seinen zu unterbrechen.

Gestern, sage ich, das war gar nicht ich. Er hält inne. Im Badezimmer, meine ich. Er stellt sich hin für eine neue Übung. Die angewinkelten Ellbogen wie Flügel angehoben, dreht er sich jetzt einmal auf die eine Seite, einmal auf die andere.

Das kommt ja auch gar nicht drauf an, wer es gewesen ist, sagt er keuchend, wer als Letzter drauf gewesen ist, macht sauber, so einfach ist das. Aber ich war gar nicht als Letzter drauf. Ich denke, vielleicht kommt es ja dann auch gar nicht drauf an, wer dann übers Knie gelegt wird, einfach der Letzte, der gerade vorbeikommt, das müsste ja nicht unbedingt ich sein, ich könnte ja sagen, dass ich fortan Pause machen möchte beim Übers-Knie-gelegt-Werden, obwohl, Pause machen wäre eigentlich selten bis nie im Sinne meines Vaters.

Er schwingt zweimal nach links, zweimal nach rechts. Er sagt, Schwamm drüber, es ist ja letztendlich egal, wer tatsächlich als Letzter drauf war, du warst jedenfalls im Badezimmer gestern früh und hättest das einfach sauber machen können. Damit hat er eigentlich Recht. Aber ich hab's gar nicht gesehen, sage ich, und vielleicht war ich ja gar nicht der Letzte. Das ist es ja gerade, du guckst nicht einmal. Schau dir den Josefli an, dem würde so etwas nicht passieren. Immer in solchen Diskussionen bringt er den Josefli ins Spiel, meinen Cousin. Nur weil der immer so schön kurze Haare trägt und brav auftragen hilft bei den Familienessen. Dafür hat er seinen Kleinkindernamen mit dem -li behalten, das hat er davon.

Aber man kann doch nicht immer überall gucken, sage ich. Das meine ich auch nicht, sagt er in großzügigem Tonfall, der mich sofort wieder für seinen Standpunkt einnimmt, aber hin und wieder den Sachen ein bisschen Sorge tragen, das könntest du schon. Euch kann man ja auch sonst nichts in die Hand geben. Damit meint er jetzt, etwas aus dem Auto holen, das könnten wir nicht, jedenfalls nicht, ohne den Lack der Autotür zu beschädigen. Dabei hat die Tür nicht einmal einen Kratzer abgekriegt, das hat nur so geklungen, weil der andere Schlüssel am Bund eine wenig daran gekommen ist, oder vielleicht einen ganz leichten Ritzer auf der durchsichtigen Deckschicht des Lacks, und auch bei diesem nur auf der Oberseite, also auf keinen Fall einen richtigen Kratzer. Mit Auto ist natürlich der schwarz glänzende Mercedes gemeint, den er nach jeder Ausfahrt wäscht, zuerst ganz sorgfältig mit einem Spezialschwamm und einem milden Geschirrspülmittel, dann reibt er ihn mit dem Hirschleder trocken. Das Hirschleder darf nur mit dem schwarzen Lack in Berührung kommen, sodass er glänzt, und mit nichts sonst, mit überhaupt nichts. Wenigstens wäscht er so das Auto selber, weil er uns erstens nichts zutraut und uns zweitens auch sonst nicht traut. So müssen wir nicht wie manche anderen Kinder aus der Siedlung dem Vater jedes dritte Wochenende das Auto waschen, können ihnen höchstens dabei zusehen oder dürfen unserem Vater ganz vorsichtig bei manchen dieser Streicheleinheiten, wie etwa dem Abspülen mit lauwarmem Wasser, zur Hand gehen (den Wasserstrahl nicht senkrecht auf die Oberfläche). Bei uns fließen die Streicheleinheiten eben direkt und ohne Umwege über irgendwelche undankbaren Gestalten in die Besitztümer, wo sie auch sofort sichtbar sind.

Aber das ist doch nicht so schlimm, wenn einmal etwas kaputtgeht, du regst dich immer so auf, sage ich. Er hat jetzt aufgehört mit seinen Übungen, schüttelt nur noch die Beine aus. Er will wissen, wer am Schluss denn den Schaden bezahlen würde. Ich finde, das sei doch egal, man müsse doch auch einmal einfach machen können, einfach so. Genau so ist das bei euch, sagt er, ihr macht einfach irgendwie, und dann sieht man, was man davon hat. Ich lasse mir doch von euch nicht alles kaputtmachen, ruft er. Wenn wir mit anderen zusammen sind, geht es aber, da geht nie etwas kaputt, sage ich trotzig und wende mich zum Gehen.

Plötzlich sehe ich, wie mein Bruder durch das Wohnesszimmer läuft. Er bleibt in der Mitte des Raums stehen, schaut mich skeptisch an. Genau, höre ich ihn plötzlich hinter mir sagen. Er sieht aus wie ein kleiner Türsteher, zwischen Wohnesszimmer und Terrasse. Überhaupt sind wir nur wegen euch so, sagt mein Bruder, die anderen Kinder sind alle ganz anders. Mein Bruder kann die Sache immer viel besser auf den Punkt bringen, ist viel weniger hin und her gerissen als ich. Wenn ihr nicht wärt, rufe ich, komme aber plötzlich nicht weiter mit meinem Sätzchen, merke selber, was für einen Unsinn ich erzähle. Auch der Bruder hat den Kopf gesenkt. Der Vater lacht, sagt, ist schon gut. Wir lachen auch. Er schaut in den Sommermorgen hinaus. Kommt, es ist schon spät, sagt er, gleich gibt's Frühstück.

Er bückt sich, hebt das Handtuch auf, das er trotz der sauberen Terrassenfliesen seinen Übungen unterlegt hat, und kommt auf uns zu. Wir machen ihm Platz. Er hat Runzeln auf der Stirn, als er sich abermals bückt und seine Terrassenschlappen gegen seine Hauspantoffeln tauscht. Betont aufrecht verschwindet er in Richtung Keller, wo er sich umziehen und danach auf dem Rolltisch im Eingang den Schlüssel fürs Hallenbad nehmen wird. Es ist Zeit für das Duschritual.

Es war das erste Mal, dass er nichts mehr zu sagen wusste, und wir wissen auf einmal auch nicht mehr, wie weiter, jetzt, wo der Widerstand weg ist. Ich schaue meinen Bruder an. Und, fragt er, heute schon gepisst? Er denkt wahrscheinlich nicht einmal an etwas Besonderes dabei, oder gar an gestern, aber schon ist meine Hand vorgeschossen und hat ihm eine in den Bauch geboxt, und dann gleich noch einmal die andere, mitten in den Magen. Wo ich mich nicht zurückhalten kann, darf das natürlich auch von ihm nicht verlangt werden, und schon sind wir wieder einmal in die prächtigste Prügelei verstrickt. Mein Bruder schlägt wacker zurück. Die Schlappen fliegen durch die Luft. Wir liegen am Boden, ineinander verkrallt, rollen hin und her. Und plötzlich ist das Gesicht des Vaters über uns, sein gebräunter Körper, der uns mit harten Griffen packt und an den Ohren hochzieht. Zitternd, das eine Bein leicht angehoben, um den Zug auf das Ohr zu verringern, stehen wir ihm zu Seiten, einander gegenüber, nach Atem ringend, und erst aus den weit geöffneten Augen des Bruders kann ich das Ausmaß meines eigenen Schrecks ablesen.

Mein Vater sagt kein Wort. Er zieht uns in die Wohnung hinein und wir humpeln neben ihm her, noch immer bemüht, unser heißes Ohr nicht durch unnötige Schlenker noch weiter zu strapazieren. Er führt uns in unsere Zimmer, zuerst lädt er meinen Bruder ab, dann mich und verschwindet. Noch immer dieser Überraschung, die ihm tatsächlich gelungen ist, nachhorchend, lasse ich mich auf den Boden sinken, halte den brennenden Hautlappen an meinem Kopf. Auf einmal steht er noch einmal in der Tür und sagt mit gedrückter Stimme: Keinen Augenblick kann man euch allein lassen, es ist ein Jammer mit euch. Eine Enttäuschung seid ihr. Ich nicke. Es war ja auch blöd, denke ich, ich hätte ja auch gar nicht mit der Geschichte von gestern anfangen sollen, das ist ja nun ein für alle Mal abgeschlossen, und ich blicke ins helle Laub des Baums vor meinem Fenster, in dem die Sonne spielt. Und außerdem, sage ich mir, was muss ich da wieder kindisch tun, das bringt doch auch nichts, die Suppe von gestern noch einmal aufkochen, die längst gegessen ist. Lieber das nächste Mal besser aufpassen.

10

Geschafft, tschah, rufe ich und drehe mich um. Hier endlich darf ich zurückblicken, hier endlich darf ich stehen bleiben, jetzt geht es nur noch die Treppen hinunter zwischen den Reihen der Eigentumswohnungssiedlung, und schon bin ich zu Hause, das ist einfach. Hier endlich stehe ich auf dem höchsten Punkt der Hügelkette, höher geht es nicht mehr, ein quadratisches Plätzchen, an den Seiten von einer Hecke und an den Ecken von vier Kastanien eingefasst, vier rote Bänke stehen hier, aber da setze ich mich natürlich nicht hin, ausruhen müssen nur solche, die sich überschätzt haben. Von hier aus kann man das ganze Seebecken überblicken, die dicht gewürfelten weißen Häuschen am anderen Seeufer, wie sich der blaue Wurm des Sees in die Landschaft hineinkrümmt und ganz hinten in den Erhebungen verliert. Von hier aus sieht man die Alpen, schneebedeckt ruhen sie in der Ferne, und auch irgendwo dort im Zackenpanorama jene steile Wand, die so schroff aussieht, der kleine Selbstmord in der Postkarte, ein senkrechter Abriss von bestimmt mehreren hundert Metern. Von hier aus sieht man die Kirchturmuhr besonders deutlich, sieht, wie viele Minuten man wieder einmal vom Bahnhof bis hier hoch gebraucht hat, obwohl diese Berechnung natürlich sehr ungenau ist, so ohne Sekundenzeiger, und manchmal geht die Kirchturmuhr auch nicht richtig. Von hier aus überblickt man auch noch einmal die siebenundfünfzig kniehohen Treppenstufen, die man in einem Zug hochrennen musste, natürlich mit nur einem Mal Abtreten pro Stufe, und nur schnell schreiten gilt nicht, man muss schon rennen.

Da ich dies wieder einmal vorbildlich geschafft, sogar als besondere Extraeinlage bei den letzten zehn Stufen immer zwei genommen habe (als normale Extraeinlage muss man das nur bei den letzten beiden tun), darf ich mir ein noch etwas längeres Verschnaufen gönnen hier oben, auf dem höchsten Punkt, zumal es wirklich nicht einfach ist, mitten im Lauf abzuschätzen, ob noch zwölf, elf oder zehn Stufen übrig bleiben. Es ist aufgegangen, weil die zehntletzte einen Hick weg hat und ich ihn mir gemerkt habe, obwohl ich immer nur so schnell daran vorbeikomme, ich habe ihn eben trotzdem gesehen, und jetzt ist mein ganzer Schulmorgen noch viel schöner geworden.

Darum darf ich jetzt auch Tschah! rufen, wie es der Schorsch aus meiner Klasse immer macht, wenn er mal eine genügende Note hat (bei meinen Noten würde sich das ziemlich streberisch anhören), und dann fährt er mit der Faust von ganz tief aus der Hüfte nach oben, so wie ich es jetzt auch tue, nur sieht es bei mir jetzt keiner, was vielleicht auch besser ist, denn ich habe den Schwung noch nicht ganz heraus, weiß nicht, ob man schon vorher in die Knie gehen muss oder erst nachher. Aber verdient habe ich es auf jeden Fall. Und wenn man in dieser Gegend etwas verdient hat, dann darf man seinen Blick wandern lassen. So ist das bei uns. Der Schorsch darf dann vielleicht ins Kino, aber ich lasse mich eben von der Landschaft inspirieren, lasse den Blick über die Voralpen wandern. Das machen nämlich alle älteren Männer, besonders die erfahrenen, aber auch die coolen Jungs in der Schule, und übrigens auch die Männer in den Filmen. Es ist relativ schwierig und braucht ein bisschen Übung.

Im Grunde geht es so: Man stellt sich irgendwo hin, das heißt irgendwo, wo man den Überblick hat und wo auch alle anderen sehen, dass man den Überblick hat. Am besten, man lehnt sich irgendwo an, das sieht noch lässiger aus, und außerdem kippt man nicht unversehens um. Dann steckt man die Hände in die Taschen und zieht die Augenbrauen fragend hoch, wobei man sie in der Mitte wiederum sorgenvoll nach unten drückt. So jedenfalls macht es der Strittmatter aus meiner Klasse, und der ist schon berühmt dafür. Den Mund kann man dazu noch passend zur gerümpften Nase verziehen, so sieht das noch viel abschätziger aus, am besten, man übt das kurz vor dem Spiegel. Abschätzigkeit ist überhaupt gut, das zeigt, wie überlegen man ist, obwohl man eigentlich am Pubertieren oder wie ich eben noch nicht mal am Pubertieren ist und darum überhaupt nichts ist, und man muss dann nicht reagieren oder sonst etwas Unpassendes tun. Jetzt auf jeden Fall muss ich überhaupt nicht reagieren, und darum kann ich auch das ganze Coolsein lassen, denn darum geht es ja nicht eigentlich, eigentlich geht es um die Leistung, und die habe ich vollbracht. Jetzt kann ich mich sogar einfach gehen lassen, denn ich bin ja schon am höchsten Punkt, höher geht es nicht mehr, ich keuche noch (der Beweis), und als Nächstes gibt es zu Hause etwas zu essen.

Obwohl, ich muss schon sagen, das ist ein wenig übertrieben, diese Treppen sind eigentlich überhaupt nicht hart, schon gar nicht für mich. Auch wenn man nachher mit so einem schönen Ausblick über See, Voralpen und Berge belohnt wird. Da ist die Tobelhalde hinten noch viel härter. Aber die liegt ja nicht auf dem Schulweg, sondern auf dem Nachhauseweg vom Training, und nach diesem ist sie besonders hart. Nicht einmal unbedingt nur wegen des Trainings. Die Muskeln sind danach zwar weicher, aber auch wärmer. Wenn man mit Anlauf von der Querstraße unten in die Tobelhalde einbiegt, hofft, dass die Fußgängerbarriere nicht unten ist – denn sonst muss man brüsk abbremsen, schnell hinunterschalten und ohne Anlauf hoch, was noch viel härter ist –, wenn man knapp an der Treppe des Restaurants vorbeischrammt, wo alle Manager der Firma nach fünfundzwanzig Jahren in derselben Firma mit ihren Chefmanagern essen gehen dürfen (und nicht wie der Bauernanhänger, der einmal die ganze Tobelhalde rückwärts hinuntergedonnert ist, das Treppengeländer und dann die Fußgängerbarriere mitgerissen hat und zum Glück unten auf der Querstraße niemanden, bis er sich dann irgendwo weiter unten im Misthaufen verkeilte), dann fängt es an, das Treten im Stehen.

Das Fiese an der Tobelhalde ist nämlich, dass sie steil anfängt und immer noch steiler wird, und dort, wo sie nicht mehr steiler wird, noch lange nicht nicht steil wird. Das heißt, man muss auf jeden Fall schon einmal in einem Schwung, der natürlich immer langsamer wird, abzusterben droht und es schließlich tut, bis zum Scheitel kommen. Man stellt das Rad halb quer, macht auf diesem Scheitel ein vermeintlich letztes, eher gedrungenes als gestrecktes S und quält sich dann doch weiter, zieht den Lenker mit den Armen gegen den Druck der Beine, solange man den Magen noch nicht spürt, und spannt mit Hüftkraft zwischen Lenker und Pedale eine ganze Sisyphuswelt auf, bis es dann erst dort endlich leichter geht, wo es schon längst wieder flach ist (das ist das Fiese) und man viel später als vermutet erst wieder in den Sattel sinken kann.

Wenn man in unserem Hausgang dann wiederum die Treppe hochrennt (hier lohnt sich überhaupt kein Zählen, das ist viel zu einfach), sieht man direkt in die Küchen, wo alle die Mütter alle ihre kleinen und großen, dummen und intelligenten, braven und ungezogenen, gesunden und nicht so gesunden Nachkommen bekochen, und ich sehe schließlich rechts, hinter demselben Lamellenstoren, wie er auch den Ausblick aus meinem eigenen Fenster filtert und wie wir ihn einmal bei einer anderen, vermeintlich leer stehenden Wohnung, die wir mit trockenen Erdklumpen beschossen haben und bei der wir dann ziemlich verquer erklären mussten, wir hätten die großen Bösen, die es getan haben, schon gesehen, aber uns nichts zu sagen getraut, weil sie uns sonst verprügelt hätten, meine

Mutter stehen, die gerade groß genug ist, um über die Küchenablage blicken und mir durch die Scheibe zuwinken zu können.

Heute Abend ist Fez, rufe ich, als ich zur Tür hereinstürme, heute Abend ist Fez. Endlich einmal ein Fest, bei dem die Anwesenheit ohnehin erwartet wird, ein Klassenfest, wo es fast schon schwieriger ist, nicht aufzutauchen; und zudem, man muss niemanden mitbringen. Wir gehen alle zu Iris, sage ich, sie hat sturmfrei, und wir können alle da übernachten. Jeder muss etwas mitbringen, entweder einen Salat oder ein Dessert. Außerdem ist es nicht weit von hier, füge ich vorsichtshalber hinzu. Und die anderen dürfen auch alle. Meine Mutter sagt, schön, und fragt, welche ist denn die Iris schon wieder, doch ich kann sie glücklicherweise daran erinnern, dass sie mit ihrer Mutter am letzten Elternabend französisch gesprochen hat.

Sie will auch noch wissen, wo Iris genau wohnt, und fragt dann, während sie für mich das Mittagessen herrichtet an unserer Bar, aber die Eltern von Iris wissen schon, dass ihr einen Fez macht, oder etwa nicht? Sicher, beruhige ich sie, seufze und lasse mich herab, ihr noch einmal das Ganze zu erklären. Die sind extra ins Tessin gefahren fürs Wochenende. Nach einer Pause füge ich noch hinzu, ihr würdet so etwas ja nie machen. Außerdem fragen die anderen Eltern bestimmt nicht nach, bei anderen Familien wird überhaupt nicht über solche peinlichen Sachen geredet, denke ich. Ich bin überzeugt davon, dass die anderen Eltern nicht einmal etwas davon erfahren. Und wer ist dann sonst bei euch? Niemand, sage ich, wer soll schon bei uns sein, das ist doch eben das Gute. Und wer räumt dann auf? Wir natürlich, sage ich. Diese Wohnung will ich ja nicht sehen müssen am nächsten Tag, sagt meine Mutter und lacht.

Ich verstehe natürlich schon, dass ein solcher Fez bei uns nicht möglich wäre. Bei uns ist es eben anders als bei anderen Leuten, in unserer Wohnung gibt es so viele heilige Bezirke, dass man da natürlich nicht irgendwelche Uneingeweihte hereinlassen kann.

Und wenn? Ich versuche mir das Unvorstellbare vorzustellen, ein Fez bei uns. Eine schreckliche Vorstellung. Ich sehe meine Klassenkameraden, wie sie in einer trampelnden, lärmenden Traube zur Haustür hereinstürmen, natürlich ohne die Schuhe auszuziehen, und wie die Ersten mit ihren groben Stiefeln schon den hellen Spannteppich verdreckt haben. Ich sehe, wie ich mich durch die Menge durchkämpfe, um den Staubsauger oder einen Lappen zu holen, mit dem ich den Schmutz doch nur tiefer hineinreiben würde. Ich sehe mit weit aufgerissenen Augen eine Gruppe im Keller stehen, vor unserem Schuhregal aus Ziegeln und alten Holzbrettern, auf dem die fünf Paar Joggingschuhe meines Vaters, die drei Paar meiner Mutter und je zwei Paar normale Turnschuhe von uns beiden stehen – wie sie lachen und rufen, alles Schweißfüße. Wie ein paar Findige (ich weiß nicht wie) das Geheimfach entdeckt und schon ausgeräumt haben, das hinter der herunterziehbaren Wand der Bar liegt, in der tauben Ecke eines Küchenschranks, bei dem mein Vater immer zuerst prüfend zum gegenüberliegenden Wald hochschaut, bevor er seinen Chronometer verstaut. Ich sehe, wie sich einige die Uhren und Goldketten umgehängt haben und vor dem Spiegel im Eingang herumtanzen und wie sich plötzlich der so wacklige Kleiderständer immer mehr zur Seite neigt.

Darum eben hätte ich ihnen allen einen mindestens zwei Stunden dauernden Vortrag halten müssen, bevor sie zu uns kommen können, oder besser noch eine Einführungswoche, denn jeder Gegenstand bei uns hat einen ganz bestimmten Defekt, wovon, weiß ich nicht und auch nicht, warum das bei anderen Leuten nicht der Fall ist, aber es bedarf bei uns eben einer ganz besonderen Vorsicht, wenn nicht gar Übung und Erfahrung in dieser Vorsicht, um den Gegenstand richtig zu behandeln und nicht etwa noch weiter zu schädigen. So ist etwa unser Kleiderständer sehr wacklig, jeder, der Jacken dranhängt, weiß das (wir beide müssen unsere sowieso irgendwo anders hinhängen, er ist ja nicht einfach so zum Gebrauchen da, er soll ja schließlich nicht gleich kaputtgehen). Jeder bei uns verhält sich daher auch dementsprechend oder wird dementsprechend angewiesen. Dabei haben alle unsere Einrichtungs- und Gebrauchsgegenstände eine Eigenart: Sie sind nämlich schon von vornherein abgenutzt, sind ursprünglich für einen anderen Verwendungsrahmen gedacht oder stehen schon seit Jahrzehnten im Dienst und haben sich eigentlich schon längst überlebt. Bei meinen Eltern herrscht immer noch die Philosophie des Gegenstands auf Lebenszeit, so wie bei derjenigen der Firmenzugehörigkeit. Aber das ist es ja gerade, nicht der Gegenstand ist das Wertvolle, sondern die ihm trotz seiner Wertlosigkeit gewidmete und so in ihm gespeicherte Sorgfalt, die natürlich auf keinen Fall von irgendwelchen Fremden, welche diese ganze verwickelte (und spannende) Geschichte nicht kennen, wahrscheinlich sogar noch unbemerkt verletzt werden darf. Und schon sehe ich, wie der Kleiderständer in den Wandspiegel stürzt und wie (jetzt schaue ich weg, mit meinem inneren Auge) sich die goldbehängten Tänzer blutig schneiden an den tausend Scherben, die schon den ganzen Eingang bedecken, in einem von meinen Eltern in keiner Weise geplanten Muster.

Schlimmer noch, ich sehe (und kann nicht wegschauen), wie die blutigen, goldbehängten Gestalten schon in Richtung Badezimmer stürmen, in der Mitte des Wohnesszimmers aber von einigen besorgten Mädchen abgefangen und vorsichtshalber nebeneinander auf den Teppich gelegt werden. Jemand schreit nach Alkohol, gegen die Wunden, und schon hat einer die schlichte weiße Holzkiste in der Ecke aufgebrochen (natürlich im völligen Unwissen um die diesem Schritt auferlegten Alters- und Situationseinschränkungen), eine der Flaschen, gerade die teuerste, hervorgerissen und sie mit auf die Öffnung gesetztem Daumen über die liegende Gesellschaft gesprüht.

Ich muss mir mit ansehen, wie sich das Gefolge sofort an den weiteren Flaschen unserer so bescheidenen, aber nichtsdestotrotz ehrwürdigen Hausbar gütlich tut, sich auf die Ledersitzgruppe fläzt (die nur bei Besuch okkupiert werden darf, was als Grundbedingung hier für einmal erfüllt wäre) und mit auf Armlänge weggehaltenen Flaschen sich das klebrige Zeug in die Münder und über die Gesichter laufen lässt.

Meine Mutter fordert mich auf zu essen, mechanisch schiebe ich meine Nahrung in mich hinein, erschreckt den Bildern nachhastend, die vor meinem inneren Auge vorüberziehen. Doch ich kann mich nicht losreißen. Ich versuche zu retten, was nicht mehr zu retten ist, zu warnen, wo eine Warnung stundenlanger Ausführungen bedürfte, mit schlechtem Gewissen heimlich vor meinen Gästen zu verstecken, was schon in der nächsten Sekunde entweiht zu werden droht. Ich sehe, wie in unserem Kamin, der nur einmal kurz nach der Wohnungsübernahme in Betrieb genommen wurde und seither wegen als übermäßig eingestufter Ruß- und Rauchentwicklung als Ready-made ein Museumsdasein führt, ein helles Feuer lodert, und kann gerade noch die Stehlampe vor der in den Raum strahlenden Hitze retten. Ich hoffe, dass das davor verlaufende Telefonkabel nicht schmilzt, unser altes Telefon scheint aber zu funktionieren und ist in Sicherheit, das heißt in den Händen der dicken Asiatin unserer Klasse, die bestimmt schon eine ganze Weile ihren Singsang in die Muschel träufeln lässt, vertieft in ein Gespräch mit entfernten Verwandten.

Als ich die Tür zum Badezimmer öffne, kann ich nur knapp durch den Dampf erkennen, wie drei halb nackte Mädchen in der Badewanne herumplanschen. Interessanterweise ist die Streberin dabei. Sie leert sich gerade die Bodylotion meines Vaters – ohne den praktischen Dispenser – über den Kopf und die noch kleinen Brüste und reibt sich ein, als ob sie hiermit für die nächsten zwanzig Jahre und ein für alle Mal alle Probleme mit trockenen Häuten und Haaren loswerden wollte.

Plötzlich höre ich einen Überraschungsschrei aus dem Büro und schrille Pfiffe der Bewunderung. Ich renne los, muss jedoch in der zweiten Reihe der Schaulustigen stehen bleiben und mich damit begnügen, die Steuerrechnung meines Vaters, von der ich gar nicht wusste, dass sie hier liegt, den Freunden mit einigen erklärenden Worten als durchaus im Rahmen der letzten Jahre zu situieren, obwohl er mir gerade so Sachen wie Abzüge und Abschreibungen nie genauer erklärt hat. Meine Kollegen haben praktischerweise den Computer vom Tisch geräumt (unsere zwei Freaks testen ihn gerade) und verfügen so über mehr Platz für die vielen Zettel. Es ist wahrlich nicht einfach, die Übersicht zu behalten, auch zu fünft nicht. Einige schauen sich alte Fotos an. Hier versuche ich nur grob, die Jahrgänge zu erläutern, damit keine Missverständnisse entstehen, welches die Hochzeitsreise meiner Eltern war und welches ihr verdienter Urlaub ohne uns Kinder im Club Méditerranée.

Wie sonst auf den Festen komme ich mir bald etwas verloren vor. Als ich in den Flur zurückschlendere, sehe ich, dass die Türe zum Elternschlafzimmer noch immer geschlossen ist. Ich höre aber eindeutige Geräusche, und nachdem ich die Türe einen Spalt weit geöffnet habe, sehe ich unser Vorzeigepärchen in Anzug und Abendkleid meiner Eltern, die ohnehin schon ewig nicht mehr benutzt wurden, wie sie auf dem Bett herumknutschen. Die zu enge Bluse meiner Mutter hat sie auf der Seite aufgerissen, das sieht viel besser aus, das muss sogar ich zugeben. Den Storen haben sie wohl etwas stark heruntergezogen, und die Lamellen hängen wie Mikadostäbe kreuz und quer vor der Aussicht. Ich schließe die Türe so leise, wie ich es gelernt habe, ich hoffe, sie haben sich nicht stören lassen.

Ich spüre, wie ich immer müder werde. Ich kann kaum die Augenlider heben. Ich kehre ins Wohnzimmer zurück. Vor dem Feuer haben es sich einige gemütlich gemacht und essen. Sie haben die Möbel an die Wand geschoben und teils mitgebrachte, teils in Küche und Keller gefundene Köstlichkeiten auf dem Teppich ausgebreitet, damit jeder sich bedienen kann, was auch nicht zweimal gesagt werden muss. Einer der Jungen röstet Brotscheiben in der Glut, mit ausgestreckter Hand, die er immer wieder wechselt, vor den Mund hält und schüttelt, schließlich einen viel praktischeren Kleiderbügel dafür findet.

Auch im Badezimmer ist es jetzt ruhiger geworden. Dampf weicht lustig stoßweise aus dem Schlüsselloch und unter der Tür breitet sich ein Ring schaumiges Wasser auf dem Spannteppich aus, in immer größeren Kreisen. An die gegenüberliegende Wand hat jemand mit einem Zigarettenstummel eine lange Form gemalt, links und rechts zwei Bällchen, was ich ziemlich deplatziert finde. Eines der abstrakten Bilder meiner Eltern wurde direkt auf der Leinwand verbessert, mit einem dicken roten Filzstift, und sieht jetzt zugegebenermaßen um einiges moderner aus. Im Kleiderschrank, aus dem ich meinen Pyjama holen will, finde ich, natürlich genau auf dem Stapel mit meinen Pyjamahosen, fein säuberlich zusammengekehrt, ein Häufchen Erbrochenes. Ich lasse Pyjama Pyjama bleiben, gehe in mein Zimmer. Hier ist merkwürdigerweise niemand. Ich schließe die Türe. Ich setze mich. Und wenn der Geruch, die Feuchtigkeit und der Lärm nicht wären, die auch durch die geschlossene Türe noch zu mir hereindringen … es könnte ein Sonntag sein, an dem ich wieder einmal für mich allein bin, mich mit der Frage quälend, was ich denn tun soll, heute Nachmittag. Es sind schreckliche Vorstellungen, ungeheuerliche Vorstellungen. Plötzlich zucke ich zusammen.

11

Das Knirschen des Schlüssels in der Haustür hat mich aufgeschreckt. Ich hebe den Kopf. Die Wohnung ist wieder instand gesetzt, nüchterner als je zuvor, die Wände in weißestem Weiß, der Spiegel im Eingang ganz, die Feuerstelle nie benutzt. Die Wirklichkeit der Gegenstände ist fast verunsichernder, nach dem Traum, als ihre Deformationen es waren. Ich spüre einen kühlen Luftzug, dann wieder nichts. Ein Geräusch ist nicht zu vernehmen, nur das Klicken des Lichtschalters, als Schuhe im Keller aufs Regal gestellt werden, und anschließend der langsam modulierte Zweitonpfiff, der eine Weile nachhallt. Die Schonung der Gegenstände ist bei uns in Fleisch und Blut übergegangen, es gibt praktisch kein Geräusch, wenn wir durch die Wohnung wandeln, und außerdem schont es die Gelenke, was aber nicht ausdrücklich noch betont zu werden braucht.

Schon stehe ich neben meinem Vater, bereit, es ihm zu erzählen. Ich habe mir alles im Kopf schon zurechtgelegt. Dass am Abend Fez sei. Die Mutter habe gesagt, ich dürfe. Das heiße, sie müsse nur noch mit ihm reden, aber das könne ja auch jetzt gleich erledigt werden, er könne also gleich sagen, dass alles in Ordnung sei, und dann müsse er es auch nicht mehr mit ihr besprechen.

Ich stelle mir vor, wie er nicht reagiert, nur seine Schuhe mustert, wie ich gleich fortfahren werde und anfange zu betteln, wie es mein Vater gar nicht von mir kennt. Oh, bitte, bitte, es sei auch überhaupt nicht schlimm und ich würde dann auch früh wiederkommen. Ich werde ihm ja noch nicht sagen können, denke ich, dass früh früh am nächsten Morgen ist. Dass ich auch dort übernachten will, das darf ich erst einfließen lassen, wenn der Boden geebnet ist.

Ich würde betteln, so tun, wie ich meiner Großmutter gegenüber immer getan habe, wenn ich ausnahmsweise einmal etwas von ihr wollte. Sie hieß für uns der Totomann, warum weiß ich nicht, einfach nur der Totomann, und bei ihr durften wir alles. Dem Totomann gegenüber hatte ich diesen Tick, alles, was sie sagte, kategorisch zu verneinen. Wenn der Totomann sagte, jetzt haben sie den Wolf, glaube ich, endlich geschossen, sagte ich nein. Wenn der Totomann sagte, das ist aber ein schöner Pullover, den du da anhast, sagte ich nein. Wenn der Totomann sagte, oh, das war wunderbar heute, mit all dem vielen Schnee, schau mal, die Berge, und dann die Tannen, sagte ich einfach und kategorisch nur nein. Und zugleich erfüllte sie uns alle Wünsche. Wenn ich etwas von ihr wollte, brauchte ich nur ein bisschen die Augen zu verdrehen. Nachdem der Totomann gestorben war, Krebs, obwohl ihr mein Vater immer gesagt hatte, dass sie die zum Frühstück im Ofen angekohlten Brotanschnitte, die sie so mochte, nicht essen solle (man konnte die schwarzen Brosamen über die gelblichen Zahnhälse wandern sehen), ging ich mit dem Vater einmal im Herbst beim Ferienhäuschen im Wald spazieren. Es war noch nicht lange her seit dem Begräbnis. Irgendwie kamen wir auf die Großmutter zu sprechen. Hast du sie sehr gemocht, den Totomann, fragte er. Ja, sagte ich. Es war die Art Gespräch, bei dem man in dem Alter noch nicht richtig weiß, was sagen, oder einfach Antworten ausprobiert. Später fragte er noch, ob ich an Gott glaube, worauf ich fragte, an Gott? Ich überlegte eine Weile. Eigentlich nicht so fest, aber schon so, dass er alle Pflanzen und Tiere gemacht hat. Er sagte, ja? Schön. Ich hatte das seltene Gefühl, einmal etwas zu erzählen, das mein Vater mir abnahm. Er hörte mir aufmerksam zu. Es war natürlich auch ein wenig erdichtet, ich wusste nicht wirklich, ob ich das alles auch fühlte. Alle die Pflanzen und Tiere hat er gemacht, sagte ich, jeden einzelnen Grashalm und auch die kleinen Hüpfspinnen drauf, und die Mücken, die im Netz zappeln. Ich schaute über die Lichtung. Und die Tannen, guck, wie schön zufrieden sie dastehen. Dann sagte ich nichts mehr, hielt mich zurück, wusste, es wäre auch nicht mehr besser gekommen.

Der Vater nimmt seine Mappe und geht ins Wohnesszimmer, stellt sie auf den Stuhl. Ich folge ihm. Begrüßen könntest du einen auch erst einmal, sagt er zu mir. Ich bleibe stehen. Sind das komplizierte Leute, brummt er in Richtung Küche, wo der Faden gleich am dünnen Ende aufgenommen und hausfraulich weitergesponnen wird. Wieder der Mögenbauer oder wer, ertönt die Stimme der Mutter. Nein, der andere, sagt er. Diese Nobelpreisträger mögen ja intelligent sein, aber kompliziert sind sie. Unter den von meinem Vater betreuten Leuten befinden sich tatsächlich Nobelpreisträger.

Das Verrückte ist, sie können einfach nicht zuhören. Sie haben zwar einen Nobelpreis gewonnen, aber das Einfachste, nämlich jemandem zuhören, das können sie nicht. Sie stecken völlig in ihrer Welt drin, und wenn man ihnen einmal eine Mitteilung machen möchte, dann hören sie einfach nicht zu. Und das Interessante dabei ist, dass es für sie eigentlich elementar wäre. Jetzt hat doch unser Freund den Plan für die Reinräume einfach nicht genau angesehen, plant gewaltige Projekte, aber morgen muss er seine Maschinen hinausschaffen. Er hat einfach vergessen, seine Belegung des Reinraums zu verlängern. Wir haben ihn natürlich schon mehrfach darauf hingewiesen und uns auch gewundert, dass er nicht darauf reagiert. Aber jetzt ist die Frist um und alles ist ausgebucht. Wir können ja nicht Gebäude anbauen, nur wegen eines Nobelpreisträgers. Und schon gar nicht von heute auf morgen. Da kommt er vorgestern in mein Büro, schmeißt mir den Belegungsplan auf den Tisch und sagt, was ist denn das? Ich erkläre ihm die ganze Sache, dass es nun keinen Ausweg mehr gibt, dass er am nächsten Tag rausmuss, weil er sich eben nicht darum gekümmert hat. Wir seien bereit, ihm wieder Platz freizumachen, aber vorerst einmal müsse er ausziehen.

Meine Mutter will den Vater unterbrechen, ihn etwas fragen, aber er sagt, nein, wart. Jetzt kommt nämlich das Größte. Plötzlich, erzählt mein Vater weiter, guckt der gute Mann auf seine Uhr und sagt, ach, Entschuldigung, und weg ist er. Nun, habe ich mir gedacht, viel Zeit bleibt ihm wirklich nicht mehr, er muss sich beeilen, wenn er schon so bald aus den Reinräumen ausziehen muss. Und heute sehe ich ihn bei der Kaffeemaschine und frage nur so nebenbei, ob er für die Zwischenzeit einen Platz für seine Geräte gefunden habe. Es sei ja schön, ihn so müßig noch hier anzutreffen. Nun, sage ich ihm, in die Gänge dürfe er die Dinger nicht stellen, nur schon aus feuerpolizeilichen Gründen. Und da antwortet er in seinem ironischen Tonfall, ach, mein lieber Freund, das habe ich ja vollständig vergessen, aber ich melde mich nächste Woche bei dir. Spricht's und ist schon wieder verschwunden. Weg ist er. Kaum zu glauben, kümmert sich einfach nicht um seine Sachen.

Die Arme hinter dem Rücken, tänzle ich vor meinem Vater herum. Interessiert habe ich ihm bis hierher zugehört, aber nun finde ich, genug der Nobelpreisträger, die können jetzt auch mal warten.

Stellt euch das einmal vor. Und was mache ich jetzt bloß. Berühmtheit hin oder her, wir würden ihm ja auch wieder Platz geben, das heißt, wenn er das Schreiben aus Amerika hat. Entweder ich mache mich in Amerika unbeliebt, oder aber es gibt einen Skandal hier. Ich kann ja auch nicht einfach seine Geräte auf die Straße räumen lassen.

Ich muss dir etwas sagen, platze ich heraus. Und ich dir auch, sagt er und weist mich freundlich auf den Rand der Bastmatte unter dem Esstisch hin, damit ich bei meinem Zappeln nicht darüber stolpere.

Etwas Wichtiges, sage ich. Wichtig, lacht mein Vater und

schaut mich an. Meinst du, das ist alles nicht wichtig, was wir hier besprechen? Kaum kann man einmal ausreden, wenn man von der Arbeit kommt. Ich sage ja nicht, dass meins wichtiger ist, ich sage ja nur, dass ich es wichtig finde. Mein Vater schweigt. Er hat nur eine Frage, springt jetzt meine Mutter für mich ein, obwohl, sagt sie jetzt zu mir gewandt, das kann doch auch bis nachher noch warten. Mein Vater hält immer noch seine Mappe in der Hand und möchte eigentlich gerne weitererzählen.

Es ist wirklich dringend, das kann nicht warten, sage ich und tripple schneller von einem Fuß auf den anderen. Das, erwidert mein Vater, hoffen wir für dich, dass es dringend ist. Ich stottere, finde meine Worte nicht. Du kannst es dir ja noch einmal überlegen, wie dringend es ist, und wenn du wirklich meinst, das sei jetzt unumgänglich, dann kannst du natürlich kommen, das versteht sich von selbst.

Das ist übrigens ein gutes Prinzip, das könnt ihr euch merken, bei uns in der Firma gilt das für jeden Mitarbeiter, und sei es der, der den Abfall hinausträgt. Jeder Mitarbeiter kann jederzeit beim Direktor vorbeigehen, seine Tür steht offen, und er kann ihm vortragen, was sein Anliegen ist. Nur tut er gut daran, etwas Wichtiges vorzubringen, sonst hätte er die Zeit des Direktors wirklich unnötig in Anspruch genommen, und das wäre nicht gerade günstig für ihn.

Und, was ist jetzt, fragt er und hebt sein Kinn zu mir. Ich weiß nicht, sage ich. Mein Vater hängt sein Jackett auf einen Bügel. Das heißt, schießt es auf einmal aus mir hervor, also, ich weiß es, es ist wichtig, das heißt, kann ich jetzt? Klar kannst du. Es ist still eine Weile. Wir haben einen Fez heute Abend, sage ich. Mein Vater knöpft sich die Hemdsärmel auf. Wohl hoffentlich nicht hier, sagt er und lacht über seinen eigenen Witz. Er krempelt die Ärmel hoch.

Und was ist das für ein Fez, fragt er. Ich schaue ihn an, dann meine Mutter und wieder ihn. Ich verdrehe die Pupillen nach oben und leiere herunter, als hätte ich es auswendig gelernt: Es ist unser Klassenfez, wir gehen zu Iris, es kommen alle, nur der Felix kann nicht kommen, weil er krank ist und zu Hause liegen muss, aber wir rufen ihn alle von dort aus an, ich kann mit dem Velo hinfahren, das ist nur eine halbe Stunde. Selber mit dem Velo hinzufahren ist ein Pluspunkt, das weiß ich. Ein Lehrer kommt sogar auch vorbei, sage ich vorsichtshalber noch, auch wenn es nicht ganz der Wahrheit entspricht.

Und danach, fragt er genau wie schon vorhin meine Mutter, danach seid ihr allein? Wir sind alle zusammen, die ganze Klasse kommt ja, sage ich. Was macht ihr da eigentlich, fragt meine Mutter aus der Küche. Einen Fez, sage ich. Aber was werdet ihr da tun, fragt nun auch der Vater. Ich weiß auch nicht, überhaupt nichts. Nichts tun ist wahrscheinlich nicht optimal als Aussage, denke ich, also fahre ich schnell fort, Musik hören halt, und nachher vielleicht noch tanzen.

Oh, tanzen, sagt meine Mutter und lacht. Kannst du denn tanzen? Das muss man doch nicht können, kläre ich sie auf, jetzt schon großzügiger. Man tanzt einfach. Vermutlich weiß sie viel besser, wie man geschlossen tanzt, wie fest und wo man sich anfasst, aber andererseits, denke ich, ist das ja nur bei den langsamen Liedern. Sonst kann man sich ja irgendwie verrenken, wie die alten Leute immer sagen, auch wenn sie finden, das sei so distanziert und unpersönlich.

Aber ihr werdet wohl hoffentlich nicht rauchen und trinken, das kann man doch von euch erwarten, oder? Ich beeile mich mit meiner Antwort. Nein, sicher nicht, wir hängen nur so herum. Auf einmal finde ich mich in der Position desjenigen, der alle die Dinge, welche die Tonangebenden in unserer Klasse machen, die ich aber gar nicht wirklich kenne, erklären muss. Darum merke ich gar nicht, wie ich schon wieder in die Falle getappt bin. Herumhängen, genau das ist es, sagt der Vater. Er spricht das Wort aus, als sei jede einzelne Silbe angefault.

Sie langweilen sich zu Tode, und dann fangen sie irgendwann an zu rauchen und schließlich sind die Drogen auch nicht mehr fern. Oder zu trinken, und dann randalieren sie, schlagen alles kaputt. Aber einmal etwas zu unternehmen, etwas zu schaffen, aufzubauen, das kommt diesen jungen Leuten natürlich nicht in den Sinn, nein, im Gegenteil, alles, was ihnen geboten wird, müssen sie auch noch kaputtmachen.

Wir machen nichts kaputt, sage ich. Wir haben nur ein bisschen Spaß. Und wer bezahlt diesen Spaß, fragt mein Vater. Hast du dir das schon einmal überlegt? Da fragt man sich schon, wofür man eigentlich noch arbeiten geht.

Ich denke auf einmal, irgendwie sind wir vom Thema abgekommen. Wegen uns, sage ich unsicher, wegen uns musst du wirklich nicht zur Arbeit gehen. Es kann ja schließlich jeder tun, was er will. Es ist seltsam still. Ich merke schon, dass ich mich in der Antwort vielleicht etwas vergriffen habe und mit meinen doch eher bescheidenen Managementerfahrungen nicht ganz auf der richtigen Etage gelandet bin.

Du wirst mir doch wohl nicht sagen wollen, wie und warum ich zur Arbeit zu gehen habe. Ich schaue ihn verzweifelt an. Nein, nein, auf keinen Fall, ich habe ja überhaupt nichts gesagt, erkläre ich, und schon gar nicht zu dir. Er schaut mich fragend an. Ich habe es natürlich schon zu dir gesagt, beeile ich mich zu sagen, aber ich wollte dir nichts sagen damit, sage ich, jedenfalls nichts Besonderes. Was heißt hier Besonderes, höre ich seine Stimme. Ich habe ja gesagt, es sei nichts Besonderes. Und ich habe gefragt, was hier Besonderes heißt. Ich suche nach Worten. Nichts, sage ich. Aha, etwas Besonderes heißt also nichts, und deswegen unterbrichst du mich, sagt er, wegen nichts also, da haben wir es doch wieder einmal. Und wenn's dir nicht passt bei uns, dann kannst du's ja mal ohne Essen versuchen, während ein paar Tagen, das würde zwar nicht viel Geld sparen, aber als kleine Lehre dürfte es schon dienen.

Ich wollte eigentlich gar nichts sagen, sage ich und versuche weiter auszuholen. Das hättest du damit auch erreicht, sagt er schon und lacht. Das ist ja hervorragend. Stell dir einmal vor, bei uns in der Firma käme einer zum Direktor und nach einer Viertelstunde stellt sich heraus, dass er eigentlich gar nichts sagen wollte. Was meinst du, was der Direktor ihm antworten würde? Nichts, sage ich, das heißt, beeile ich mich hinterdreinzuwerfen, wahrscheinlich nichts Gutes. Ich überlege auf Hochtouren. Ich wollte vielleicht schon etwas sagen, murmle ich. Der Vater schaut mich fragend an. Es ist eigentlich nur, sage ich kleinlaut, wie schon gesagt, dass du dir wegen uns keine Sorgen machen musst, wir kommen auch so zurecht. Der Vater schweigt. Ich glaube, auf uns kommt es wirklich nicht drauf an, da gibt es sicher Wichtigeres, ich meine, für dich.

Es ist eigenartig ruhig in unserem Wohnesszimmer. Wahrscheinlich, denke ich, hat mein Vater tatsächlich ganz andere Sorgen als den Fez seines Wohlstandssohnes. Wahrscheinlich ist das alles ziemlich deplatziert, was ich hier tue. Plötzlich höre ich seine Stimme wieder. Sie klingt entfernter jetzt. Ich werde mir ja wohl nicht von dir meine Welt erklären lassen, hebt er an, das wäre ja noch schöner. Wichtig, weißt du überhaupt, was wichtig ist im Leben? Ich schaue ihn an, suche etwas in seinen Augen. Vielleicht ab und zu ein Fez, rutscht es mir auf einmal heraus, und schon beiße ich mir auf die Lippen. Sein Gesicht wird rot. Nein, nein, rufe ich, das habe ich gar nicht so gemeint, Abrakadabra, Simsalabim, bitte, bitte. Sein Gesicht wird noch röter, erstarrt einen Moment und löst sich dann wieder, plötzlich, völlig unerwartet. Er lacht. Er schaut mich an. Gut, Schluss jetzt, sagt er mit ruhiger Stimme, was ist jetzt mit deinem Fez?

Ich hebe an, weißt du, ich wollte nur, und das mit der Arbeit habe ich nur … Er unterbricht mich. Jetzt ist Schluss, habe ich gesagt. Es ist so still, dass, würde jetzt ein Engel vorübergleiten, wir ihn hören würden, und wäre er von meinem Vater erzogen. Ich sage es ganz langsam, mit einem freundlich fragenden Unterton in der Stimme. Ich möchte gerne zum Fez gehen heute Abend. Gut, sagt mein Vater, nun lacht er, zieht schmunzelnd eine Braue hoch, um sie gleich wieder zu senken, du kannst zum Fez gehen, das ist kein Problem, du musst nur früh genug wieder zurück sein. Du weißt ja, wie solche Sachen bei uns gehandhabt werden. Ich frage mich nur, fährt mein Vater fort, warum du deine Frage nicht von Anfang an klar und deutlich stellen kannst.

Ich falle aus allen Wolken in unvermutet gute Hände. Oder ist das etwa eine Falle, frage ich mich. So fühlt man sich wahrscheinlich, denke ich, wenn man den Nobelpreis kriegt, und irgendwann, wenn alle Leute im Saal versammelt sind, sagen sie dann, Entschuldigung, wir haben ein Problem hier, wie war Ihr Name noch einmal? Er lächelt noch immer. Aber ich will auch dort übernachten, sage ich. Das ist allerdings eine andere Sache, erwidert er und scheint einen Moment nachzudenken. Schnell sage ich, es übernachten alle dort. Das interessiert mich nicht, was die anderen machen. Er schweigt. Gut, das werden wir noch sehen. Aber macht keinen Unsinn. Nein, sage ich, sicher nicht. Schnell verschwinde ich in mein Zimmer.

12

Den ganzen Nachmittag verbringe ich in der Zurückgezogenheit meines Zimmers und sinniere über unser Gespräch nach. Die Türe geschlossen, auf dem Bett hinter der beruhigend dunklen Holzschrankwand liegend, das weiche Duvet hinter dem Kopf, in der Hand zur Ablenkung ein Buch, dessen Zeilen ich zwar lese, die aber unverstanden durch meine Stirn rauschen. Ich frage mich: Warum muss man eigentlich immer überall dabei sein? Warum kann man nicht auch einmal aussetzen? Vor allem, wenn das mit dem Dabeisein dann doch nicht so herauskommt, wie man es sich ausgemalt hat? Könnte es nicht auch einmal sein, dass man einfach nicht zur Verfügung steht, nicht vorhanden ist, abwesend? Es ist irgendetwas dazwischen gekommen, das kann es doch geben im Leben. Muss ich denn zu diesem Fez gehen? Der Vater hat natürlich Recht, wenn er sagt, klar könne ich zum Fez gehen. Klar kann man. Aber man muss ja nicht. Wie viel schöner ist es doch, eine wirklich innere Notwendigkeit in sich keimen zu spüren und ihr dann nachzugeben. Eine innere Notwendigkeit, die viel größer ist als der Lärm der Leute um uns herum, als jeder noch so grandiose Fez. Und ruhig und unbeirrbar wie ein Tankschiff die Wasser zu teilen, in einer geraden Linie, die auch über lange Kilometer nicht zu ändern oder zu bremsen wäre. Der Vater hat Recht, und womöglich hat er das nur nicht so plump aussprechen wollen, nämlich dass man da nicht jedem Ruf von außen nachkommen soll. Was ist schon dabei, bei einem Fez? Was sind schon meine Klassenkameraden – Polypen an einem weiten Strand, winzig, kaum sichtbar, auch nicht mit dem Feldstecher von der Kommandobrücke. Nein, der Blick muss sich weiten, auf endlose Wasserflächen, auf Höheres. Ich sage mir: Jetzt muss ich nur noch herausfinden, was mit diesem Höheren gemeint ist. Solange ich das Höhere noch nicht gefunden habe, wird es aller Wahrscheinlichkeit nach eben noch höher liegen, und wenn ich immer höher steige, werde ich es irgendwann schon antreffen. Und dann werde ich mich vielleicht ein bisschen ausruhen, dort oben.

Einmal mussten wir Rechenaufgaben machen, und das nur, weil einige aus der Klasse irgendetwas immer noch nicht begriffen hatten. Der Lehrer hatte uns die Aufgaben angegeben, er hatte die Nummern aus dem Buch mit Kreide an die Wandtafel geschrieben. Es war Malrechnen, mit zwei Zahlen, und dann wurde noch durch eine Zahl geteilt. Ich hatte die Aufgaben schon am Vortag in der Stunde gemacht und musste dafür keine Hausaufgaben machen. Ich musste sowieso selten Hausaufgaben machen. Und jetzt noch einmal Aufgaben zum selben Thema. Solche, die ich wahrscheinlich nicht bis vor Ende der Stunde würde fertig stellen können. Ich würde zu Hause arbeiten müssen, dachte ich, das erste Mal seit Monaten. Ich ging durch die Bänke mit den stumm gebeugten Rücken, stellte mich vor das Lehrerpult. Ich zeigte dem Lehrer mein offenes Heft. Mit meinem blauen Füllfederhalter hatte ich ihm einen Satz zwischen die Rechnungsblöcke geschrieben. Das will ich nicht, stand da. Ich dachte, er würde mich verstehen. Der Lehrer kriegte einen Wutanfall. Was fällt dir eigentlich ein, schrie er, meinst du eigentlich immer, du müsstest eine Extrawurst haben? Du wirst die Aufgaben machen, genau wie alle anderen auch. Das ist ja wohl eine Frechheit, sagte er noch ins Klassenzimmer hinein, doch ich saß schon wieder an meinem Platz und machte die Rechnungen, viel schneller, als ich je war, und war sogar schon fertig, als endlich der Gong ertönte. Es war mir viel zu leicht gefallen, als dass ich etwas daraus hätte lernen können.

Als ich, aus dem Wald kommend, das Fahrrad in einer ebensolchen Eigentumswohnungseinbahnstraße wie der unseren abstelle und mir das Herz so kurz vor der Begrüßung bis in den Hals hoch schlägt, denke ich auf einmal, wie schön es doch war, als Strittmatter einmal krank war (wir nennen ja alle Buben nur mit Familiennamen, die wir je nach Rang etwas verniedlichen, während die Mädchen mit ihren abgekürzten oder verniedlichten Vornamen gerufen werden). Strittmatter ist das Alphatier in unserer Klasse, und dann war er auf einmal nicht da. Einfach krank, trotz seiner sonstigen Überlegenheit. Einfach abwesend. Wie schön still war alles ohne den allmächtigen Strittmatter. Und dann wurden in dieser Grippezeit auch noch andere krank und die Bankreihen lichteten sich. Ich malte mir aus, was passieren würde, wenn sie jetzt tatsächlich alle nicht mehr zurückkommen würden, wenn sie auf einmal tot wären. Welche Ruhe. Welche neuen stillen Beziehungen, die da erahnbar würden.

Ich klingle an der Tür, gerade um das bisschen zu spät, dass die anderen merken, wie ich mich eigentlich auf den Abend gefreut habe und wie gedankenverloren ich dennoch bin, die genaue Uhrzeit verpasst zu haben. Immer wieder muss ich an Strittmatter denken, frage mich, was er wohl sagen wird, wenn ich hereinkomme. Ich muss hoffen, dass er nicht da sein wird, dass er aus höherer Gewalt einfach plötzlich fehlt.

Heimlich stelle ich mir manchmal vor, es gebe eine Instanz, die alles, was hienieden geschieht, von irgendwo ganz weit oben bestimmt und regelt, die sagt, wann wer da zu sein hat und wann wer abberufen wird. Eine Instanz, die auch alle Begegnungen, in der Stadt, auf der Straße, vorausbestimmt. Die auch die ganzen Statisten in der Stadt, in den Bahnhöfen, auf den Plätzen beauftragt, dazustehen oder eines so genannten eigenen Wegs zu gehen, nur damit es für mich irgendwie aussieht, als lebe die Welt, als sei ich nicht allein hier. Obwohl ich doch insgeheim genau weiß, dass alles um mich herum tot ist, pure Attrappe. Nur die Instanz setzt das alles in Szene für mich, nur ihr ist dieses etwas plumpe Welttheater zu verdanken, dem ich beiwohne, wenn ich nicht gerade in meinen Gedanken versunken bin.

Die Instanz ist eigentlich die Freundin eines meiner Kameraden aus dem Sportklub, die einiges älter ist und mit der ich mich jeweils stundenlang unterhalte, während meine Freunde trainieren oder schon in die Kneipe vorgehen, und ab und zu auch zwischen den Wettkämpfen. Jetzt begleitet sie mich überallhin, wohin ich auch immer gehe. Wenn ich sie brauche, dann rufe ich sie an, und schon schwebt sie über mir und schaut auf mich herunter mit ihren milden, großen Augen. Meist hält sie sich jedoch im Hintergrund.

Angefangen hat es, als ich zum ersten Mal ganz allein in der Stadt war, die ganzen Straßen lagen mir zu Füßen, und immer musste ich denken, dass sie ja die einzige Person in der Stadt ist, die ich kenne, jeden Moment wird sie mir über den Weg laufen. Bei uns im Ort begegnete man sich schließlich auch ständig. An jeder Straßenecke dachte ich, jetzt würde ich sie dann gleich treffen. Weil sie in unseren Gesprächen immer sofort begriff, was ich meinte, wenn ich etwas auszudrücken versuchte, dachte ich, sie würde mir auch jetzt zuvorkommen und plötzlich vor mir auftauchen, nachdem sie mich schon längst in der Menge erblickt hatte, wie ich verlegen dahinschlenderte, mir den Anschein des Flanierens gab. Sie hätte mich schon seit der Stadtgrenze im Auge, glaubte ich, beobachtete mich auf meinen Irrwegen durch die Gassen und wartete nur auf einen günstigen Moment, um sich mir zu präsentieren. Da ich sie aber nirgends sehen konnte, als ich so durch die Straßen schlenderte, musste ich annehmen, sie hätte mich schon erblickt, hätte sich hinter eine Säule gestellt und würde mich jetzt gleich überraschen. So fing sie an, ständig über mir zu schweben und auf mich zu schauen. Und ich begann, mich an jeder Straßenbiegung zu fragen, und wenn ich sie jetzt gleich treffe? Ich war ständig in freudiger Erwartung eines Ereignisses, das doch nie eintraf. Das aber vielleicht doch einmal eintreffen würde, könnte, müsste, trotz allem, wer konnte das schon wissen? Von da an war ich nie mehr allein, immer hatte ich meine heimliche Begleiterin bei mir, meine Instanz.

Das Verrückte an dieser Instanz ist aber, dass ich ihr, natürlich ohne irgendwelche konkrete Aussicht auf Erhörung, Wünsche unterbreiten kann, und es kann sogar sein, dass sie erfüllt werden. Nach einer Zufallsbegegnung in einem Kaufhaus, die ich mir nicht schöner hätte vorstellen können und die etwas in meinen geheimsten Hoffnungen auf einmal bestätigte, was ich schon längst in den Bereich des Unsinnigen relegiert hatte, brauchte ich nicht lange darauf zu warten, bis ich anfing, mir einzureden, ich hätte mir die Begegnung lange vorher schon herbeigesehnt. Ich sei von der Instanz erhört worden. Man muss etwas nur kräftig genug herbeisehnen, und schon geschieht es. Das übliche, lang anhaltende Ausbleiben solcher herbeigesehnter Begebenheiten ist nur ein Beweis dafür, dass man sich nicht richtig Mühe gegeben hat oder wieder einmal, wie zu oft, etwas außer Acht gelassen. Wenn dann tatsächlich einmal der Zufall etwas geschehen lässt, was man sich zwar ganz anders und eigentlich ja überhaupt nicht vorgestellt hat, ist trotzdem der Schritt nicht weit, zu glauben, die Seelendehnübungen hätten etwas gefruchtet. Und irgendwo über mir schwebt die Instanz und zwinkert mir zu.

Ich denke in der Einbahnstraße vor dieser so ganz ähnlichen Eigentumswohnungssiedlung wie der unseren, wie schön es doch wäre, wenn die Klasse ganz urplötzlich durch ein ganz schreckliches und unaussprechliches Unglück drastisch dezimiert wäre. Viel stärker noch als bei jener Grippeepidemie, und auf immer. Manchmal male ich mir in meiner Schulbank sitzend aus, wen die Instanz da oben vielleicht bald einmal ausradieren könnte. Ach, wenn wir an diesem Abend nur ganz wenige wären und die anderen durch jenes unaussprechliche Unglück auf einmal nicht mehr da, wenn wir uns dann ganz intensiv um die anderen Sorgen machen müssten, wie wir endlich eine äußere Notwendigkeit hätten in dieser Jugend, in der alle Möglichkeiten so offen stehen und in deren so genannter Selbstbedienungsgeschenkhandlung sich niemand zurechtfindet. Wie wir endlich etwas hätten, worum sich zu sorgen nicht kitschig wäre, sondern durch eine äußere Not abgesegnet, aufgezwungen. Wo wir endlich unseren Helden stellen könnten. Wie sehne ich mir nicht eine solche Not herbei.

Einmal, in der ersten Klasse, ist unsere Lehrerin aus unerfindlichen Gründen zu spät dran. Sie kommt einfach nicht. Nach fünf Minuten nicht und nicht nach zehn. Ich packe meinen Schulranzen und gehe. Als ich auf dem Nachhauseweg zur Kirchturmuhr blicke, sehe ich, dass es erst kurz vor halb elf ist und noch nicht kurz nach zwölf, was es auf dem Nachhauseweg am Mittwoch eigentlich sein sollte. Ich schließe meine Augen, lege meine Fingerspitzen auf die Augenlider und drücke mit den Fingern drauf. Ich schaue lange einer Ameise zu, wie sie in einer Betonritze verschwindet. Ich tripple noch einmal drei Schritte zurück. Doch alles hilft nichts. Ich weiß, ich werde viel zu früh zu Hause sein. Ich behalte den Blick gesenkt. Ich bleibe stehen und halte die Luft an, für Ewigkeiten, wie mir scheint. Als ich wieder zur Kirchturmuhr blicke, sind immerhin schon zwei Minuten verstrichen. Ich muss mir also nur noch ein bisschen Mühe geben. Mitten in meinem Schlendergang auf dem leeren Pausenplatz versuche ich, mich selbst zu überlisten, bleibe unverhofft stehen, weiche aus und renne noch einmal zurück, bis zum letzten weißen Kreis einer Spielfeldbegrenzung. Ich schaue mich um. Niemand hat es gesehen. Ich auch nicht, das kann ich bezeugen.

Und ich schlendere weiter. Zu Hause komme ich immer noch über eine Stunde zu früh an, es hat alles nichts genützt und mir nur ein verständnisloses Gesicht seitens der Mutter eingebracht. Aber du bist doch schon nach der Zehn-Uhr-Pause gegangen, oder nicht, fragt meine Mutter, was hast du denn bis jetzt gemacht? Auch in meinem Zimmer ist es ein mühseliges Warten, bis mich die Zeit wieder eingeholt hat. Bis ich mich selbst wieder eingeholt habe.

Gut wäre aber auch, wenn der ganze Rest der Welt auf einmal zugeschüttet wäre, verbrannt oder verstrahlt. Wenn alle froh wären beim Fez, nach langen Stunden bangen Wartens, wenn ich dann endlich klingle. Du lebst, würde Iris ausrufen, mir fällt ein Stein vom Herzen. Und dann zu den anderen gewandt, er hat überlebt, er hat überlebt, ihm ist nichts passiert, kommt alle und schaut ihn euch an.

In einer verstrahlten Welt würde ich mich wohl fühlen, wie nirgends. Ich bräuchte mich nicht vor dem Dunkel zu fürchten (was ich natürlich auch so zu unterdrücken schaffe) und nicht vor wilden Tieren (die würden bald einsehen, dass ich ein friedliches Wesen und ihnen überhaupt nicht feindlich gesinnt bin). Das Schönste aber wäre, nirgends ein Mensch. Nirgends jemand, dem man Antwort stehen müsste. Kilometerweise Straßen und leere Häuser, darin herumzustromern, landstrichweise Wiesen und Felder, Wälder wie im Mittelalter, endlos. Eine Geisterstadt und Geisterlandschaft ohne jene so bedrohlichen geisterhaften Gestalten, ganz ohne Geister, mit nichts als Ruhe und einem Dunstschleier des Vergessens über der ganzen Szenerie. Keine Hinundhergerissenheit, ob ich jetzt irgendwo hingehen soll, darf, muss, kann.

Als ich bei Iris ankomme, ist kein Unglück geschehen bis auf jenes am Küchenboden, die ausgeleerte Milch für den Milchshake. Zwei Mädchen knien am Boden und tauchen Küchenschwämme in den weißen See, drücken die weiß schäumenden Tierchen über einem Eimer aus. Keiner fehlt, alle leben noch, kein Anlass von außen für unsere Gespräche, alles muss von innen kommen und mit eigener Kraft nach außen getragen werden, was die anderen alle so viel besser können als ich, jeder Einzelne, unbestreitbar. Alle leben sie so viel intensiver als ich. Verschüchtert irre ich zwischen den Gestalten umher. Diese Haltung hat aber auch den Vorteil, dass ich nichts falsch machen kann. Meine Witze sind von der Art, einen Gesprächsfetzen aufzunehmen, zu wiederholen und zu übertreiben, ins Gegenteil zu verkehren oder in einen anderen Bezug zu setzen. Ich bin angewiesen auf ein schon laufendes Gespräch. In der Stille bin ich witzlos, versinke in die Welt meiner weiten, stillen Räume.

Irgendwie ist es doch ein schöner Fez, einer, der verspricht, noch viele immer schon geahnte, aber nie näher in Augenschein genommene Grenzen niederzureißen. Bis plötzlich das Telefon klingelt. Meine Eltern sind es nicht, rufe ich in die Runde mit meiner zu hohen Stimme, und alle sind einen Moment still, bevor das Murmeln und Tuscheln und Schnattern wieder anfängt. Es ist für dich, sagt Iris und schaut mich mit hochgezogenen Brauen an.

Eine Viertelstunde später steht die hellgrüne Ente, unser Zweitauto, vor dem Haus. Mein Vater packt wortlos das Fahrrad in den aufklappbaren Kofferraum, zurrt es mit der Spinne fest. Du kannst froh sein, dass ich dich holen komme, sagt er, als wir durch die kühle Nacht immer weiter vom Fez wegdriften. Das ist doch viel besser so. Jetzt kannst du in deinem eigenen Bett übernachten. Ich schaffe es gar nicht, ihm zu sagen, wie gerne ich darauf verzichtet hätte. Hätte ich auflegen sollen oder dann nicht hinausgehen, als er unten stand und wartete? Hätte ich schreien sollen, vor der ganzen Klasse? Hätte ich wegrennen sollen? Das Licht einer Straßenlaterne streicht über meine Schenkel, die Polster, die Nackenstützen. Draußen schläft die Landschaft, dunkle Wälder, kaum schimmernde Wiesen, eigentlich schön ruhig, denke ich auf einmal.

13

Ich kenne dieses Spiel, lange genug habe ich es gespielt. Es heißt Seifenblasen platzen lassen. Ich blase mit spitzem Mund durch die lamellenbewehrte runde Öffnung, die lilahellblauen Schlieren gleiten immer erregter über die Blase, bis es auf einmal plop macht. Das ist der schönste Moment, dieser Schmerz mitten im Sonnengeflecht, wenn alles platzt und danach viel weniger da ist als vorher, die Welt um Grade grauer. Ich spiele dieses Spiel fürs Leben gern. Schon kurz danach, wenn ich verdutzt dastehe, noch immer das Bild des perfekten Runds vor mir, obwohl nichts mehr da ist, fange ich wieder an zu zittern und will von neuem anfangen.

Mein Fahrrad, mein Seelenpferd, dessen Meister ich so gern wäre, was Sauberkeit und Funktionstüchtigkeit anbetrifft, und das mir doch immer wieder zeigt, wo es langgeht, hat mir einen Streich gespielt. Heimtückisch sogar ist es gewesen. Einen Tag nachdem ich den Reifen geflickt habe, ist er schon wieder platt. Als ich in der Tiefgarage sitze und vergeblich an dem missratenen Fahrzeug herumwerke, spüre ich plötzlich eine Rage in mir aufsteigen, die ich gar nicht an mir kenne. Und weil ich auch sonst wenig Erfahrung habe mit dem Wütendsein, weiß ich nun auf einmal nicht, wogegen ich meine Wut nun richten soll. Auf das Fahrrad wütend sein? Dann geht es nur noch mehr kaputt, und zum Schluss muss doch ich es reparieren. Auf mich selbst? Das kann nicht sein, ich bin ja schon jetzt der Geschädigte der ganzen Geschichte, das Fahrrad hat mir ja schon genug zuleid getan. Nur verständlich daher, dass ich dem Vater, der mir in der Tiefgarage entgegenkommt, eine Grimasse schneide. Einzig was danach kommt, habe ich nicht erwartet; es ist eine der köstlicheren Seifenblasen, die hier platzt.

Was denn eigentlich mit mir los sei, fragt der Vater beim Abendessen. Ich schaue ihn erstaunt an. Ich war draußen, habe Schiitli-Verbannis gespielt, eine Art Verstecken, wo einer drei Holzscheite bewachen muss, die von den sich Versteckenden verbannt werden können, das heißt in den Wald geschmissen. Dann muss er die Holzscheite wieder aufstellen, die anderen verstecken sich wieder hinter der Betonröhre, hinter der man sieht, wenn der Suchende sich nähert, und man kann auf der anderen Seite herum zum Holzstoß rennen und die schon Gefangenen befreien, die Hölzer weit in den Wald wuchten. Meine Wut hat sich gelegt. Bei meinem Vater ist jedoch etwas hängen geblieben. In der Physik heißt dieses Phänomen Energiesatz.

So geht das nicht, sagt er. Was soll das eigentlich, vorhin in der Garage, was war das? Ich weiß nicht, sage ich. Immer wenn ich nicht weiß, was sagen, sage ich ganz der Wahrheit entsprechend, ich weiß nicht. Sag nicht immer, ich weiß nicht, höre ich ihn, was willst du eigentlich damit sagen? Ich denke, ich weiß es nicht, was ich damit sagen will, aber weil ich ja nicht sagen soll, dass ich es nicht weiß, sage ich es eben nicht. Ich sage nichts. Das scheint ihm aber auch nicht zu gefallen.

Wir können noch ganz anders, sagt er, was stellst du dir eigentlich vor, wie man mit seinen Mitmenschen umgeht? Ich denke, jetzt kommt bestimmt wieder etwas aus der Trickkiste des dynamischen Managers, und darum ist es besser, gar nicht erst zu antworten. Ich habe natürlich gesehen, wie du dich schwer getan hast, mit deinem Fahrrad. Das sieht man von weitem. Aber das ist doch kein Grund, mir gegenüber eine Miene zu ziehen. Ich habe dein Fahrrad schließlich nicht kaputtgemacht. Da ich das alles einsehe, sage ich brav ja, das macht die Kommunikation flüssiger, worauf er auch nahtlos fortfahren kann. Ich hätte dir auch geholfen. Aber Offenheit bedingt nun einmal Offenheit von allen Seiten. Sonst entsteht nur Distanz, und das bringt niemanden weiter.

Aber Distanz ist doch manchmal auch gut, sage ich. Bei zu viel Nähe kann man doch auch ersticken. Das ist ein Satz, den ich von der Freundin habe, die dann zur Instanz wurde, die Instanz, die mich überallhin begleitet. In solchen Worten redet sie, wenn sie von ihrer Beziehung zu ihrem Freund spricht, in unseren realen Gesprächen, das heißt, wenn sie gerade nicht Instanz spielt. Die Instanz macht sonst, dass ich jedes Mal wenn ich auf die Straße trete, keine leere Straße vor mir habe, sondern ein Heer von für die Gelegenheit angeheuerten Statisten, und jene immer selben Schauspieler, die ständig abrufbar sein müssen, meine Klasse, die ganze Schule, die Verkäuferin an der Theke im Supermarkt, der Bahnhofsvorstand, die Kinder aus der Siedlung, der Meiere, die Großmutter, mein Bruder, die Eltern.

Weißt du eigentlich, was das heißt, Distanz, fragt mein Vater. Weißt du es? Distanz gibt es ja auch bei uns ein kleines bisschen, sage ich. Mein Vater lacht. Nicht immer, sage ich, ich meine nur ein bisschen, aber manchmal halt. Der Vater fragt, was ich damit meine. Ich weiß auch nicht, fahre ich fort, aber bei Radke sagt der Vater beim Essen, Mund zu, Herz wird kalt. Das ist lustig, und bei uns ist es nie lustig, du sagst einfach nur, nicht schmatzen. Meinst du das jetzt ernst, fragt mein Vater. Ich nicke, zögernd.

Das Schmatzen ist ja schließlich auch nichts zum Lachen. Aber ich kann dir schon zeigen, was Distanz heißt, wenn du das möchtest. Ich glaube, du weißt gar nicht, was das ist. Da er immer noch beim gleichen Wort hängen bleibt, weiß ich, jetzt kann es noch lange gehen. Ich wünsche ja nicht, dass du das jemals in deinem Leben wirst erleben müssen, Distanz. Weißt du eigentlich, was das heißt, fragt er noch einmal, oder sagen wir es so, kannst du mir Distanz definieren? Jetzt, wo ich es hätte sagen dürfen, mein Sätzchen, schaffe ich es nicht mehr, kann es einfach nicht zugeben. Er sagt, du weißt es nicht? Komm, versuch's einmal. Ich schweige.

Jetzt betont er jede Silbe einzeln. Was heißt Distanz? Ich überlege. Ich überlege lange, denn es ist besser, sich gut zu überlegen, was man sagt, und vielleicht, wenn es etwas Richtiges hat, kann man sogar auftrumpfen damit. Ich sage mit dünner Stimme, Distanz ist, wenn man keine Fragen mehr hat. Ich habe mir Mühe gegeben und mich kurz gehalten, wie das bei Definitionen so sein soll. Ich habe sie allgemein verständlich formuliert, unter Berücksichtigung aller möglichen von meinem Vater immer wieder vorgetäuschten Verständnisschwierigkeiten. Und trotzdem grinst er.

Mit Distanz hat das nicht viel zu tun. Nun gut, als Umschreibung mag es durchgehen. Aber als Definition ist es leider völlig untauglich. Definieren heißt genau eingrenzen. Wenigstens dem Wortsinn nach, der ja auch wieder ungenau ist. Jetzt lacht er. Deine Definition ist ja wie die von der Lokomotive, sagt er. Kennt ihr die? Wir kennen sie nicht. Eine Lokomotive ist, wenn's pfeift, geht's los. Er lacht. Wir lachen. Alle schweigen. Das ist ja auch keine Definition, sagt er, das ist einfach nur so dahergeplaudert. Ich finde aber, sage ich, dass diese Definition ein sehr schönes Bild gibt von einer Lokomotive, ich sehe sie sofort vor mir. Er sagt, das mit der Distanz ist doch sehr viel komplexer, und ich weiß gar nicht, ob ich das jetzt kann, so schnell sagen, was das ist. Da wir das ebenfalls nicht können und auch nicht wissen, ob er das jetzt kann, versuchen wir uns lieber nicht vorzustellen, wie es wäre, wenn nicht.

Es ist nämlich etwas Schreckliches, sagt er. Damit spielt er jetzt irgendwie auf früher an, den Krieg, ich habe ihn schon verstanden und brauche gar nicht mehr zuzuhören. Es ist viel besser, wenn ich mir jetzt schon mein nächstes Sätzchen überlege. Diese Diskussion hatten wir nämlich schon häufig, dass wir es so gut haben hier in diesem Land, alles liegt uns zu Füßen, tausend Möglichkeiten, alle Tore stehen uns offen. Nicht wie bei ihm, der zehn war, als der Krieg zu Ende ging, und dann hat er die Toten gesehen überall und immer diesen Geruch in der Nase gehabt, von Verbranntem, wo auch etwas Fauliges dabei war, diesen penetranten Kriegsgeruch, wie er einmal gesagt hat, den vergisst man so leicht nicht mehr. Nicht, dass wir das letzte Mal so direkt darüber gesprochen hätten, aber irgendwie schwingt das eben alles mit, und nach einer gewissen Zeit kennt man diese Geschichten doch ein bisschen, das heißt, insofern man natürlich überhaupt sagen kann, man kennt etwas oder jemanden, insofern man das Wort überhaupt benutzen darf. Dass wir fast froh drum wären, hätten wir so klare Anhaltspunkte im Leben wie so einen Krieg, das dürfen wir ihm natürlich nicht sagen. Es ist fast, als hätte dieses ganze Schweizer Paradies durch den ständigen Hinweis auf die schlimmen Zustände, die er durchlebt hat, auch vielleicht ein kleines bisschen etwas davon abbekommen, würde ich sagen, wenn da nicht so viele Vielleicht und Kleines und Bisschen und Etwas in diesem Satz wären, das ist nämlich nicht genau ausgedrückt, und schon gar nicht definiert. Man soll immer klare Aussagen machen. Oder lieber gar keine. Und so mache ich dann doch lieber keine, man nimmt sich sowieso besser zurück in solchen Situationen, wie auch sonst meist.

Natürlich sind wir überaus gespannt auf seine Definition. Und vielleicht ist ja auch bei seinem Sätzchen ein Wort nicht unbedingt absolut hundertprozentig am Platz. Auf jeden Fall wäre unsere Bitte, sich seine Definition noch einmal genau anzusehen, natürlich auch ein bisschen spöttisch gemeint, an ihn, der immer über das Deutsch der Neuen Zürcher Zeitung spottet. Das sei doch alles nur Röstideutsch, wie er findet.

Distanz ist, höre ich ihn sagen, und dann höre ich nichts

mehr, das heißt, ich höre etwas von einer Raumachse und dann von einer Singularität, das ist alles. Immer wenn es um wichtige Dinge geht, verpasse ich die Hälfte. Er sagt, wobei man jetzt natürlich noch den Begriff Singularität in diesem Rahmen festlegen müsste und inwieweit diese Definition nun gültig ist. Und mit der Singularität sei selbstverständlich eine allgemeinere Verständnisebene angesprochen, eine Distanz könne ja aus verschiedenen Blickwinkeln betrachtet werden, aber es sei nicht zwingend, dass nach der Veränderung der Perspektive noch dieselbe Distanz herrsche und ob überhaupt. Wir sind sprachlos. Noch immer habe ich das Wort Singularität im Ohr, ich möchte auch einmal ein solches Wort unterbringen können in einem meiner Sätze, einfach locker in der Mitte einbauen und die Leute sind beeindruckt.

Wobei das Ganze natürlich Unsinn ist, fährt er fort. Distanz ist natürlich einfach das Gegenteil von Nähe, als solche braucht sie keine Definition. Außerdem kann man nachschlagen, was mit Distanz gemeint ist. Überhaupt ist meine Definition ein völliger Unsinn, das heißt insofern Unsinn, als sie versucht, einen mathematischen, genau umschriebenen Begriff in den alltäglichen Sprachgebrauch zu übersetzen. Der alltägliche Sprachgebrauch ist ohnehin immer ungenau und verschwommen und von daher ist es natürlich Unsinn, da überhaupt von einer Definition reden zu wollen. Überhaupt kann man im Bereich der Sprache gar nicht definieren, die Sprache ist viel zu ungenau dafür, es ist ja geradezu haarsträubend, welche Wörter immer benutzt werden in dieser Sprache. Das ist eben diese unglückliche Verpflanzung irgendwelcher mehr oder minder genau umrissener wissenschaftlicher Begriffe in die Alltagssprache, überhaupt in die Sprache, und dann wissen die Leute nicht einmal mehr, woher die Begriffe überhaupt kommen.

Und was ist jetzt mit der Distanz, frage ich, den undefinierbaren Begriff nur mit ganz spitzen Lippen aussprechend. Er schweigt tatsächlich eine Weile. Dann sagt er, ich will euch eine Geschichte erzählen.

Ich habe plötzlich eine unbestimmte Ahnung, eine Ahnung bezüglich dieser Geschichte, welche sie sein könnte, habe auf unlogische Weise so etwas Unlogisches wie die Wirkungen von Geschichten kombiniert und bin vielleicht gerade dadurch auf das logisch Richtige gekommen, ich denke, es kann ja sein, dass meine Ahnung gar nicht so falsch liegt. Halt, ich will sie erzählen, rufe ich, darf ich sie erzählen? Aber du weißt doch gar nicht, um welche Geschichte es geht. Doch, sage ich, ich weiß es, das heißt, ich weiß natürlich nicht, welche Geschichte du erzählen wolltest, aber ich weiß eine, die gut passt. Mein Vater runzelt die Stirn und schaut mich an. Bitte, sage ich, bitte.

Da er erst einmal nichts antwortet, sage ich schnell, es ist die Geschichte mit den drei Rosinen, ich erzähle jetzt die Geschichte mit den drei Rosinen. Was hat denn die damit zu tun, wie kommst du denn darauf? Mein Vater ist entrüstet. Aber das ist immer so, wenn ich die Schiene seiner Gedanken verlasse.

Ich sage, sie fängt nämlich so an, es war Krieg. Mein Vater unterbricht mich, sagt, jetzt erzähl mir zuerst einmal, warum du es gerade auf diese Geschichte abgesehen hast. Ich habe natürlich überhaupt nichts abgesehen, ich weiß nicht einmal, warum ich darauf gekommen bin, vielleicht auch nur wegen der drei Tröpfchen vor ein paar Wochen, in so einem Gehirn eines Jugendlichen werden ja Sachen verglichen, die überhaupt nicht verglichen werden können, ich weiß, vielleicht aber auch nicht, wer weiß das schon, wer will das überhaupt schon wissen.

Ich versuche es mit meiner Standardantwort. Ich weiß nicht. Aber auf jeden Fall war Krieg und du gingst auf den Dachboden, ich weiß nicht genau, warum, sage ich, denn man muss ja zugeben, wenn man hinzudichtet oder fremde Quellen benutzt, du gingst also auf den Dachboden usw. Aber lass uns doch zuerst einmal eine Sache klären, sagt mein Vater, sonst haben wir wieder ein heilloses Durcheinander, es ist doch viel besser, wenn man einen reinen Tisch hat, was soll diese Geschichte überhaupt.

Hier springt jetzt ganz unerwartet meine Mutter ein und sagt zum Vater, aber jetzt lass ihn doch einmal erzählen, das kommt doch jetzt wirklich nicht drauf an, was er erzählt, und jetzt hat er schon angefangen. Paradoxerweise ist es ja häufig die Mutter, die unsere Diskussionen wieder auf den Boden der Realität zurückbringt, obwohl gerade sie an unserem Abendessenstisch bekannt ist für sehr unzusammenhängend erzählte Geschichten, die eigentlich gar keine Geschichten sind, oder dann jedenfalls sehr moderne. So fängt sie etwa an, von meinem Bruder zu erzählen und den faulen Kirschen, die er gegessen hat, springt dann auf den Mann von der Frau Rotenbühler über, mit der sie jeweils ihr spanisches Kaffeekränzchen hat am Mittwochnachmittag, wie er ins Spital musste wegen seinen Gallensteinen, kommt dann irgendwie auf ein Mädchen aus meiner Klasse, die auch mit ihr Blut spenden war, und dann sagt sie, er hat sie alle ausgespuckt. Es ist klar, worum es geht, nur der Vater stellt sich irgendwie an oder will es nicht wissen, weil er eben Klarheit will und man mit Klarheit so etwas nicht verstehen kann. Oder er findet es eben lustig, die Klarheit in Frage zu stellen. Er hat sie alle ausgespuckt. Und mein Vater kommt mit seinem Standardwitz, was, wer jetzt. Es ist völlig klar, mein Bruder verdreht jetzt noch die Augen von diesen Kirschen, aber immer sagt der Vater in solchen Situationen, was, wer jetzt, und muss schon vorher lachen. Wer hat ausgespuckt, etwa der Herr Rotenbühler, und dann lachen wir alle über die Gallensteine vom Herrn Rotenbühler und versuchen uns vorzustellen, wie die Gallensteine überhaupt da hochkommen konnten, dass sie dann spuckreif waren, sozusagen. Natürlich lauern auch wir beide ständig auf solche Missverständnisse, aber wenn der Vater erzählt, sein Chef habe ihn dringlich nach Amerika geschickt, er sei auf dem Flughafen angekommen und dann habe der neue Jumbo Verspätung gehabt, er habe ihn zum Teufel gewünscht, und wir fragen, was, wen jetzt, dann findet das der Vater nie lustig, und es wirkt überhaupt immer ziemlich aufgesetzt.

Ich sage, es macht ja auch nichts, ich erzähle jetzt die Geschichte mit den drei Rosinen, einfach so. Es ist ja auch völlig blöd, sage ich, und hat überhaupt nichts mit Distanz oder so zu tun, einfach so. Mein Vater sagt, man macht nichts einfach so. Aber warum denn, rufe ich, ich will doch nur die Geschichte erzählen, und außerdem ist es die einzige, die ich wirklich kenne von früher. Außer vielleicht die, als die Russen kamen und dann hingt ihr an den Röcken von Großmutti und habt geschrien, und sie schrie auch, sie sei krank und verseucht, und dann ließen sie die Russen in Ruhe, weil sie sich nicht anstecken wollten.

Das wäre ja wieder ganz eine andere Geschichte, sagt mein Vater. Jetzt bringst du aber alles durcheinander. Er schweigt. Du hast also doch einen Grund, sagt er dann. Ich sage, nein, ich habe keinen Grund. Er sagt, du hast es doch eben gesagt. Ich sage, nein, habe ich nicht. Er schweigt. Ich sage, gut, ich habe einen Grund, und zwar den, dass ich etwas erzählen will, irgendetwas, das heißt, ich wollte, aber jetzt habe ich keine Lust mehr, definitiv nicht. Das Wort ist in der Schule gerade in Mode, und so gut wie hier passt es eigentlich selten: definitiv nicht. Was ist jetzt, sagt mein Vater. Einmal möchtest du und einmal wieder nicht, wie willst denn du jemals eine klare Linie finden mit so einem Hin und Her?

Das ist natürlich wieder einmal der Moment für meinen Bruder, der sagt, er müsse morgen endlich die Früchte in die Schule mitbringen, die anderen hätten alle schon etwas dabeigehabt, aber er wolle nicht diese Kirschen nehmen, und ob die Mutter ihm nicht einen Pfirsich mitgeben könne. Dein Pfirsich, sage ich zu meinem Bruder, der passt jetzt wirklich nicht hierher, den kannst du dir stecken.

Mein Bruder schaut mich ganz verwundert an, wie auch mein Vater, sagt aber nichts, und dann macht er den Laden zu, ich merke es genau, er wird sich nicht mehr zu Wort melden in dieser Runde. Damit ist jetzt mein Bruder am Schmollen, weil ich seinen Pfirsich unpassend finde, genauso wie ich schmolle, weil mein Vater zuerst die Geschichte unpassend findet und dann doch nicht so sehr, genauso wie mein Vater schmollt, weil er nicht weiß, warum ich die Geschichte überhaupt erzählen will. Bleibt also noch meine Mutter, die sich aber natürlich uns anpasst und mal mit dem einen mitschmollt und dann wieder mit dem anderen, mit ihrem Mitgefühl völlig wahllos und unzusammenhängend hin- und herspringend.

An diesem Abend gibt es Gschwellti, was irgendwie passt zu der Geschichte, die mein Vater eigentlich erzählen wollte, bevor ich ihm wieder einmal ins Wort gefallen bin, denn auch bei unseren Gschwellten geht es um den Krieg, obwohl sie da anders hießen. Es steht ein Topf mit dampfenden Kartoffeln auf dem Tisch, daneben ein Glasplättchen Butter, daneben eine Holzplatte mit Käse drauf und daneben ein Korb mit frisch geschnittenem Vollkornbrot, falls die Kartoffeln nicht reichen, oder eben für den Käse, aber das muss noch genauer erklärt werden. Wenn man sich nämlich zwei Kartoffeln genommen hat, ihnen auf der Gabel aufgespießt sorgfältig zwischen Messer und Daumen die Haut abgezogen hat (nicht zu viel abschneiden, unter der Haut sitzen die Vitamine) und sich dann mit gezücktem Messer von der Käseplatte bedienen will, genau dann kommt es zum ersten Mal, dieses Halt. Man könne sich ja auch zuerst einmal mit Butter bedienen. Und wenn man sich zuerst mit Butter bedient hat, abermals das

Messer in Richtung Käseplatte streckt, kommt es zum zweiten Mal. Ob man noch immer nicht begriffen habe, man könne die Kartoffeln doch zuerst einmal nur mit Butter essen, man müsse nicht gleich Butter und Käse dazu nehmen. Wenn man schließlich sagt, man wolle jetzt aber Käse zu den Kartoffeln und es sei ja schließlich Käse da, wird man abermals eines Besseren belehrt, wo wir denn seien, man könne sich doch auch einmal mit Pellkartoffeln und Butter zufrieden geben, immer dieser Luxus usw.

Das ist jetzt eben die andere Geschichte vom Krieg, das heißt, dass mitten in der friedlichen Schweiz beim Abendessen Krieg herrscht, Überreste des Zweiten Weltkriegs, mitten im Kalten Krieg, vielleicht heißt er ja drum so, weil darüber die Kartoffeln kalt werden. Eigentlich möchte ich dann doch viel lieber wieder in meiner Zeit leben als im letzten Krieg, oder im vorletzten, oder im vorvorletzten, warum nur haben alle diese Kriege so ein langes Verfallsdatum, da nützt doch das ganze gesunde Essen nichts, wenn wir immer noch alle Kriege der Menschheitsgeschichte an unserem Tisch sitzen haben.

Die Geschichte mit den drei Rosinen, versuche ich es nun doch nochmal, geht nämlich so, als du zehn warst, hast du auf dem Dachboden drei Rosinen gefunden in einer alten Hose und dann hast du sie ganz schnell gegessen, weil du so Hunger hattest. Ebenfalls genau dreimal sagt es der Vater jetzt, sein Halt. Nur nichts überstürzen, sagt er. Zu dieser Zeit drei Rosinen, ihr könnt euch gar nicht vorstellen, was das für mich bedeutet hat damals, drei Rosinen gefunden zu haben, jahrelang hatte ich damals schon keine Rosinen mehr gesehen. Es gab ja meist nur Kohlsuppe, oder eben Kartoffeln. Wir Kinder gingen dann jeweils hinaus auf die Felder, nachdem die Bauern abgeerntet hatten, und gruben nach übrig gebliebenen Kartoffeln.

Und habt ihr welche gefunden, fragen mein Bruder und ich fast gleichzeitig, denn hier ist auf einmal wieder unser eidgenössischer Sammel- und Jagdinstinkt angesprochen. Schon, wir haben schon welche gefunden, aber das waren nicht viele, auch wenn wir den ganzen Tag gesucht haben. Außerdem gab es ja nur das wenige, was wir im Garten hatten. Hauptsächlich haben wir uns schon von Kartoffeln ernährt damals. Mein Vater macht eine Pause. Er hat ein ernstes, aber ganz offenes Gesicht, das Kinn ein wenig in den Hals gedrückt, sodass sein Hinterkopf noch höher scheint. Er ist schön, wenn er so erzählt, mein Vater.

Und dann hat ja der Großvati eine Autobatterie eingetauscht gegen zwanzig Flaschen Öl, fährt er fort. Einen Sack Kartoffeln hat er dafür gekriegt, für diese Autobatterie, und zwanzig Flaschen Öl. Für was denn so viel Öl, fragt mein Bruder. Fürs tägliche Brot eben, dann gab es Kartoffeln in Öl, und wenn es das gab, war es ein Festessen. Igitt, sagt mein Bruder, und die sind dann im Öl drin herumgeschwommen?

Ich habe all das Fette ja auch nicht gemocht. Später, in Berlin, als es dann endlich frisches Gemüse gab, dann hab ich mich fast nur von Gemüse ernährt, sagt mein Vater. Da endlich gab's genug. Er schmunzelt. Die Mutter lacht. Wie ein Kaninchen, fügt sie hinzu.

Aber hast du damals auch die im Öl schwimmenden Kartoffeln gegessen, fragt mein Bruder noch einmal und verzieht sein Gesicht. Es gab halt nichts anderes. Nicht einmal Kartoffeln gab es jeden Tag, und Fleisch war schon eine ganz seltene Sache. Und wenn es dann Fleisch gab, dann war das so fett, dass ich nichts davon aß. Sie zwangen mich aber, und erst als ich mich immer wieder übergab, hatten sie ein Einsehen. Und dann, denkt mal, was das damals bedeutet hat, drei Rosinen. Doch das könnt ihr euch wahrscheinlich gar nicht vorstellen. Ich sage, ich schon, ich kann mir das vorstellen, und mein Bruder sagt, ich auch. Wir schweigen plötzlich, das heißt wir wissen natürlich, dass unsere Bilder von in Öl schwimmenden Kartoffeln völlig falsch sind und dass wir uns auch nicht drei Rosinen richtig vorstellen können, obwohl wir genau wissen, in welchem unserer Chuchichäschtli die Tüte mit den von der kalifornischen Sonne getrockneten Rosinen aus dem Supermarkt liegt, mit den wie vielen? Mein Bruder fragt, und dann, dann hast du sie gegessen, die drei Rosinen?

Aufgepasst, sagt mein Vater, aufgepasst, nachdem ich sie gefunden habe, das war ja nicht so wie heute. Was denkt ihr, was ich dann gemacht habe? Wir können uns zwar vorstellen, wie es damals gewesen ist, das können wir sogar supergenau, auch wenn unsere Vorstellung nicht ganz stimmt, aber jetzt ein Szenario zu entwerfen, das übersteigt doch unsere Imagination. Ich bin in die Küche hinuntergerannt und habe laut gerufen, drei Rosinen, ich habe drei Rosinen gefunden, und sie meiner Mutter und meiner Schwester gezeigt. Schaut mal, drei Rosinen, habe ich gesagt. Und dann habt ihr sie aufgeteilt, sage ich. Eben nicht, sagt mein Vater und hebt bedeutungsschwer seinen Finger. Eben gerade nicht. Weißt du, was die Großmutti mir dann gesagt hat? Sie hat gesagt, iss du sie, iss du sie nur, hat sie gesagt, und dann hatte ich die Rosinen nur für mich. Aber die Tante Christel, fragt mein Bruder entrüstet, hat sie denn nicht … Das war gerade das Besondere daran. Die Christel war ja schon älter, ich war der Kleinste, und da haben sie mir eben die drei Rosinen gegeben. Darum erinnere ich mich auch jetzt noch daran. Auch die Christel hat sich eben zurückgenommen.

Wir schweigen. Wir schauen auf die nicht mehr dampfenden Kartoffeln, auf das Essen, das wir noch fast nicht angerührt haben, und auf einmal kriegen wir einen wahnsinnigen Appetit, aber nicht etwa auf Käse oder alle diese Luxuslebensmittel, die meine Mutter da im Keller im alten Holzschrank gelagert hat, nein, sondern auf Kartoffeln, und zwar auf Kartoffeln ohne Butter, nicht einmal Butter dürfen sie drauf haben, so schmecken sie nämlich viel besser. Vielleicht ein bisschen Öl jetzt, das wäre nicht schlecht, aber wir wollen ja auch nicht über die Stränge schlagen. Wie schön gelb sind doch diese Kartoffeln, wie damals, ja, und wie wir uns das vorstellen können, wie es damals war. Und wir sind froh, endlich klare Vorgaben zu spüren, auch beim Essen, man verliert sich nicht in irgendwelchen abstrusen Gelüsten, endlich einmal von Klarheit im Kopf geleitet zu sein, wenn man die Häppchen in sich hineinschiebt.

Ich spieße mit der Gabel eine mittelgroße Kartoffel auf, betrachte die braungraue Schale, ziehe sie ganz vorsichtig ab, dass die dunkelgelbe Schicht direkt unter der Haut nicht verletzt wird, teile sie mit dem Messer auf meinem Teller, betrachte das etwas weißlichere, etwas mehligere Innere, schneide mir ein goldgelbes Stückchen ab und schiebe es in den Mund. Es schmeckt köstlich.

14

Mein Vater sagt, nimm den Barhocker. Ich gehe zur Bar und greife nach dem Hocker. Aber vorsichtig. Was kann denn schon passieren, frage ich. Schau nur, sagt der Vater, die Hocker quietschen sowieso schon, weil ihr ständig darauf herumturnt, und außerdem tut das dem Boden nicht gut, wenn man mit den Beinen darüber kratzt. Ich hebe den Hocker hoch, dabei möglichst nur eine vertikale Bewegung ausführend und keine horizontale, denn bei einer horizontalen könnte es, auch wenn der Hocker nur mit seinem Eigengewicht belastet ist, zu einem Quietschgeräusch kommen, was auf den Tonfliesen unweigerlich eine Abnutzung des Holzbeins mit sich führen würde. Und pass auf, dass du den Teppichrand nicht knickst. Der Vater kniet sich hin und streicht mehrmals sanft über die Fuge zwischen Fliesenende und Spannteppichanfang. Das ist eine besonders heikle Stelle, sagt er leise.

Ich mache einen Bogen um ihn und setze den Hocker vorsichtig auf den hellen Spannteppich, etwa da, wo er üblicherweise zu stehen kommt, wenn wir Ähnliches vorhaben. Der Vater steht auf, geht zum Hocker, hebt ihn hoch, mit sicherem Griff, wie immer, und setzt ihn leicht daneben wieder ab. Und jetzt brauchen wir Bücher, sagt er. Ich wende mich zu den Plexiglaswürfeln an der Wand, in welchen ein paar Kunstbände stehen. Wart, höre ich ihn hinter mir rufen, wart. Welches soll ich denn nehmen, frage ich. Er sagt nur noch einmal, wart, und kommt dann lieber selber. Er zeigt auf zwei Bände. Ich ziehe sie vorsichtig zwischen den anderen hervor. Die Kunststoffumschläge kleben leicht aneinander. Wart, höre ich ihn schon wieder, wir nehmen nicht diese, wir haben doch noch alte. Oder vielleicht die Telefonbücher, sage ich. Nicht die, sagt er und geht nach hinten, ins Büro. Kaum ist er verschwunden und ich habe mich dem Hocker genähert, um seinen Stand zu begutachten, kommt er schon zurück und sagt, doch, bring die Telefonbücher. Ich hole die Telefonbücher aus dem weißen Kunststoffrolltischchen im Eingang, direkt unter dem schlichten Wandtelefon, und mache mir einen Sport daraus, die im Fach des Rollers vor den Büchern liegenden Hausschlüssel beim Herausziehen der dicken Bände nicht zu berühren, sodass es kein metallisches Klirren gibt und auch kein Quietschgeräusch von den Rollen auf den Tonfliesen. Obwohl der Roller Rollen hat, sollte man ihn eben doch nicht zu sehr rollen, das gibt viel zu viel Reibung, das ist nicht wie beim schwarz glänzenden Mercedes, den auszufahren alle halbe Jahre ihm anscheinend gut tut, fürs Getriebe und die Räder, wenigstens nach Ansicht meines Vaters.

Wir halten die Telefonbücher mit vier Händen und legen sie gemeinsam auf den Hocker, mein Vater zieht ein wenig, ich gebe nach, natürlich jeweils viel zu brüsk, sodass die Bücher eine Weile über dem Hocker zu schweben scheinen. Schließlich ist alles bereit für den großen Moment. Mein Vater geht nach hinten. Ich weiß genau, in welchem Schrank das Heiligtum liegt, im Büro, im mittleren, ganz unten, bestimmt hätte ich es besser herausnehmen können, mit meinen schlankeren Armen, dann hätte mein Vater noch Zeit gehabt, die davor liegenden Dokumente und Filme wegzuräumen, so muss er alles selber machen. Der Vater erscheint, das schwarze Gerät in den Händen, die Zunge zwischen den Lippen eingeklemmt, obwohl es nicht schwer ist. Aber es könnte etwas passieren. Kannst du mal nach dem Kabel schauen, sagt er. Erst jetzt sehe ich, dass das Kabel hinter ihm herschleift und irgendwo hängen bleiben könnte. Ich springe ihm schnell zu Hilfe und gemeinsam setzen wir das Gerät auf die Telefonbücher auf dem Hocker. Während mein Vater an den Standfüßen herumschraubt und lange nicht die richtige Höhe findet, weil die vorderen Schrauben verklemmt sind – die vorderen sind besonders blöd, die hinteren, das ginge ja noch, da könnte man die vorderen dann einfach auf maximale Höhe schrauben, aber die vorderen sind wirklich blöd –, nehme ich schon einmal den Stecker, um ihn in die Steckdose zu stecken. He, höre ich ihn plötzlich rufen und schaue mich um. Das Kabel ist offensichtlich zu kurz. Oder anders gesagt, unser Aufbau steht nicht am richtigen Ort. Ich stelle mich vor den Hocker, dem Vater gegenüber, und fasse unten an. Das mache ich besser allein, sagt er, und schiebt den Hocker über den Teppichboden in Richtung Steckdose, obwohl man nicht schieben soll, wegen des Teppichs, aber ich sehe großzügig darüber hinweg und sage nichts. Der Vater schraubt wieder an den besonders blöden vorderen Füßen herum und ich stecke schon einmal ein. He, höre ich ihn schon wieder, es blitzt kurz auf, ein helles Licht an der Wand, und ich ziehe den Stecker sofort wieder heraus. Ich glaube, wir sind beide erschrocken. He, ich bin hier am Arbeiten, sagt er, du kannst doch nicht einfach einstecken, während ich hier am Arbeiten bin. Aber du musst doch sehen, auf welche Höhe du einstellen musst, erwidere ich, wo das Lichtrechteck an die Wand kommt. Zuerst muss ich diese Schraube lösen, murmelt er. Aber das macht doch nichts, sage ich, wenn schon einmal eingeschaltet ist. Du lässt jetzt den Stecker da liegen, sagt er mit einem tiefen Unterton und wendet sich wieder den Schraubfüßen zu. Ich schaue nach draußen, auf die Terrasse, wo es jetzt schon dunkel ist, und setze mich dann einfach neben ihn, nicht allzu genau hinschauend, denn sonst könnte er ja meinen, ich wisse es besser, wie man die Schraubfüße höhenverstellt, was natürlich nicht der Fall ist, überhaupt, mit technischen Sachen ist er gar nicht so ungeschickt.

Nach langen Viertelstunden oder vielleicht auch nur Minuten sind wir endlich so weit. Ich stehe auf, stelle mich neben den Vater und wir betrachten das Meisterwerk. Bevor jetzt die anderen gerufen werden können, fehlt aber noch etwas.

Oh, ruft mein Vater plötzlich und fasst sich an die Stirn, wir haben ja gar keine Dias. So dumm, sagt er noch. Ich denke, aber die Dias, die sind doch im Büro, im mittleren Schrank, ganz unten, wo sie seit Jahren liegen und gespannt schon auf diesen Augenblick warten. Sind sie denn nicht im Büro, im mittleren Schrank, ganz unten, frage ich, wo sie seit Jahren schon liegen?

Ich habe kürzlich aufgeräumt, sagt er. Als ich die alten Sachen alle sortiert habe, erinnerst du dich. Das ist jetzt alles sorgfältig eingeordnet. Das können wir jetzt nicht einfach herausnehmen. Außerdem wüsste ich gar nicht, wo jetzt die Aufnahmen von Amerika sind. Wir haben ja auch noch so viele gedrehte Filme. Mit der Filmkamera, weißt du? Die will ich sehen, rufe ich, und schon kommt auch mein Bruder, die wollen wir sehen, rufen wir, die wollen wir sehen. Das geht jetzt sicher nicht, vergesst das. Aber das ist jetzt dumm, dass wir die Dias nicht haben. Mein Bruder macht ein langes Gesicht. Obwohl ich nicht ganz verstehe, warum wir jetzt eigentlich die Dias nicht haben, obwohl wir sie doch im Büro haben, im mittleren Schrank, ganz unten, habe ich schon begriffen, dass uns nun eben etwas fehlt und der Abend darum anders werden könnte, als ich ihn mir vorgestellt habe.

Ach, das macht doch nichts, sage ich großmütig, wir haben doch den Projektor. Mein Bruder lacht. Aber wir haben doch den Projektor, erklärt er dem Vater mit betont in Sorge gelegten Falten. Mein Bruder hat eine besondere Gabe, den Clown zu spielen, und er wiederholt sein Sätzchen mit einem schiefen Blick von unten. Manchmal spielen wir ein Spiel: Wer kann den anderen zuerst zum Lachen bringen. Wir sitzen uns gegenüber und schneiden Grimassen. Bei mir schafft er es immer, ich kann mich einfach nicht wehren, und ich schaffe es bei ihm nur selten. Er schafft es bei mir sogar so gut, dass ich irgendwann einen Abwehrmechanismus entwickle, indem ich das Robotergesicht aufsetze. Wenn ich das Robotergesicht halten kann, schafft er es nicht. Nur kann ich es meistens nicht halten. Beim Wer-muss-zuerst-den-Blick-Abwenden klappt es schon besser. Es hat alles mit dem Zentrum zu tun. Wer das Zentrum hat. Mein Bruder hat es oft, das Zentrum, vor allem, wenn es lustig wird, dann hat niemand mehr das Zentrum, außer meinem Bruder. Er findet sein Zentrum im Lachen, während wir anderen es dann gerade verlieren. Es gibt noch ein Spiel zwischen uns, vielleicht könnte man es das Zentrumsspiel nennen, wo wir tief Luft holen und dann die ganze Luft in den Kopf drücken und mit den Fäusten voran einander wegzustemmen versuchen. Es geht nicht um die Stärke, es geht nur um das Zentrum. Ich bin zwar stärker als er, aber ich verliere genauso häufig. Wer das Zentrum hat, kann den anderen wegdrücken wie Ähren in einem Feld. Die Luft gibt eine Wahnsinnsenergie, man wird zur Lokomotive und kann alles wegschieben. Ich zweifle nicht daran, dass große Zentrumsmeister auch durch Wände gehen können.

Don't worry, sagt mein Bruder jetzt lässig zum Vater, we got the projector. Ich muss schon jetzt lachen und auch beim Vater zucken die Mundwinkel. Everythin' is fine. Everythin' is perfect. You just don't have to worry my dear, 'cause we got the projector and that's all we ever need. Mein Bruder spricht mit diesem italo-amerikanischen Akzent aus den Gangsterfilmen. What do you need slides for? Well, I tell you, my friend, sagt er und legt vertraulich einen Arm um die Schulter des Vaters, der noch immer den Ernst der Situation zu wahren versucht. I tell you, you ain't needin' no slides for nothin', 'cause you got the projector. If you got your projector, that's all you ever need. Jetzt muss mein Bruder lachen, er prustet heraus und auch mein Vater kann die Spannung nicht mehr halten. Doch wenn man prusten muss, dann geht das Zentrum raus, es entweicht, durch den Mund, mit der Luft, und danach ist man leer.

Die Mutter kommt aus der Küche und schaut den Bruder

an, sie muss auch lachen. Mein Bruder rollt jetzt am Boden und versucht noch einmal anzuknüpfen. You know, sagt er, doch die Luft ist schon draußen, you know, und er versucht noch einmal diese besorgte Miene aufzusetzen, doch es geht nicht, you know, sie rutscht ihm immer wieder vom Gesicht, noch bevor er den Mund aufgemacht hat. Aber es ist egal, denn die Klammer ist durchbrochen und wir lachen alle. Es braucht immer eine Wahnsinnsenergie, um die Klammer zu durchbrechen, aber sobald das getan ist, läuft alles von selbst. Das ist die Grunddynamik in unserer Familie, immer muss zuerst die Klammer durchbrochen werden, und erst dann können wir anfangen zu leben. Vorher muss noch gearbeitet werden. Denn noch hält die Klammer alles zusammen. Wenn wir in die Ferien fahren und einen Ort zum Übernachten suchen, dann rufen wir beiden Jungen immer schon, hier, hier, und dann schauen wir uns den Ort an, die Mutter sagt, na ja, der Vater sagt, wartet, und wir sind auch nicht mehr so begeistert. Dann fahren wir weiter und rufen wieder, da ist es aber schön jetzt, ich will nicht mehr weiter. Das passiert ein paar Mal, bis es uns beiden und auch der Mutter zu viel wird, wir sagen, hier ist es doch ganz in Ordnung, doch der Vater sagt, wartet noch, wartet, da kommt bestimmt noch etwas, und was kommen muss, ist eben die Öffnung der Klammer, bevor wir die Klammer nicht durchbrochen haben, ist das Leben nicht schön, und danach ist es tatsächlich schön. Der nach Stunden langen Suchens gefundene Ort ist dann herrlich. Oder mehr noch, er ist außerordentlich, herrlicher als alles, was wir kennen, schön in der Natur gelegen, kein Lärm von Autos oder Industriezonen, ein besonderer Charme und vor allem: völlig menschenleer. Das ist fast das Wichtigste, dass er menschenleer ist. Die Klammer ist fast schon allein dadurch durchbrochen, dass keine Menschen da sind. Denn die Klammer kommt eigentlich nur von den anderen Menschen rundherum, die machen überhaupt erst, dass wir eine Klammer brauchen. Nur gibt es eben so viele Menschen auf dieser Erde, und darum haben wir auch eine so starke Klammer, die dann so viel Kraft braucht, um durchbrochen zu werden, und darum üben ja mein Bruder und ich diese Zentrumsspiele – und jetzt hat sie der Bruder wieder einmal durchbrochen, es ist ein herrliches Gefühl, für uns alle.

Irgendwann hat dann mein Vater trotzdem die Dias geholt an diesem Abend und wir haben sie uns angeguckt. Jedes Mal wenn eines auf dem Kopf stand oder stecken blieb im Schieber, der die Dias von der Schiene holt und ins Licht hält, sagten wir, don't worry, we got the projector, und, just calm down, we got the projector, doch irgendwann hatte sich der Spruch dann auch abgenutzt. Er blieb immerhin noch ziemlich lange in unserem Vokabular und half uns über manche Unannehmlichkeit hinwegzukommen, einfach indem wir sagten, don't worry, we got the projector.

Es waren Bilder aus unserer Zeit in Amerika. Wir waren für ein Jahr drüben gewesen, weil mein Vater drüben arbeiten musste. Meine Mutter hatte mit einem Frühabendprogramm im Fernsehen ihr Englisch aufgefrischt, aber zugleich auch einen Russischkurs geschaut, und deshalb konnte ich die beiden nicht auseinander halten und hatte der deutschen Großmutter einmal gesagt, die Russen haben dieselben Buchstaben wie wir, todsicher, und als sie sagte, das ist leider nicht so, sagte ich, das ist neu, das haben sie jetzt im Fernsehen gezeigt, alle lernen es jetzt mit unseren Buchstaben, früher waren das andere, aber jetzt sind es die gleichen. Und weil meine Großmutter schon ziemlich alt war für solche Sachen und ich ziemlich wütend, dass sie mir nicht glaubte, brachte ich sie immerhin ziemlich ins Zweifeln, und sie sagte, diese Supermächte lassen sich heutzutage aber auch alles Mögliche einfallen.

Ich konnte natürlich überhaupt kein Englisch, aber es hatte sich ja dann herausgestellt, dass in Amerika in der Schule, wo wir jeden Morgen vor der Fahne im Schulzimmer singen mussten, und in der Siedlung dort, hinter der das so genannte Field lag, auf dem Eidechsen und Baumnüsse waren und böse Männer, die mit Motorrädern auf Dreckbahnen zwischen den Sträuchern herumfuhren, wir uns sehr schnell anpassten und nach drei Monaten redeten wie alle anderen Kinder auch, mein Bruder brauchte etwas länger, aber dafür konnte er es dann mit dem breiten, richtigen amerikanischen Akzent. Ich redete etwas früher schon, mit einem ebenso breit schweizerisch eingefärbten Tonfall. Nach dem Jahr, zurück in der Schweiz, spottete ich dann über meinen Bruder, der erst wieder deutsch lachen und weinen konnte, wie ich immer sagte, und abermals lange brauchte, bis er wieder sprach wie die Kinder auf der Straße. In der Zwischenzeit übte er sich in den Dialekten ganz anderer Sprachen, die er in seinen clownesken Einlagen jeweils nachahmte.

Wir haben lange Dias geschaut an diesem Abend, vor allem von den Nationalparks, mit den Walen weit draußen im Meer und den Bäumen, durch die man mit dem Auto hindurchfahren konnte, weil sie so dick waren, und an denen man hochklettern konnte, weil die Borke so dicke Adern hatte wie die eigenen Beine; und von den Geysiren, die alle zwei Stunden nur spuckten, weil sich zuerst das Wasser in der Kammer unter dem Geysir aufheizen musste, sonst konnten sie gar nicht spucken, wie es im Blockhaus nebenan erklärt wurde, und von den Bären, die zwar nicht auf den Dias waren, aber hinten im Wald, dort wo die Schwefelquellen waren, dort hinten irgendwo saßen sie hinter den Bäumen und lauerten darauf, dass sie in der Nacht Touristen aus den Zelten schälen und aus den Autos knacken konnten. Da war der Salzsee, der einmal ein See gewesen war und jetzt nur noch eine Salzfläche, auf der sie mit Hochgeschwindigkeitsautos Rekorde aufstellten, da war die Wüste, aus der man nicht mehr herauskam, wenn man einen Motorschaden hatte mit dem Auto. Da war der rote Fluss, auf dem sie Kanu fuhren, aber zu dem man einen halben Tag lang auf einem fünfzig Zentimeter breiten Pfad durch die Felswand hinuntersteigen musste, eine Schlucht so breit, wie man schauen konnte, und alles gezackt, wobei man die Maultiere immer innen an der Felswand vorbeilassen musste, weil sie sonst durchdrehten. Da waren die Kolibris zwischen den Palmen und bei jedem Halt auf irgendeinem abgelegenen Rastplatz zehn oberseltene Eidechsen, die man fangen konnte oder auch nicht, aber auf keinen Fall mit ins Auto nehmen durfte, außer man steckte sie einfach in die Hosentasche und sagte nichts. Wir hatten einen großen Spaß an diesen Dias, wie wir auch einen ziemlichen Spaß gehabt hatten an diesem Amerika, wenigstens an der Natur, aber irgendwann einmal sagte der Vater, so, jetzt ist aber genug, und wir merkten am Tonfall, dass es tatsächlich genug war, genug, um wieder die Klammer zu schließen.

O nein, riefen wir beide, als wieder das weiße viel verheißende Lichtrechteck an der Wand erschien, aus dem plötzlich die sagenhaftesten Landschaften oder Gesichter auf einen schauen konnten, und man war drin gefangen. Noch nicht fertig. Wir wollen noch weitergucken, wo es gerade so schön ist.

Man soll immer dann aufhören, wenn es am schönsten ist. Aber ein bisschen können wir doch noch, nur noch einen Film, bitte. Und da mein Vater nicht so ist, suchte er noch eine Schiene hervor, sortierte die Dias aus der gelben Kartonschachtel in die hellgraue Schiene mit den eingeprägten Zahlen von eins bis sechsunddreißig und wir schauten noch eine Runde.

In Amerika waren aber auch befremdliche Sachen gewesen, vor allem diese schreckliche Spießigkeit. Als wir beide noch immer die Exoten waren unter den Kindern, viel zu stumm und starr, um irgendetwas zu verstehen, noch kein Skateboard zu haben, das Spiel mit dem leberfarbenen Ball, den man mit beiden zu einem Schwert verschränkten Armen über eine Linie am Boden hüpfen lassen musste, war da einmal dieser Feiertag, an dem man irgendein Wort nicht sagen und kein grünes Kleidungsstück anhaben durfte, oder ein grünes anhaben musste, ich weiß nicht mehr genau. Auf jeden Fall gab es ein schreckliches Gelächter wegen meiner Socken in der Reihe auf dem Pausenplatz, in der wir nach jeder Pause stehen mussten, bis uns dann die Lehrerin hereinließ, aber schlimmer noch war es damals gewesen, als ich in der Reihe stehend mein T-Shirt gewechselt hatte, weil es so verschwitzt war von jenem Ballspiel, und kaum hatte ich das Stück Stoff ausgezogen, erschallte ein riesiges Gelächter und die ganze Klasse hob eine Hand vor den Mund, machte Stielaugen und wälzte sich am Boden. Ich hatte es dann ziemlich schnell heraus, dass sie auf den nackten Oberkörper eines Zehnjährigen starrten und dass, sobald ich ihn mit dem Pullover wieder zugedeckt hatte, die Lachsalven etwas nachließen und nur noch hie und da ihre Blasen warfen.

Ein andermal standen wir in einer ebensolchen Reihe und warteten auf den gelben Schulbus, in dem ich bei der allerersten Fahrt mit meinem Bruder schon am Ausgang unserer Siedlung, wo weitere Kinder hereindrängten, hatte aussteigen wollen, mit meinem Bruder an der Hand. Der Bus kam nicht und kam nicht. Ich unterhielt mich gerade mit meinem Freund über ein Mädchen in unserer Klasse. Mein Freund sagte, indem er auf seinen schüchternen Versuch anspielte, ihre Aufmerksamkeit zu erhaschen während der Schulstunde, sie ist sauer, ich glaube, sie ist sauer. Und da mir nichts Besseres einfiel zu seinem kindischen Gehabe, sagte ich, nein, sie ist süß. Ich hatte überhaupt nicht nachgedacht, und plötzlich prustete er los und rief, er hat gesagt, sie ist süß, er hat gesagt, sie ist süß. Er rannte um die ganzen Reihen, die da standen und auf den Schulbus warteten, eine Runde nach der anderen, zeigte mit dem Finger auf mich und rief, er hat gesagt, sie ist süß. Ich hätte im Boden versinken wollen vor dieser Scham, die ich nicht einmal nachvollziehen konnte. In der Schweiz war es sogar andersherum gewesen, da konnte mein Freund, der noch kleiner war als ich, zu Auri sagen, ich habe dich, was so viel heißt wie ich liebe dich, beim roten Stein auf dem Pausenplatz sagte er, ich habe dich, und Auri stand daneben und schaute ihn an, ich habe sie, doch sie will nichts von mir wissen, er wurde nicht aufgefressen und ich auch nicht, obwohl auch ich Auri liebte, heimlich, wie alle Jungen unserer Klasse, da war ich der Scheue gewesen, und hier war es umgekehrt.

Als an der Schulbushaltestelle zwei Jungen stritten, fand ich das aufregend und dachte, das muss man tun hier, und wir prügelten uns schon herrlich auf dem Rasen, als plötzlich der Fahrer über uns war und ich dann zum Rektor musste, mich auf Grundsätze beziehen, die ich überhaupt nicht kannte, auf die gestreifte und gesternte Flagge schwören, wie auch sonst jeden Morgen. In Amerika waren alle diese komischen Regeln gewesen, die weiten Landschaften und die Orthopädin, die sagte, see you later alligator, und dann durfte man sagen, after a while crocodile, ich fand die Kinder eigenartig, die es so gemütlich hatten zu Hause, deren vor Fettheit über das Sofa quellende Mutter immer wieder sagte, wer gibt mir einen Kuss, während sie fernsahen den ganzen Nachmittag und Sachen in sich hineinstopften, die bei uns auf der schwarzen Liste standen. Ich verstand nicht, dass auch meine Mutter nicht wusste, ob jetzt eine dieser amerikanischen Regeln verletzt worden war, als meine Schlange mich gebissen hatte, die ich gerade neu gefangen hatte, und dann mussten wir mit meiner Mutter und dem sich windenden Reptil in der Tennisrackethülle von Uni zu Uni fahren, bis sie mir endlich glaubte, dass runde Pupillen heißt, sie sind ungiftig, wenigstens für die Schlangen dieser Region. Und eines Tages wurde ich wütend, vielleicht weil wir etwas nicht durften und mitfahren mussten, zu etwas Langweiligem und nicht in einen Nationalpark, dass ich unter den Vorderreifen unseres Kombis einen Nagel stellte, zum Schlafzimmerfenster hochschielend, ob nicht der Vater schaute, und als wir dann losfuhren am nächsten Tag – ich hatte den Nagel schon fast vergessen –, gab es einen kleinen Knall. Mein Vater fragte, was ist denn das, wir schwiegen, und dann fuhren wir los.

Mein Bruder und ich machen Schattenfiguren vor dem erhellten Rechteck auf der weißen Wand. Wenn man die Hand in den Lichtstrahl streckt und sie so hält wie ein Zauberer ein Ei, hat man zwischen dem Daumen und den anderen Fingern schon einmal das Wolfsmaul. Wenn man jetzt noch Mittel-, Ring- und den kleinen Finger darüber einrollt, hat man das Auge drüber, und schon schnappt der Wolf auf der hell erleuchteten Wand nach allem, was da kreucht und fleucht. Geht man näher zur Wand hin, wird der Wolf schärfer und man kann genauer zubeißen, aber er wird auch kleiner. Tritt man zurück und hält die Hand näher zum Projektor, wird der Wolf größer und er kann das ganze Fenster auffressen, nur ist er ein bisschen unscharf, und die kleinen Wölflein etwa in der Ecke unten entgehen ihm. Am besten ist es, wenn beide Wölfe dieselbe Größe haben und einander den Schnabel zerfleischen, bis er abbricht.

Es hat uns zu etwas Besonderem gemacht bei unseren Kameraden, dieses Amerika, wir waren nicht mehr die Kleinen, sondern wir hatten etwas, was andere nicht hatten. Andererseits waren wir dann abermals die Fremden, als wir zurückkamen, und wir mussten uns erneut anpassen.

Wollt ihr jetzt Dias gucken oder nicht, fragt mein Vater. Wir spielen noch immer Schattenspiele. Und passt auf das Kabel auf. Wenn ihr ans Kabel drankommt, dann fällt unser ganzer Aufbau zusammen. Außerdem kann ich den Rest der Dias nicht finden. Die Hälfte von diesem Film fehlt, sagt er. Wir machen nur, bis du fertig bist, sage ich. Wollt ihr jetzt oder wollt ihr nicht? Mein Wolf hat sich eben in ein Seeschlangenmonster verwandelt und wehrt sich gegen die Vögel, die auf dem Arm meines Bruders flattern. Ich kriege ihn aber dennoch zu fassen, kriege seine Vögel, die gar nicht nach Vögeln aussehen, und bin genüsslich am Würgen, bis mein Bruder, oder eben die Vögel, sich auf einmal losreißen und ganz groß werden. Wir drängen näher zur Lichtquelle hin, und da wird es gefährlich. Jetzt macht aber, dass ihr hier wegkommt, sagt er, meint ihr, ich bastle hier für euch herum, damit ihr mich auch noch dabei stört? Ich bleibe stehen. Jetzt mach doch mal, sage ich. Mein Vater steht auf. Jetzt ist aber Schluss. Das war's mit den Dias für heute. Ab in die Flohkiste. Ihr verschwindet, jetzt sofort. Mein Bruder fragt, was, keine Dias mehr? Auch die Mutter sagt, ja, schade, aber das habt ihr jetzt davon. Ich sage, haben wir wirklich keine Dias mehr? Der Vater sagt, jetzt ist fertig. Und auf einmal kommt mein Bruder und ruft, but we got the projector! Ich platze heraus vor Lachen. Auch mein Bruder grinst. Jetzt wird er dann gleich wieder anfangen. Ich tanze vor dem Lichtkegel herum, doch plötzlich bleibe ich stehen. Ich schaue auf meinen Vater. Er steht abermals auf. Er kommt auf mich zu. Er sagt, ich habe mich klar genug ausgedrückt, oder etwa nicht? Ich schweige. Oder etwa nicht? Ich piepse ein Ja. Wir verschwinden, wir gehen schlafen, wieder einmal haben wir den Faden überspannt, wieder einmal hat es sich gezeigt, dass wir einfach noch nicht groß genug sind, wieder einmal haben wir nicht gemerkt, wann das Maß überschritten ist, wann es Zeit gewesen wäre, die Klammer zu schließen.

15

Das Wetter hat aufgeklart über dem Seebecken, nur vereinzelt sind noch Föhnfische zu sehen im tiefen Blau, die schnell vorüberziehen. Es ist ein herrlicher Tag. Eine warme Luft streicht durchs Unterholz und durch die Hinterhöfe, lässt alte Frauen lang geschlossene Fenster öffnen und junge Männer grundlos eilen. Der Seeuferduft, der wohl von stillen Buchten herrührt, wo das Holz verfault und das erste Seegras, ist auf einmal ein Zeichen der Frische und steht in den Gassen, scheint an allen Ecken auf jemanden gewartet zu haben. Überall herrscht Aufbruchsstimmung. Das Pflaster ist so griffig heute. Die Häuser am anderen Ufer wie zum Anfassen so nah. Niemand scheint die Sorgen der letzten Monate noch in sich zu tragen, alles ist weggeputzt, alles ist frei für ungezügeltere Gedanken, auch meinem Vater würde das gefallen, so auszuschreiten jetzt. Die Vorstadthäuser stehen hell gekleidet, dank der guten Anbindung zum Zentrum mit einem deutlichen Stolz in den Steinfassaden. Ein blauweißes Tram rattert vorbei, quietscht in der Kurve mit diesem unverkennbaren Ton, wie ein gefangenes Kalb, das schreit, in den engen Schienen, überholt mich, schlängelt sich abschnittweise weiter vor im Straßenbett und verschwindet schließlich hinter einer Biegung. Was für ein Tag! Man möchte das Grün abküssen von all den Pflanzen und das Lächeln von den noch scheu in den Alltag blinzelnden Mündern! Die Sonne singt ein Lied nach dem anderen.

Ich habe mich entschlossen, einmal nicht den Zug zu nehmen, um nach der Schule aus der Stadt zu kommen, sondern den Weg zu Fuß zu gehen. Es ist nicht weit, nur durch ein, zwei Vorstadtquartiere und dann durch ein paar Dörfer. Und doch, ich werde eine Weile zu gehen haben. Ich freue mich. Ich bin den Weg noch nie gegangen und werde der Nase nach marschieren können, ohne mich um so kleinliche Bezüge wie Wegweiser und Ortsschilder kümmern zu müssen. Ich habe mich nur in etwa auf dem Kamm des Hügels zu halten, mitten durch die Einfamilienhaussträßchen der Vorstadt, auf der einen Seite den See, auf der anderen im Wald den Fluss liegen lassend und immer geradeaus. Ich kann nicht fehlgehen. Ich schreite vor mich hin, setze einen Fuß vor den anderen, schaue auf die in der Sonne wippenden Äste.

Die Idee habe ich meinem Vater abgeschaut. Er hat schon immer, auch in Amerika, wie die Indianer, obwohl diese ihm kaum als Referenz gegolten haben dürften, beim Jogging am Morgen die Landschaft erkundet und alle Wege wenn möglich zu Fuß gemacht. Auch ist er einmal, als er in der Stadt zu tun hatte, zu Fuß nach Hause marschiert. Ich bin jedoch sicher, dass er einen ganz anderen Weg gewählt hat, zudem ist er von einer anderen Stelle in der Stadt losgegangen. Wie viel Zeit er wohl gebraucht hat? Ob er wohl schneller ausgeschritten ist als ich jetzt?

Als ich mir an einer der letzten Tramhaltestellen noch einmal den Stadtplan vor Augen führe, macht mir plötzlich eine der in Reihe auf der Straßeninsel wartenden Personen, eine junge Frau, mit der Hand Zeichen. Sie winkt und schaut in meine Richtung. Ich denke, da bin gar nicht ich gemeint, und versuche, mich wieder auf den Plan zu konzentrieren, obwohl ich schon gefunden habe, was ich suchte. Als ich den Blick hebe, hält die Frau den gestreckten Arm in die Luft, schwenkt ihn hin und her. Sie zwinkert mir zu. Ich schaue sie an, in Erwartung eines Gefühls, das mir sagt, wer diese Frau ist, doch je länger ich auf diese modische Brille und die rötlichen Haare darüber starre, desto sicherer bin ich mir, dass es sich hier um eine Fremde handelt, ganz offensichtlich eine Verrückte.

Ich bleibe an der Haltestelle stehen, weglaufen kann ich jetzt nicht, ich weiß auch nicht, warum.

Die Frau kommt auf mich zu. Sie ist leicht größer als ich, weiches getöntes Haar fällt ihr in ein junges Gesicht mit blitzenden Augen. Jetzt bin ich mir sicher, dass ich sie noch nie gesehen habe. Hallo, sagt sie, ich habe dich hier stehen gesehen. Ich nicke. Du bist mir sofort aufgefallen, fügt sie hinzu, ich wollte dich einfach mal ansprechen. Ich nicke abermals. Ich bin ziemlich überfordert von der Situation. Einerseits ist ihre Offenheit ganz offensichtlich jenseitig, wie es bei uns in der Schule jeweils heißt, und andererseits hat sie auch etwas Interessantes an sich. Da sie jetzt schon ein paar Sekunden schweigt und immer wieder den Hals streckt, ob das Tram kommt, dann wieder mir zublinzelt, weiß ich nicht recht, ob sie noch etwas sagen wird oder ob ich jetzt gehen kann. Mit ihren blitzenden Augen hat sie prompt wieder die Instanz ins Leben gerufen, die ich schon in Vergessenheit geraten wähnte. Ich spüre nur, etwas wird verlangt von mir, und ich weiß nicht genau was. Am Ende der Straße ist auch schon das blaue Schienenschiff auszumachen. Musst du auch in diese Richtung, fragt sie. Ja, stammle ich, ich komme mit dir mit. Fast hätte ich sie gesiezt. Aber nur ein paar Stationen, füge ich sofort hinzu. Wir steigen ein, ich gehe hinter ihr her zwischen den Sitzen durch, wir setzen uns. Wie heißt du, fragt sie. Ich nenne meinen Namen. Er gefalle ihr gut. Ich frage, wie alt sie ist. Sie lacht, lässt mich raten. Ich lenke ab, aus Angst, mich zu verschätzen.

Und wo wohnst du, fragt sie. Ich werde ganz verlegen. Wir können uns ja mal so treffen, sage ich viel zu schnell, und schon blitzen ihre Augen wieder auf. Ich nenne ihr meine Telefonnummer. Ich schaue ihr zu, wie sie die Zahl mit einem goldglänzenden Kugelschreiber in ein ledernes Notizbuch einträgt. Bei der letzten Ziffer gebe ich die um eins höhere an. Sie merkt nichts davon. An der nächsten Haltestelle springe ich hinaus. Ich winke ihr nach, auf meiner Traminsel, und schaue zu, wie die blauen Wagen langsam hinter der nächsten Kurve verschwinden. Wieder der Schrei des gefangenen Kalbs.

Ich spaziere die Tramlinie entlang, bis zur Endstation, durch lange Straßen mit Wohnblöcken, die ab und zu von kleinen Plätzen mit einem Blumenladen, einem Lebensmittelgeschäft, vielleicht einem Kiosk abgelöst werden. Als ich nach der Stadtgrenze durch die ersten Wiesen komme, diese Voralpenhügel mit den einzelnen Bäumen darauf, Kirschbäume oder Apfelbäume sind es meistens, und zur Rechten die dunklen Waldhänge der schon um einiges höher gelegenen Hügelkette sehe, in der Ferne verschwommen ein paar weiße Spitzen, biegen meine Füße auf einmal ab an der kleinen Kreuzung, obwohl es geradeaus weiterginge. Halb in Trance vom eintönigen Wechsel der Schritte, ein bisschen auch von der Wärme, die ich in mir aufsteigen spüre, nehmen plötzlich meine Füße den Weg in die Hand und machen Umwege, wo doch der schnellstmögliche Weg ganz woanders läge, schlendern, wo doch immer von Straßenkreuzung zu Straßenkreuzung Sekunden gutzumachen wären.

Ich bleibe stehen. Schaue auf meine Füße. Und gebe mir einen Ruck: Ich will nach Hause. Was lassen die Schuhe sich hier treiben, wo es nichts zu entdecken, nichts zu gewinnen gibt. Vorstadtlandschaft à discrétion, und man wird doch nur müde davon. Ich beschleunige meine Schritte. Finde Gefallen am schnelleren Atemrhythmus. Ja, Sport soll es sein, denke ich und laufe schneller.

Ich muss an die rothaarige Frau denken, was wäre wohl ihr Tagesglück gewesen? Habe ich nun Zeit gutgemacht dadurch, dass ich eine Station mit dem Tram gefahren bin, oder wäre es schneller gewesen, einfach zu marschieren, ohne an der Haltestelle den Plan anzugucken? Bei einem Reformgeschäft denke ich, hier könnte ich mir ein Getränk kaufen, ein Milchprodukt mit Früchten drin. Die Auslage sieht einladend aus. Im Geschäft, sehe ich durch die Tür, sind alle Gestelle und auch der Tresen aus rohem Holz. Beim Eintreten zögere ich, drehe mich um und gehe doch lieber weiter. Das verschiebe ich auf später, denke ich, sonst verliere ich jetzt schon zu viel Zeit.

Auf einem großen Zifferblatt ist der Mittelpunkt durchgestrichen. Wann bin ich losgegangen? Vor den Häusern stehen Pflanzen und immer weisen die Pflanzen auf die Bewohner hin, entweder sie sind kleinlich einzeln gestutzt oder umringen in formlosen Gruppen einen traurigen Spielplatz. Die Häuser rücken jetzt immer mehr von der Straße weg, werden durch Hecken, Rasen, Gärten, Parks abgeschirmt. Ich zähle die Autos in den Garagen und auf den Vorplätzen, immer mehr, immer größere Gefährte für immer zurückliegendere und gläsernere Bauten. Seltene Nadelbäume lassen auf Geschmack bei den Bildern im Wohnzimmer schließen. Ich ziehe meinen Pullover aus, bleibe nicht stehen dabei. Schon keuche ich.

Wenn ich jetzt schnell gehe, spare ich Zeit. Wenn ich jetzt schnell gehe, trainiere ich meine Muskeln. Die Lungen, das Herz. Wenn ich jetzt schnell gehe, dann spare ich mir mein Zugbillett und komme nicht einmal um so viel später zu Hause an. Obwohl ich ja eine Monatskarte habe. Wenn mich jetzt mein Vater sehen könnte. Aber wenn ich jetzt zu schnell gehe, denke ich, dann stelle ich vielleicht jetzt schon den absoluten Streckenrekord auf. Und wie soll ich ihn dann später wieder brechen können? Die Sonne scheint mit Milde, es liegt sogar ein Duft von Landwirtschaft in der Luft, das sind die Kühe, die da vorne grasen. Aber das ist alles nur Szenerie. Ich stelle mir vor, dass es auch für die Strecke, die ich jetzt laufe, irgendwo da oben, vielleicht bei der Instanz, eine Rangliste gibt, Streckenbestzeit, Streckenzweiter usw. Es ist wie bei den Skirennen, die wir immer gucken beim Mittagessen. Für jede Strecke ist jede abgelaufene Sekunde ab dem Start eine Zwischenzeit, bei welcher der Streckenbeste schon hier war, nach einer weiteren Minute schon bei der Kreuzung, nach einer weiteren schon auf der Höhe, dort wird es flacher, man kann weiter ausschreiten, hü hott! Gnadenlos schnell ist auch der Streckenbeste, den es gar nicht gibt, den ich mir nur vorstelle, um mich anzutreiben, weil ich ja weiß, wie faul ich bin, um mich anzutreiben und den realen Streckenbesten doch noch zu schlagen, sodass der heutige Tag zu einem Feiertag wird. Tschah, ich habe es geschafft, darf ich dann rufen. Heureka, ich hab's gefunden, veni, vidi, vici, ich hab gewonnen, tschah, ich hab's geschafft. Natürlich kämpfe ich mit diesem System einzig und allein gegen mich selbst, andere können da ohnehin nicht mithalten, haben ganz andere Vorbedingungen.

Ebenso natürlich habe ich mich auch irgendwann gefragt, warum eigentlich nur beim Gehen Zeit sparen, kann nicht auch sonst enorm viel Zeit gespart werden? Der Vater hat Recht, ich könnte noch mehr, wenn ich wollte. Listig hat er es gesagt, das letzte Mal, als ich dreckige Fingernägel hatte, hat es ins Gegenteil verkehrt, aber ich hatte ihn schon verstanden. Nimm dir doch einmal Zeit für die Sachen, kein Wunder, kommt alles einfach nur irgendwie heraus, wenn du so pfuschst. Schau nur, da ist immer noch alles voll Schmutz, hat er gesagt und mir meine Fingernägel unter die Nase gehalten. Nimm dir doch einmal Zeit, hat er gesagt, und ich habe es genau gehört: Vertrödle nicht immer deine Zeit und mach es endlich. Du hast schöne Zähne, hat er gesagt, und ich habe ihn schon verstanden: Wenn du nicht so faul wärst, dann würdest du sie auch pflegen, und man könnte auch sehen, wie schön sie sind. Eigentlich ganz unverdient schön.

Immer sagt er das Gegenteil von dem, was er meint. Wie

damals, als ich noch in die Primarschule ging, und er sagte mir, schau einmal, ich habe da ein ganz interessantes Heft. Das Heft hatte er aus Amerika mitgenommen, woher bei uns aller Fortschritt kommt. In einleuchtenden kurzen Beispielen wurde etwas aus dem Rechenunterricht erklärt. Es war ein Rechenbeispiel, das mit Ausgleich zu tun hatte und mit Gerechtigkeit, die ebenfalls aus Amerika kommt, wobei die Schweiz auch nicht schlecht ist, gerade mit der Demokratie. Bald ließen wir das Heft auf der Seite liegen und mein Vater übernahm die Lektion.

Stell dir mal vor, sagte er, der Totomann hat gerade die Äpfel in ihrem Garten geerntet und du und dein Bruder sollen sie kriegen, und zwar ist ein Sack mit Äpfeln da und der Rest liegt auf einem Haufen, elf Stück. Ich sage, aber da sind keine Äpfel im Garten vom Totomann, da sind nur Birnen und Zwetschgen, und Johannisbeeren hat sie auch, oben an den Sträuchern. Das ist jetzt egal, sagt mein Vater, wir nehmen jetzt an, es sind Äpfel, und ich sage, schon klar, aber kannst du nicht trotzdem ein anderes Beispiel wählen.

Kein Problem, dann machen wir es direkt mit Zahlen. Wie viel gibt eins und eins, fragt er. Ich versuche mir vorzustellen, worauf er wohl hinauswill. Sehr schön, sagt er, eins und eins ist gleich zwei, das schreiben wir uns gleich einmal auf. Und nun werde ich dir etwas ganz Wichtiges erklären, das die Grundlage ist für alles Rechnen, das du später einmal haben wirst. Wenn du das begriffen hast, dann hast du fast schon die ganze Mathematik begriffen. Ich merke natürlich, wie er übertreibt hier, aber ich bin auf einmal sehr begierig zu erfahren, worum es geht.

Was wir zuerst als reine Ausrechnung hatten, wie viel gibt eins und eins, haben wir nun in der Niederschrift als handfeste Gleichung, und darum wird es auch gehen, um Gleichungen. Ich nicke. Dieses Gleichheitszeichen, sagt er, ist nichts als eine Behauptung. Das Gleichheitszeichen will uns weismachen, dass rechts und links von ihm wirklich auch dasselbe steht. Und das ist keineswegs immer von vornherein klar. Um das zu prüfen, führen wir nun Operationen durch und dabei ist Bedingung, dass man auf beiden Seiten gleich verfährt. Kommst du noch nach? Ich nicke. Wir halten das alles jetzt bewusst einfach, sagt er, und ich verstehe schon, ich höre, pass auf, da steckt noch mehr dahinter. Noch immer kann ich den Haken an der Sache nicht entdecken.

Mein Vater fährt fort. Wenn man nun auf beiden Seiten dieselbe Operation durchführt, bleibt die Behauptung der Gleichheit bestehen, das heißt natürlich, insofern sie vorher gültig war. Voraussetzung ist nur, dass man wirklich auf beiden Seiten dasselbe macht. Wenn ich zum Beispiel auf der einen Seite zwei dazuzähle und zugleich auf der anderen, dann ist jede Seite um zwei größer geworden, und wenn sie vorher gleich waren, dann sind sie es doch auch jetzt, oder nicht? Ich nicke.

Das ist also klar, wir können zum Beispiel auch beide Seiten mit irgendeiner Zahl malnehmen und jede Seite ausrechnen, schauen, ob sie tatsächlich gleich sind, was sofort ersichtlich ist. Ich nicke. Nun kommt aber noch etwas Neues hinzu. Nehmen wir jetzt eine andere Gleichung, ähnlich wie die Gleichung zu Anfang. Du merkst, wie wir jetzt schon über Gleichungen reden können. Wir nehmen also eine ganz ähnliche Gleichung wie am Anfang, mit nur einem ganz kleinen Unterschied. Mein Vater schreibt etwas aufs Papier. Was ist jetzt auf einmal dieses x, wirst du fragen. Ich frage ihn, was ist jetzt auf einmal dieses x, das heißt, ich frage es natürlich nur im Kopf. Das x steht für unbekannt, wir wissen nur, dass x und diese Zahl zusammen gleich der anderen Seite ist, und weil ich diese Zahl nicht kenne, schreibe ich x dafür. Ich denke, das ist ja praktisch, vielleicht kann ich ja von jetzt an, wenn ich nicht weiß, was sagen, und nicht sagen soll, ich weiß es nicht, einfach x sagen. Das wäre viel kürzer, atemsparender sozusagen, und mein Vater sähe sofort, dass er da noch etwas erklären müsste, wenn ich x sagte, und wenn ich ganz verloren wäre, dann würde ich einfach rufen, x, x, x.

Du wirst natürlich schnell erraten, um welche Zahl es sich bei diesem x handelt, aber wir wollen anders vorgehen, und zwar so, wie wir das vorher gemacht haben. Wir führen einfach auf beiden Seiten dieselbe Operation durch. Und ach ja, am Schluss soll natürlich stehen x ist gleich. Welche Operation müssen wir also auf beiden Seiten durchführen? Er schaut mich an. Ich sage ihm die Lösung, noch immer in Erwartung jener großen Sache, auf die er mich vorbereitet hat. Sehr schön, jetzt haben wir auf der anderen Seite das Resultat. Du siehst auch, wie man dieselbe Gleichung in anderer Form neu darunter schreiben kann. Ich denke, so einfach kann das doch nicht sein, und andererseits denke ich, schade, dass man, nachdem man x gesagt hat, auch noch sagen muss, was x bedeutet. Dann fast lieber noch beim Ich-weiß-nicht bleiben, da hat man wenigstens seine Ruhe danach.

Und das ist es auch schon, sagt der Vater lächelnd, mit solchen Unbekannten in den Gleichungen kann man komplizierte Probleme ganz einfach lösen, solange man immer nur auf beiden Seiten dieselben Operationen durchführt. Das kann alles sehr aufwendig werden, aber das hier ist das Grundprinzip, und das hast du jetzt begriffen. Das hast du begriffen, hat er gesagt, damit kannst du jetzt alles machen, und ich habe nur herausgehört: Schon fürs Grundprinzip hast du ewig gebraucht, wie wird dann erst das Weitere aussehen. Das kommt dann erst im Gymnasium dran, das mit den Gleichungen, hat er gesagt, in ein paar Jahren, und ich habe gehört: Wann kann man dir endlich mal ernsthaftere Sachen erklären. Die karge Hochgebirgslandschaft der Zahlen. Immer sagt er das Gegenteil von dem, was er meint, immer steckt da noch mehr dahinter, als man selbst bei größter Anstrengung heraushören kann, wenn man nicht zu faul ist oder vergessen hat aufzupassen, aber jetzt habe ich begriffen, worum es geht bei den Gleichungen, um ein Mittel, mit dem man weiterkommen kann, weiter hoch.

Ein Bauernhof taucht auf. Das oberste Fenster in der Holzfassade steht offen. Bettdecken liegen über dem Fenstersims. Im kopfsteingepflasterten Hof rasselt ein Hund an einer Kette. In einem mit Sechseckdraht eingezäunten Feld picken Hühner. Daneben ein fein säuberlich gepflegter Gemüsegarten, wie ihn Leute haben, die nur einen Schrebergartenplatz besitzen. Hinter Holzpalisaden steht ein Pferd, es hat mehr Auslauf als die bei uns oben und schaut mir nach. Keuchend lasse ich den Hof hinter mir. Ich frage mich: Was kann ich eigentlich im besten Fall erreichen, wie schnell kann ich eigentlich im allerschnellsten Fall gehen, wann ist die Grenze erreicht, endgültig? Und: Gibt es überhaupt eine Grenze?

Wenn ich heute schneller bin als das letzte Mal, denke ich, dann habe ich mehr Zeit gespart. Nur, Zeit wofür, lautet dann die Frage. Wenn ich den Kopf gesenkt halte, sehe ich graue Schlieren, vom Straßenpflaster, das unter mir vorbeizieht, immer wieder unterbrochen von den rhythmisch hervorkickenden Füßen. Zeit für wertvollere Tätigkeiten natürlich, denke ich, für interessantere Sachen, als einen Weg zurückzulegen. Aber was sind denn diese Tätigkeiten, für die ich so viel Zeit sparen will? Etwa auf dem Bett liegen und mich ausruhen, einfach in den Tag hinaus träumen? Ich zähle die Schritte, in Doppelschritten, zähle nur, wenn der linke Fuß hervorschnellt. Aber wäre es dann nicht besser gewesen, mich vorher ein bisschen weniger zu beeilen und dafür danach nicht ausruhen zu müssen, würde das nicht wiederum Zeit sparen, Zeit zum Ausruhen? Ich bleibe stehen. Und muss man sich denn überhaupt ausruhen? Kommt nicht vom zu vielen Ausruhen auch wieder nur Müdigkeit?

Vielleicht ist ja, denke ich, die ganze Sache noch viel raffinierter, als ich mir vorgestellt habe. Vielleicht geht es ja gar nicht darum, Zeit zu sparen, denn dann hätte man wieder das Problem, diese Zeit auch sinnvoll loszuwerden, und mit übrig gebliebener Zeit ist das sicher besonders schwierig, sondern vielmehr darum, wie der Vater jetzt sagen würde, die Zeit sinnvoll zu verbringen, wie etwa beim Schuheputzen. Das Schuheputzen hat ja bei meinem Vater schon etwas Tieferes an sich, es ist eine Art Meditation, und vermutlich müsste man das erreichen, diesen Grad der Enthobenheit und des Zugleich-darin-versunken-Seins.

Ich schaue auf den über den Randstein wachsenden Löwenzahn, gelbe Punkte in einem grünen Band. Warum geht denn der Vater immer so schnell, wo doch ein sinnvolles Gehen alles andere als schnell sein dürfte, sogar ausgesprochen langsam sein müsste, damit alle die vielfältigen Eindrücke aufgenommen und gebührend verarbeitet werden können? Warum denn so hasten bei einer Tätigkeit wie Gehen? Oder ist vielleicht, überlege ich plötzlich, der Faktor Geschwindigkeit auch nur für die Gedanken wichtig, vielleicht muss man einfach nur schneller die Eindrücke verarbeiten, vielleicht geht ja der Vater auch nur so schnell, weil er so intelligent ist und weil er natürlich auch will, dass wir intelligent werden. Doch, überlege ich jetzt immer schneller, was ist denn nun mit dem Ausruhen? Und warum ist denn das Schuheputzen so eine bedächtige Tätigkeit, oder kann mein Vater sie einfach nicht richtig und eigentlich müsste sie viel schneller ausgeführt werden?

Ich nehme meinen Weg wieder auf. Als ich an der nächsten Kreuzung tatsächlich einem Spaziergänger begegne, einer mittelalten Frau mit Hund, muss ich unwillkürlich lachen. Ich muss lachen, wie falsch sie doch geht. Der Hund, der macht es richtig, schwanzwedelnd rennt er von einem Pfosten zum nächsten, aber die Frau steht herum, wartet auf den Hund, geht dann wieder weiter, hastet dem Hund nach, als er die Straße überquert, und bleibt dann wieder stehen. Kreuzfalsch! Am liebsten würde ich zu der Frau hingehen und ihr sagen, dass sie gar nicht auf ihren eigenen Weg achtet und nicht auf die optimale Geschwindigkeit für mittelalte Frauen für diesen Weg und nicht darauf, wie sich nun ihre Gehgeschwindigkeit zur optimalen Geschwindigkeit für mittelalte Frauen für diesen Weg verhält. Obwohl, bei ihr kommt ja noch der Faktor Hund dazu, der das Ganze noch um einiges kompliziert, zumal beim Hund das Ziel nicht so genau auszumachen ist, da es sich meist in sehr verdünnter geruchlicher Form manifestiert, die für unsereinen nicht so direkt wahrnehmbar ist, wie sie da über Steinen hängt, an feuchten Holzpfählen und zwischen den Beinen anderer Vierbeiner. Und vielleicht gibt es ja für jeden Spaziergänger einen Faktor Hund oder auch mehrere, die ihn von links und rechts beeinflussen. Vielleicht kommt ja alles nur auf diesen Faktor Hund an, und der ist ja bei jedem wieder vollkommen verschieden, darum kann es durchaus sein, dass jeder seine für den Augenblick ideale Gehgeschwindigkeit hat, ohne dass diese, auf eine reale Strecke bezogen, besonders schnell aussähe. Nur warum, frage ich mich und weiß auf einmal, dass da doch noch ein Haken war in meinen so vatermäßig sauberen Überlegungen, warum sieht es bei manchen Leuten dennoch vollkommen lächerlich und überhaupt nicht sinnvoll aus, wenn sie gehen, wie etwa bei dieser Frau mit Hund? Oder vielleicht ist es ja auch so, dass die meisten Leute ihre ideale Gehgeschwindigkeit sträflich vernachlässigen und nicht einzuhalten wissen, weshalb es dann eben lächerlich aussieht, weshalb eigentlich jeder, der einfach nur so vor sich hin spaziert, lächerlich aussieht. Es ist einfach vollkommen hoffnungslos, dir auch nur im Ansatz ein richtiges Gehen beibringen zu wollen, würde mein Vater sagen, warum überhastest du denn immer alles so, nimm dir doch einmal ein bisschen Zeit, mach es doch mit ein bisschen mehr Ruhe. Und ich würde genau verstehen, dass er natürlich das Gegenteil meint, und würde nur umso schneller gehen, wodurch nur umso mehr Faktoren Hund um mich herumwedeln würden, die nicht berücksichtigt wurden, und Faktoren feuchter Pfahl im Weg stehen, worauf er wiederum sagen würde, so halt doch einmal ein und fang von neuem an, was ich natürlich auf keinen Fall vertragen würde. Und ich würde dann glauben, das biegen wir jetzt zurecht, jetzt und sofort, wir schalten einfach einen Gang höher und machen schneller, und ich würde mich noch mehr beeilen, bis an die Grenzen meiner Muskeln und derjenigen meines Hirns, und darüber hinaus.

Ich hetze durch die Landschaft und sehe die Wölkchen nicht mehr, sehe die Kühe und die Sonne nicht mehr und sehne mich eigentlich danach, mich auszuruhen, aber das geht ja nicht, wegen der Faktoren Hund, und sehe auch den Vater nicht, wie er eben aus seiner Firma getreten ist, die auf dem Weg liegt, und wie er jetzt neben mir hergeht. Einen Moment bin ich wie betäubt. Du gehst aber ganz schön schnell, sagt er und ich schaue ihn lange an. Ich bin heute ein bisschen in Eile, sage ich, aber wir können ja zusammen gehen, wenn du willst, komm, wir gehen ein bisschen. Komm, wir schreiten ein bisschen aus, sagt er. Marschieren wir ein bisschen, sage ich. Und wir gehen nebeneinanderher nach Hause, jeder Schritt ein heimlicher Kampf um Zentimeter, wer ist weiter vorn, wer ist schneller, wer ist der Erste. Wir gehen nebeneinanderher nach Hause.

16

Fiona ist ein Mädchen aus meiner Klasse. Sie hat lange blonde Haare, dicht wie eine Mähne, vielleicht von einer Löwin, und eine ganz leichte Stupsnase. Ihre Augen blitzen. Fiona macht ab und zu staksige Bewegungen, aber dann hebt sie wieder ihre Nase und lacht. Sie ist die Hübscheste in unserer Klasse, das weiß ich genau, obwohl ich es natürlich nie aussprechen würde. Und weil ihre ganze Schönheit eine so geheime Sache ist, wundert es mich auch nicht, dass die anderen sie nicht bemerken und Fiona ein ganz normales Leben führen kann, ohne ständig umschwärmt zu werden. Ich stelle mir vor, dass jeder Mensch sich irgendwo eine liebste Person aus den vielen auswählt und dann etwas hat, das ihn immer wieder mit einer heißen Freude füllt, sobald eine Begegnung in Aussicht steht oder man unvermutet wieder an sie erinnert wird. Fiona ist übrigens auch schon einmal als eine gewisse Nymphe aufgetreten.

In der Schule ist Fionas Platz am anderen Ende des Klassenzimmers, in der mittleren Reihe am Fenster, während ich in der hinteren nahe bei der Wand sitze. Fiona hat wegen ihrer Flügellage am Fenster oft den Stuhl etwas seitlich gestellt, eine Hand in die gelben Haare vergraben.

Als einmal ihr Blick über unsere Reihe wanderte, blieb er für einen Moment an meinem hängen, glitt aber sofort wieder weiter. Für den Rest dieser Stunde behielt sie den Kopf gesenkt, die dünnen Hände in den gelben Haaren. Am nächsten Tag wanderte ihre Aufmerksamkeit wieder wie sonst im Klassenzimmer umher. Und blieb irgendwann bei mir hängen. Ich sah nicht hin, ich schaute gerade an die Wandtafel, spürte aber ihren Blick. Ich regte mich nicht. Als ich sie am nächsten Tag fixierte, wie sie mich am Vortag fixiert hatte, machte sie dasselbe wie ich und schaute gerade an die Wandtafel. Jeden Tag starrte ich in ihre Richtung, bis sie eines Tages rot anlief und den Kopf auf ihr Heft senkte. Ein paar Tage später kreuzten sich in einer stillen Deutschstunde zum ersten Mal unsere Blicke, wir blieben aneinander hängen, quer durchs Klassenzimmer, bis wir beide zugleich den Kopf wendeten und uns wieder den Wegen der deutschen Literatur zuwandten. Tage verflossen, ohne dass wir einander beachtet hätten, und auch in den Pausen wichen wir einander aus. Erst nach einigen Wochen, nachdem ich sehnsuchtsvoll darauf gewartet hatte, hob sie wieder einmal scheu den Blick in meine Richtung. Wir mussten kichern, beide.

Seitdem schauen wir uns, während all der langweiligen Latein- und Mathematik-, Geschichts- und Deutschstunden, quer durch das Klassenzimmer in die Augen, und kein Ereignis auf dieser Welt kann uns die Erwartung nehmen, endlich wieder still zu sitzen, den Lehrer endlich mit dem Unterricht beginnen zu sehen. Müssen wir etwas aufschreiben, ruhen meine Augen schon wieder auf ihr, als ihr Stift noch den letzten Schwung ausführt. Meine Schrift wird unleserlicher, ihre bleibt schön geschwungen wie immer. Wenn wir das Klassenzimmer wechseln, wie etwa für die Geografiestunde, kann es sein, dass sie in der ersten Reihe sitzt und ich ganz oben in der hintersten, in diesem hörsaalähnlichen Hang aus glänzenden Holzpulten mit den grünlich verblassenden Kugelschreiberinschriften fern zurückliegender Nachmittagsstunden der Gefangenschaft. Dann kann sie sich nicht umdrehen, und während geschlagener fünfundvierzig Minuten ruhen meine Augen auf ihren von einem orangeroten Strickpullover bedeckten Schultern, gleiten sanft darüber, von links nach rechts, von rechts nach links. Das Beste dabei ist: Ich weiß, dass sie weiß, was ich tue.

Einmal reißt mich der Lateinlehrer aus meiner Meditation heraus und nennt meinen Namen. Ich fahre zusammen. Ist unser Geheimnis durch meine Unvorsichtigkeit vor der ganzen Klasse aufgedeckt, lächerlich gemacht, geschändet? Hic Rhodos, hic salta, sagt er, du kannst wohl zum Fenster hinaus träumen, aber hier sollst du zeigen, was du kannst. Zum Glück hat der Lehrer meinen Blick quer durch das Klassenzimmer missverstanden. Er ist ein alter, aber strenger Lehrer, der, als er eine Schülerin unerbittlich eine ganze Deklination in allen Fällen aufsagen lässt und die Schülerin dabei in Tränen ausbricht, selber vor innerer Bewegung zittern muss, aber nicht lockerlässt und auf seinen Vokabeln beharrt.

Das Allerschönste ist, dass Fiona und ich nie miteinander reden, über diese warme Brücke, die wir jeden Morgen quer durch den Schulalltag spannen, dass wir auch sonst nie miteinander sprechen in den Pausen, sondern nur scheu beobachten, wie wir je mit unserem Grüppchen zusammenstehen. Dass es für immer ungesagt bleibt, wie wir beim Gong wieder ins Klassenzimmer strömen, herumrennen und schnattern und mit Gegenständen herumwerfen, bis endlich der Klassenlehrer hereinkommt, wir alle aufstehen, er sein Setzen! in den Raum fallen lässt und die Klasse sich mit Lärm auf die Stühle sinken lässt, wobei zwei von uns die Augen gar nicht senken. Die anderen schreiben Briefchen, werfen Radiergummis nach vorne, lassen die Etuis der Streber verschwinden, machen die Hausaufgaben für die nächste Stunde, legen einen Wasserballon hinter die Wandtafel, dass er platzt, wenn der Lehrer sie herunterzieht. In unserer Klasse gibt es schon zwei Paare, die wissen, zu wem sie gehören, und alle anderen wissen es auch, zu wem diese gehören. Bei uns weiß es niemand, und keine Worte können uns etwas anhaben.

Nach zwei Jahren wage ich es endlich, sie anzusprechen. Sie scheint schon lange darauf gewartet zu haben. Ja, warum nicht, machen wir doch einmal etwas zusammen, sagt sie ohne zu überlegen, aber was? Dass man auch noch etwas Spezielles tun muss, hätte ich nicht erwartet, ich hätte gedacht, es genügt schon, wenn man beisammen ist. Ich sage, wir können ja einfach ein bisschen hinaus, oder warum nicht eine Velotour? Wir können auch absteigen, wenn es bergauf geht. Fiona lächelt. Mir macht das nichts aus, sagt sie, wenn es bergauf geht. Das ist ja auch egal, sage ich. Wieder lächelt sie. Wir schweigen. Plötzlich spüre ich die Instanz über mir, mir wird eng und ich kriege keine Luft mehr. Meine Arme fallen an mir herunter in meiner alten Habtachtstellung. Es ist, als ob ich vor Fiona Garde stehe, aber es ist nicht wegen Fiona, es ist wegen der Instanz, sie ist viel zu nahe jetzt. Die Instanz ist nur gut, wenn sie weit über einem schwebt. Wenn sie zu einem hinabsteigt, ist etwas nicht gut. Ich bringe keinen Ton heraus. Zum Glück hat Fiona etwas gesagt. Ich habe nicht verstanden, was. Ich sage scheu, wann denn. Sie sagt, dass Tennis darum viel besser sei. Ich schaue sie an. Wir könnten uns bei mir treffen und dann zu den Plätzen hochlaufen, sagt sie. Sie werde mir einen Zug heraussuchen und den Tennisplatz reservieren. Sie werde am Bahnhof auf mich warten, wir könnten uns nicht verpassen. Du hast doch einen Schläger, oder nicht? Fiona übernimmt die ganze Organisation. Ich höre ihr mit offenem Mund zu. Dann läutet die Pausenglocke und sie geht. Ich stehe immer noch da, die Arme eng an die Hosennaht gelegt. Alle Schüler sind schon in den Klassenzimmern, der Gang ist leer. Dann endlich verabschiedet sich auch die Instanz über mir, entschwebt nach oben und ich renne an meinen Platz.

Einmal tippt mir im überfüllten Vorortszug ein Freund auf die Schulter. Er zeigt auf ein blondes Mädchen, das ich noch nie gesehen habe. Sie ist viel größer als Fiona. Er sagt, da will dir jemand etwas sagen. Das Mädchen zwinkert mir im Gedränge zu und dreht sich dann wieder um. Sie ist einige Jahre älter als ich. Mein Freund steht zwischen uns. Er sagt, komm näher ran, ich mach dir Platz. Hey, ruft er, als ich nicht reagiere, sie will etwas von dir, da musst du zupacken. Ich weiß nicht, ob seine Augen so glänzen vor Aufgeregtheit oder vor Schlüpfrigkeit. Ich rühre mich nicht vom Fleck. Er zeigt mit dem Zeigefinger auf mich und auf sie, und ich starre krampfhaft aus dem Zugfenster. Er redet auf mich ein. Die Blonde stellt sich auf die Zehenspitzen und zwinkert mir abermals zu.

Plötzlich ist die Instanz wieder da und zischt etwas, das ich nicht verstehe. Ich versuche, das Mädchen anzuschauen, doch mein Blick verschwimmt. Ich versuche, einfach ruhig dazustehen, doch meine Beine wanken. Mir wird schwindlig. Ich muss mit ansehen, wie mein Freund ihr im Lärm des ratternden Zugs etwas zuruft und wie er hämisch grinst. Ich kann nichts tun, alles an mir ist aus Gummi. Schließlich sagt sie in meine Richtung, dass es alle Umstehenden hören können, du bist süß. Mein Freund kriegt einen Lachanfall, er lacht immer lauter, dann klopft er sich schreiend auf die Schenkel, verschluckt sich, ruft, die findet ihn süß, keucht und schreit weiter. Sie lächelt mir zu. Ich kann mich nicht regen, ich bin wie hinter Glas, denn die Instanz ist da, dort über der Schulter des Mädchens, und hält alles fest umklammert. Meine Arme hängen an mir herunter, es ist schrecklich. Das Mädchen sagt, hör nicht auf deinen Freund. Mein Blick verschwimmt wieder, ich lasse mich gegen die Zugtüre fallen, vor der grüne Streifen vorüberflitzen, die nach einer Weile den Blick auf ein entfernter liegendes Haus freigeben, das sofort wieder von einem Stakkato von Braun abgelöst wird. Ich spüre ein hämmerndes Kopfweh, mir wird schwindlig. Der Zug ist besonders laut heute, und dann auf einmal ist alles still.

Als ich die Augen wieder öffne, strömen alle auf den Perron hinaus, ich erhalte Knüffe und Stöße. Ich kann mich noch immer nicht regen. Der Zug fährt wieder an und die Türen schließen sich mit einem quietschenden Sauggeräusch. Ich höre ihre Worte noch einmal, du bist süß. Jetzt, da ich sie verstehe, möchte ich diese Stimme behalten, für immer in meinem Ohr singen hören. Am nächsten Bahnhof steige ich aus und warte auf den Zug zurück. Ich bin zu weit gefahren. Er kommt lange nicht.

Bis Samstag ist es noch lang. Ich will einen Liebesbrief schreiben. Ich versuche es, es kommt aber nur ein sauberer kleiner Zettel heraus, aus dem sich die Liebe vor lauter Ordentlichkeit längst verflüchtigt hat. Immerhin sieht es nicht so aus wie damals mein Eintrag in ein Poesiealbum einer Klassenkameradin. Als ich mich vertan hatte, musste ich die halbe Seite herausreißen, schrieb dann auf die andere halbe Seite etwas Neues, für das nicht auf dem schief herausgerissenen Teil genug Platz war, weshalb ich ein Zettelchen daran klebte, das aber wiederum die Farbe meines Filzstifts nicht annahm und sofort verschmierte. Ich gab ihr das Buch schnell zurück, ohne meinen Eintrag irgendwie zu einem Ende bringen zu wollen, ohne etwas zu sagen. Nach mir gab sie es auf, erfuhr ich später, andere zu fragen, ob sie ihr etwas ins Poesiealbum schreiben könnten.

Den extrakleinen Umschlag für den Liebesbrief habe ich aus den gesammelten Briefutensilien meiner Mutter genommen, darauf steht mit orangem Farbstift nur ein Wort geschrieben, Fiona. Im Brief selber stehen nur wenige Worte. Ganze Seiten hätte ich ihr schreiben wollen, aber schon als ich die ersten Sätze, die in meinen Kopf stürmten, noch einmal überdenke, kommen sie mir lächerlich vor oder nicht absolut zwingend, einfach nicht logisch. Es ist besser, sich auf das Wesentliche zu besinnen, sage ich mir. Sonst verliert man sich doch nur in endlosen Erklärungen, womöglich mischt sich sogar die Instanz noch ein. Ein Satz genügt, mehr muss nicht gesagt werden, es müsste eigentlich alles klar sein.

Meine Schulmappe ist aus Kalbsleder und hat vorne zwei kleine Taschen mit Lederriemen und Schnallen. Ich benutze immer nur das große Fach, die beiden kleinen Taschen sind mir zu aufwendig. Der kleine Briefumschlag passt genau in so eine kleine Tasche. Ich wähle die linke, schiebe ihn in die nach Leder duftende Höhlung, ziehe den Riemen durch die Schnalle und drücke den Dorn in das letzte Loch. Da drin bleibt der Brief während langer Wochen ruhen, gerät immer wieder in Vergessenheit und wird wieder unvermittelt stark in Erinnerung gerufen. Wie zum Beispiel, als ich zwischen lauter Schülern im lärmüberfüllten Zug sitze, meine Mappe wie immer nachlässig neben mir am Boden. Plötzlich höre ich auf der Sitzbank hinter mir ein Geschrei. Es ist Sinnan aus der Parallelklasse, der Türke. Er hat sich meine Mappe geschnappt und zeigt der versammelten Runde die Fundstücke, die er mit viel Klamauk aus dem Inneren hervorzieht. Nachdem er im großen Fach nichts Umwerfendes gefunden hat, macht er sich daran, auch die beiden kleinen Taschen zu öffnen. Ich sage, das ist meine Mappe, gib her. Er lacht nur und löst den Riemen einer der beiden Schnallen. Die Menge grölt. Ich möchte am liebsten im Boden versinken. Er macht weiter. Doch dann wird es zu viel für mich. Ich stehe einfach auf, gehe zu ihm hin und nehme die Mappe. Er schaut mir in die Augen, sieht meine Tränen und lacht nur, sagt, was für ein Weichling. Ich suche mir ein anderes Abteil.

Am Abend nehme ich den Liebesbrief heraus und zerreiße ihn in ganz kleine Schnipsel. Ich achte darauf, dass nicht noch etwa ein ganzes Wort zu lesen sein könnte. Ich gehe ins Badezimmer und lasse die Schnipsel in die Toilettenschüssel rieseln. Ich spüle. Alles wird verschluckt. Ich spüle noch einmal, zur Sicherheit.

Am Samstag bin ich schon viel zu früh am Bahnhof. Auf der Geleiseüberführung bleibe ich stehen und schaue auf die Uhr. Ich überprüfe noch einmal auf der Tafel die Abfahrtszeit meines Zuges. Ich habe sie zu Hause aus dem Taschenfahrplan abgelesen, Fiona hat mir nur die Ankunftszeit gesagt. Auf der Tafel sehe ich alle Züge, die zu Fiona fahren. Ich hätte schon auf einen früheren Zug gehen können, der braucht aber länger, und dann wäre ich um wenige Minuten später da gewesen. Das wäre nicht gut, denn dann würde Fiona am Perron stehen und denken, ich käme nicht. Es gibt allerdings auch noch einen Zug nur ein paar Minuten später, einen schnelleren, dann wäre ich sogar gleichzeitig da. Vielleicht käme ich dann aber auf einem anderen Perron an, und dann würde ich Fiona nicht sofort sehen, oder schlimmer, sie mich nicht.

Ich habe mir schon ausgemalt, wie es sein wird, wenn ich im Nichtraucherabteil sitze und, in Fahrtrichtung schauend, auf ihrem Bahnhof einfahre. Ich erinnere mich zwar nicht mehr genau, wie es aussieht auf ihrem Bahnhof, aber ich habe schon ein Bild im Kopf. Sie würde einfach ruhig dastehen, ich würde einmal winken, vom Sitzen aus, dann stünde sie direkt dort, wo meine Türe zum Halten käme, und dann würde ich aussteigen, mit ruhigen Schritten. Dann wären wir zusammen. Das Tennisracket habe ich auch dabei, vergewissere ich mich noch einmal, auf der Geleiseüberführung stehend, die ganze Nacht habe ich davon geträumt, das Racket vergessen zu haben und eines ausleihen zu müssen, was dann irgendwie nicht möglich ist usw.

Ich schaue auf die Uhr und sehe, dass ich noch einige Minuten Zeit habe. Unter mir fährt ein Zug ein, dann auf einem anderen Gleis gleich noch einmal einer, beide in derselben Richtung. Ich erschrecke, denke, ich brauche ja noch ein Billett, und renne auf den Perron hinunter. Normalerweise, um in die Schule zu fahren, nehme ich den vordersten Perron. Jetzt muss ich in die andere Richtung. Auch auf diesem Perron, sehe ich, steht ein Billettautomat. Ich löse mein Billett trotzdem vorne, wo die Züge in Richtung Stadt fahren, und manchmal auch in die andere Richtung. Neben mir steht noch immer einer der beiden Züge und fährt nicht ab. Ich schaue noch einmal auf die Fahrplantafel, finde aber plötzlich die Abfahrtszeit nicht mehr, bis ich merke, dass ich ja die Ankunftszeit im Kopf hatte. Sieben Minuten braucht der Zug nur. Vierundfünfzig minus sieben sind siebenundvierzig. Ich weiß, dass ich mich in solchen Situationen gerne verrechne, und rechne noch einmal nach. Bei Verabredungen bin ich immer um Pünktlichkeit bemüht. Oder um eine pünktlich bemessene Verspätung. Immer muss ich zuerst daran denken, was passieren würde, wenn ich noch später käme, und dann rechne ich alles noch einmal durch, und dann noch einmal, weil ich ja weiß, dass ich mich häufig irre. Heute zum Glück bin ich pünktlich am Bahnhof und ich fühle eine große Weite in meiner Brust.

Der Zug ist jetzt abgefahren. Ich gehe auf den anderen Perron und warte. Über diesen Bahnhof habe ich einmal einen Aufsatz geschrieben. Es war der einzige Aufsatz in meiner ganzen Schulzeit, bei dem ich eine gute Note hatte. Das Thema war Warten. Es war auch das einzige Mal, dass ich mit meinem Vater über ein Aufsatzthema geredet habe. Und, was fällt dir denn so dazu ein, hat er am Abend gefragt, zum Thema Warten? Ich musste an das Warten jeden Morgen auf den Zug, an unserem Bahnhof denken, zusammen mit der ganzen Agglomerationsjugend und den bewusst auf ein Auto verzichtenden Arbeitstätigen. Er sagte, das stimmt schon, aber das ist kein eigentliches Warten, man kann es ja nicht beeinflussen. Denk mal an deinen Kassettenrekorder. Ich dachte an meinen Kassettenrekorder. Ich hatte mir schon seit langem einen Kassettenrekorder kaufen wollen. Gespartes hatte ich genug, ich wusste nur noch nicht, welches Gerät ich wählen sollte. Dank meines Vaters Ermahnungen hatte ich lange zugewartet, hatte wochenlang Prospekte studiert und mir in den Geschäften die Geräte angehört, verschiedene Musikarten, verschiedene Kopfhörer. Ich hatte den Verkäufer gefragt, welches das Beste sei, und er hatte mir geantwortet, ein Bestes gebe es nicht, es sei dasjenige, dessen Ton mir am besten gefalle. Ich war ratlos und hörte mir alle Rekorder und Anlagen noch einmal ganz genau an. Am folgenden Wochenende ging ich noch einmal hin, denn es hätte ja sein können, dass ich mich irrte. Mein Vater fragte, und, hast du dich für ein Gerät entschieden? Ich sagte, noch nicht ganz, aber bald. Schließlich drängte sich mir ein mattschwarzes Gerät auf, immer wieder war ich zu ihm zurückgekehrt, nicht wegen des Tons, eher wegen seines Aussehens, bis ich einmal von ihm träumte, und irgendwann konnte ich es in einem anderen Geschäft, bei einem Direktimporteur, billiger erstehen. Es war der beste Kauf meines Lebens. Nicht etwa wie meine erste Lederjacke, die ich gegen den Rat des Vaters gekauft hatte und die schon von Anfang an und nach einigen Wochen erst recht ganz zerrissen aussah. Aber vielleicht hatte ich das ja auch gewollt, irgendwie. All das schrieb ich in meinem Hausaufsatz, und beim Austeilen der Hefte sagte mir der Lehrer ganz erstaunt, sauber gedacht, sehr schön. Er war nicht einmal misstrauisch.

Als nach Ewigkeiten, wie mir scheint, mein Zug noch immer nicht kommt, schaue ich noch einmal auf die Tafel und dann noch einmal auf die Uhr. Es ist vierundfünfzig jetzt. Ich erschrecke. Um vierundfünfzig kommt mein Zug in Fionas Dorf an. Ich habe den Zug verpasst. Ich kann es fast nicht glauben. Es war der Zug, der so lange neben mir am Perron stand. Dessen Kondukteur mich immer wieder mit hochgezogenen Augenbrauen angeschaut hat. Sie haben es nämlich nicht gern, wenn man erst am Schluss auf den fahrenden Zug aufspringt, wie wir es manchmal tun. Bei fahrendem Zug die Türe von außen gegen die Kraft der Hydraulik zu öffnen, unser Morgensport, ist gar nicht so einfach, besonders wenn die Leute schon ganz gedrängt hinter der Tür stehen. Einer aus unserer Schule ist einmal im Winter die ganze Strecke in die Stadt auf dem Trittbrett gefahren, weil es eine neue Türe war. Am Bahnhof haben sie ihn dann gleich ins Stationsgebäude geführt und seine Mutter musste kommen und sich anhören, was der Bahnhofsvorstand ihr zu sagen hatte.

Dass mir so etwas passieren kann, ich kann es kaum glauben, mir, der ich doch gerade solche Sachen beherrsche. Es kann ja sein, dass ich in einem Gespräch mich verhasple oder etwas Ähnliches, aber diese reinen Arithmetikaufgaben des Alltags, wenn ich mich nicht einmal mehr darauf verlassen kann. Ich renne durch die Geleiseunterführung und auf der anderen Seite die Treppe hoch. Die Telefonzelle ist zum Glück frei. Im Telefonbuch stehen zwei Einträge mit Fionas Familiennamen. Ich kann mich nicht mehr an die Adresse erinnern, mein Gedächtnis ist blank. Und was passiert, wenn ich den falschen erwische? Ich rufe bei der ersten Nummer an und frage, entschuldigen Sie, könnte es eventuell sein, dass Sie eine Tochter haben, die … Ich richte aus, was ich auszurichten habe. Auch hierüber habe ich mit Fiona nie mehr gesprochen.

Ich weiß nicht, wie es kommt, dass wir noch einmal einen Anlauf nehmen. Diesmal wollen wir schwimmen gehen. Und nicht mehr mit dem Zug fahren, sondern mit dem Fahrrad. Zwischen ihrem Ort und meinem Ort, oben an der Autobahn, ist ein großer Wald. In der Mitte, wo sich die große Wiese öffnet, liegt das Holzeck. Da wollen wir uns treffen mit unseren Rädern und dann zusammen zum Hallenbad fahren, wo ich seit Jahren ins Schwimmtraining gehe. Da kenne ich mich aus. Es ist ein Heimspiel, sozusagen. Ich kann viel besser schwimmen, als ich Tennis spiele.

Als ich in den Wald einbiege, muss ich schon wieder an jene

Frau mit dem Hündchen denken. Als ich mit meinem Bruder in den Wald ging, wie wir öfters in den Wald gingen damals, kommt uns auf der Waldstraße plötzlich eine Frau mit Stöckelschuhen und einem offensichtlich frisch frisierten Hündchen an einer goldenen Kettenleine entgegen. Ich frage mich, wie wohl Carlo reagieren würde jetzt, der Vorarbeiter vom Sportklub. Ich denke immer, wie würde jetzt der und der reagieren, wie würde der das machen. Auch Bücher können helfen, ein junger Mann aus einem Buch, und dann versuche ich, meine ganze Welt mit seinen Augen zu sehen. Wenn ich eine Zeit lang nicht genug gelesen habe, bin ich leer und muss mir die ganze Welt selber zusammenreimen. Mich überkommt plötzlich ein Anflug von Carlos Direktheit, dass ich zu meinem Bruder sage, schau mal dieses piefige Hündchen. Ich sage es so laut, dass es auch die Frau hören kann. Natürlich fängt das Hündchen sofort an zu bellen, worauf mein Bruder sich in gestellter Angst auf einen Baum und ich mich auf die Sitzbank flüchten. Sie ist gerade etwas größer als das Hündchen. Die Frau betrachtet uns beide. Ich springe von der Bank herunter und foppe das Hündchen. Komm doch, sage ich, komm doch und schnapp mich, du böses Tier. Die Frau sagt, gegen kleine Hündchen spielen sie die Starken, kommt, ihr könnt gegen mich kämpfen. Wir lächeln. Gegen dich? Wir werden schon rot davon, eine so aufgemachte und erwachsene Frau geduzt zu haben. Sie sagt, da im hohen Gras könnt ihr gegen mich kämpfen. Auf einem Bein hüpfend löst sie sich die Stöckelschuhe von den Füßen, schiebt sie nachlässig beiseite. Sie hat ein dünnes Sommerkleid an und trägt Lippenstift. Ich stelle mir vor, wie ich mich mit ihr im hohen Gras rolle. Ich versuche mir vorzustellen, wie im Getümmel der weiche Stoff des Kleids auf ihrer Haut verrutscht. Mir wird schwindlig. Kommt, sagt sie, ihr könnt auch beide zugleich. Wir rennen davon, mit eingezogenen Schwänzen.

Als ich einige Minuten zu früh am Holzeck ankomme, ist

Fiona noch nicht da, aber schon in Sichtweite. Gleich darauf stehen wir voreinander, die Räder zwischen unseren Schenkeln, und sagen, bist du auch da, ich habe dich schon von weitem gesehen. Es ist ziemlich still. Dann sage ich, schön, oder nicht, das Holzeck. Wir schauen auf die Wiese hinaus. Fiona hält beide Hände am Lenker. Ich auch. Ich setze den Fuß auf die Pedale und fahre voraus. Da ich nicht den langweiligen Umweg entlang der Autobahn fahren will, biege ich in das erstbeste Waldsträßchen ein und wir fahren nebeneinanderher.

Ich habe Fiona ja gesagt, dass ich mich in diesem Wald auskenne wie in meiner Westentasche, hier habe ich mich schon ganze Tage herumgetrieben, Forellen gefangen im kühlen Krebsbach und den Rehen aufgelauert am frühen Morgen. Ich kann sie jetzt nicht gut fragen, wo wir langfahren sollen. Nach zwei Abbiegungen sind wir plötzlich auf einem Sträßchen, das nicht weiterführt. Ich bremse und sage, du, ich glaube, wir müssen umkehren. Sie schaut mich fragend an und kichert. Ihr scheint es egal zu sein, wenn wir nicht sehr gerade fahren. Ich will sie möglichst direkt zum Hallenbad führen. Ich will keine falschen Gedanken aufkommen lassen. Ich muss plötzlich daran denken, wie in diesem Film nach einem Kriminalroman der dicke Mann das Mädchen in den Wald lockt. Ich schüttle meinen Kopf einmal schnell hin und her und wir fahren weiter, reden kein Wort. Das nächste Sträßchen, das wir nehmen, endet plötzlich ebenfalls in einer Sackgasse. Vor uns stehen riesige Buchen auf einer moosigen Lichtung. Ich denke plötzlich, es ist lächerlich, aber Fiona müsste eigentlich wissen, dass ich nicht bin wie der dicke Mann mit dem kleinen blonden Mädchen. Ich denke plötzlich, dass Fiona jetzt gar nicht anders kann, als daran zu denken. Auch Fiona ist blond. Mir wird wieder einmal schwindlig.

Der Nachmittag ist bald zu Ende, aber im Hallenbad gewesen sind wir, glaube ich, nicht. Das Ganze wurde zu kompliziert, und so habe ich nie wirklich etwas unternommen mit Fiona. Uns quer durchs Klassenzimmer angeschaut haben wir uns aber weiterhin. Bis sie dann die Klasse wechselte.

17

Er führt heuer wenig Wasser, unser Voralpenfluss, der, wenn der Staudamm weiter oben bricht, die Sirenen ertönen lässt entlang seinem ganzen Verlauf, und manchmal auch sonst, zu Testzwecken, was aber angekündigt wird. Dann vibrieren die dumpfen Heultöne minutenlang durch das Dorf und man denkt an Filme oder sonst etwas Aufregendes. Jetzt kann man im Flussbett durch die ausgewaschene Sandsteinlandschaft laufen, nur an einigen Stellen stehen noch letzte tiefere Tümpel, verbunden durch dünne Rinnsale über rollende Steine, alles in einem gelben Sandton. Auch das Wasser in diesen Becken ist gelb, vielleicht ein wenig grünlich, und wenn man genau hinsieht, was wir natürlich tun, kann man die dunklen Leiber erkennen, die sich an der tiefsten Stelle gesammelt haben. Ab und zu blitzt hell ein Bauch auf, pfeilt ein Schatten durch seichtere Zonen und zeichnet auf der Wasseroberfläche eine Bahn, die im nächsten Moment schon wieder in die Wassermasse zurückgesunken ist. Die Wasseroberfläche spiegelt sehr, wir können sie gar nicht richtig erkennen, die Forellen. Viele sind es, dickleibige, und das nervöse Getümmel der Fischleiber überträgt sich auf uns, macht uns aufgeregt, als fände es in unserem Bauch statt. Die Schuhe haben wir schnell ausgezogen, doch sobald man ins Wasser watet, erscheinen nur lauter S auf dem Spiegel, gestreckte und gedrungenere. Manche der Fische drücken sich unter die eine etwas vorstehende Kante eines großen Steins, der an der tiefsten Stelle in der sonst so weichen und keinerlei Schutz bietenden Unterwasserlandschaft liegt, und vermutlich sind auch einige druntergeschlüpft, aber da kommen wir nicht heran, das Wasser ist zu tief. Immer wieder jagen wir die ganze Horde silbrig glitzernder Leiber durch das Becken, halten vergeblich die gespreizten Finger in das doch merklich kühle Wasser.

Die Eltern sind schon ein Stück weitergegangen, halten sich vorsichtig auf den trockenen Strecken der Sandsteinrücken, haben gerufen und sind wieder zurückgekehrt. Ihre Gedanken sind schon bei den Verwandten, der Kirche usw. Eine Weile lang hat der Vater neben uns gestanden, mit uns ins Wasser gelugt, doch jetzt stehen sie fast am Weg oben, der in der Waldschlucht den ganzen Fluss entlangführt. Meine Mutter kippt einen Stiefel, zwei Steinchen fallen heraus. Sie schauen uns eine Weile zu, dann sagt die Mutter, kommt, wir müssen gehen, es wird langsam Zeit. Und als wir nicht reagieren, setzt der Vater nach, beeilt euch, sonst kommen wir zu spät.

Die Beerdigung ist auf den frühen Nachmittag angesetzt. Es ist der Patenonkel meines Bruders, das heißt, er war es. Onkel Wolasch. Er wollte noch einmal hoch, in die Berge, diese Aussicht genießen, auf die Schatzalp, das war für ihn das Höchste, oben auf dem Berg zu sein, und dann auf der Rückfahrt im Zug, auf diesem Bahnhof, wo man umsteigen muss, wenn man auf die Schatzalp fährt, hat er auf diesem Perron gestanden, das alte Eisenwerkdach über ihm, inmitten der grünen flachen Wiesen, ganz oben sah man noch die hellblau-weiße Schneelandschaft glänzen, und da ist er einfach hintenübergefallen, eigentlich wie später der Großvati, nur war er sofort tot. Ist einfach hintenübergefallen und war tot, ob vom Aufschlag des Kopfes auf dem Perron, wollten wir wissen, doch meine Mutter hatte gesagt, nein, Herzschlag.

Mein Bruder hat einen Stein aufgehoben und wirft ihn in den hinteren Teil des Beckens, worauf die ganze Meute auf uns zugleitet, aber kurz vor uns zur Seite ausschert und in einem Bogen wieder zurück. Kleine Steinchen erwecken ihre Aufmerksamkeit, sie schwimmen darauf zu, aber sobald sie gesehen haben, dass es sich nur um ein Steinchen handelt, drehen sie ab. Das Wasser ist so seicht, dass ihre gewölbten Rücken manchmal sogar herausschauen, uns zulachen, die glitschigen Nacken. Auf einmal habe ich einen Stein in der Hand, ich kann ihn gerade noch mit den Fingern umfassen und werfe dorthin, wo es am meisten brodelt. Die Fische fahren auseinander, sind nervöser jetzt in ihrem Becken. Die Eltern rufen schon wieder. Sie würden jetzt dann gehen. Ich nehme gleich drei Steine und auch mein Bruder hat welche in der Hand. Einen leichten werfe ich dahin, wo es tief ist, die Forellen strahlen sofort in den flachen Teil, und schon sind wir über ihnen, einen Stein, zwei, drei usw. Es spritzt, ein Fisch springt sogar, da plötzlich versuchen sie zu entkommen, über das dünne Rinnsal, das ins nächste Becken führt, wo es viel tiefer ist, doch schon sind wir losgerannt und treten in das über die Steine rieselnde Wasser hinein, genug, um sie abzuschrecken, nur zwei sind entkommen. Wir nehmen weitere Steine und schießen, und schießen. Manchmal treffe ich das Wasser genau über dem Schatten, doch der Fisch ist schon weiter. Der Vater ruft, hört auf damit, kommt, wir müssen jetzt, und wendet sich zum Gehen. Eine letzte Hand voll Steine, die Hosen sind schon nass bis über die Knie, die Finger rot und durchfroren, doch wir schießen immer besser, immer schärfer, immer gemeiner, und die Forellen im Becken kochen. Da plötzlich hat sich ein Dicker ins ganz Flache gewagt und wir schießen beide zugleich, einen ganzen Steinhagel. In einem großen Spritzer taucht auf einmal seine weiße Unterseite auf. Treibt da, den Bauch nach oben. Ich wate schnell hinein, packe den großen Fischleib, der sich nicht mehr regt, aber trotzdem immer wieder durch die Finger schlüpft. Genau ins Genick, sage ich, und mein Bruder sagt, gib her. Er nimmt das Tier mit beiden Händen, ich werfe meinen Pullover drüber, und schon rennen wir den Eltern nach, Ausschau haltend nach eventuellen Fischereiaufsehern, mit unterdrückter Stimme rufend, ein Kapitaler, ein Kapitaler.

Der Anruf kam an einem Freitag. Wir hatten noch nicht jenes Wandmodell, sondern ein altes Gerät, das ganz vorne im Wohnesszimmer, vor dem Kamin, auf dem Boden stand. Als es klingelte, wollten wir alle drei gehen, meine Mutter, mein Bruder und ich. Meine Mutter nahm ab, redete ein paar Worte, mein Bruder war schon bei ihr, als ich um die Ecke kam und ins Wohnesszimmer einbog. Ich konnte nicht verstehen, was meine Mutter sagte, merkte nur, es ist ein Anruf nicht wie sonst. Ich ging quer durch das weite Wohnesszimmer zum Kamin, zugleich kam mein Bruder auf mich zu. Die Zeit hing einen Moment durch, während wir so aufeinander zuhielten, durch unser Wohnesszimmer, und in Zeitlupe, wie mir schien, hob mein Bruder die Hand, sagte etwas. Es war, als ob er mich vor etwas bewahren wollte, dass ich nicht erschrecke, und ich sah, wie seine Worte einzeln vor meine Brust fuhren und mich zum Stehen zwangen. Der Opa ist tot. Ganz schnell hatte er es gesagt, und das Unheimliche hatte gar keine Chance gehabt, näher zu kommen.

Bei Onkel Wolasch weiß ich gar nicht mehr, wie oder wann die Nachricht kam. Nur noch, wie wir von draußen hereinkamen und die Mutter es uns noch einmal erzählte, aber da hatten wir es schon gewusst. Die Geschichte von der Schatzalp, vom Bahnhof und von der armen Tante warf Fragen auf, und die Vorstellung des toten Onkel Wolasch auf dem Perron, mit den Firnen, die im Hintergrund glitzerten, hatte fast etwas Schönes. Meine Mutter sagte nur, so möchte man sterben, die Schatzalp noch gesehen, und dann macht es schwupp.

Zu Hause, während wir duschen und uns schön machen, wie es immer heißt, schmeißt meine Mutter die Forelle in einen Topf heißes Wasser, und mit schon angezogenen Schuhen verzehren wir das Tier. So frisch haben wir noch keine wilde Forelle gegessen, so gut hat uns noch keine geschmeckt. Forelle blau. Alle vier greifen wir zu, mit den Fingern (ausnahmsweise) und kommen fast zu spät.

Die Beerdigung hat eine heitere Atmosphäre, ungezwungen, nur die Tante muss schrecklich weinen, sie hat ganz rote Augen, die Lider klappen fast nach außen, sodass man etwas Weißes sieht. Die Kirche ist voll, die Leute sind alle in Schwarz und die kleinen Kinder für die Lockerung der Stimmung in bunten Jäckchen, die sie zum Teil schon dreckig gemacht haben. Danach stehen die Tante und einige weitere Verwandte nebeneinander am Ausgang der Kirche, und alle drücken ihnen die Hand. Auch meine Mutter steht in der Reihe. Sie weint auch, aber nicht so gebrochen wie die Tante, die fast in der Erde zu versinken scheint.

Danach gibt es ein Essen an einem großen Tisch in einem alten Landrestaurant in der Nähe, das viele dicke Holzbalken im Saal hat, Sichtbalken nennt man sie, und alle finden sie schön. Die Feierlichkeit der Leute einerseits und ihr Bemühen um Aufheiterung andererseits machen die ganze Sache wieder spannend. Schon nach dem ersten Gang dürfen wir aufstehen, und nach dem zweiten, als die Leute sich endlich gemütlich zurücklehnen und auch einige Erwachsene die Plätze wechseln, um mit diesem oder dieser Verwandten wieder mal ein Wort zu wechseln, schnappe ich mir einen Fotoapparat und finde Spaß daran, die Leute zu fragen, ob sie mir bitte behilflich sein könnten, ein Problem mit dem Blitz, ob sie schauen können, ob der Blitz kommt. Und ich drücke ab. Es gibt einige Verwandte, die auf den Bildern ganz erstarrt einen Punkt knapp oberhalb der Linse fixieren.

Einige gehen noch zusammen spazieren. Wir, als die sportliche Familie, sind natürlich ohnehin dabei. Irgendwann finde ich mich neben meinem Vater wieder, die anderen sind alle weit zurückgefallen. Er sieht elegant aus in seinem schlichten Jackett, den geraden Hosen, den schmucklosen Schuhen.

Hast du den Onkel Wolasch eigentlich noch gesehen, in

der Leichenhalle, frage ich. Mein Vater verneint. Wie er wohl ausgesehen hat? Wir marschieren stumm nebeneinanderher. Sie trägt es gut, die Tante Klärli, sagt er. Ich schaue ihn an. Ich will wissen, ob die Haut wirklich durchsichtig wird, wenn man stirbt, weiß und durchsichtig, wächsern, wie es immer in den Büchern steht. Er sagt, das muss man sich nicht ansehen, weißt du. Aber ich habe noch nie einen Toten gesehen, sage ich. Dann sei froh drum. Dass es dir nicht so passiert wie deiner Cousine, und dann will sie den Blick abwenden, als sie den Großvati an ihr vorbei hinuntertragen, und sie kommen genau auf sie zu, sie hat sich richtig in die Ecke gedrückt, sie wollte in der Wand versinken. Nein, das kann warten. Aber du kannst mir doch wenigstens sagen, wie man dann aussieht, bettle ich. Mein Vater schweigt. Das ist nie ein schöner Anblick. Er macht wieder eine Pause. Als ich so alt war wie du, da habe ich viele Tote gesehen, damals, im Krieg, und das ist nichts, was ich wieder sehen möchte. Und die waren richtig tot? Mein Vater schweigt. Hör mal, das hat jetzt wirklich nichts mit dem Onkel Wolasch zu tun, der ist einen schönen Tod gestorben, besser kann man es wohl kaum haben. Er schaut in die Landschaft. Hast du dir eigentlich schon einmal über das Sterben Gedanken gemacht? Da wärst du doch langsam in dem Alter, würde ich meinen. Wie meinst du, frage ich. Er zögert. Hast du schon einmal daran gedacht, dass auch dein Leben nicht unbegrenzt ist? Ich verstehe nicht ganz, was er damit sagen will. Dass man sich auch einmal den Ernst der ganzen Sache überlegen muss? Er schweigt. Ich sage, ich weiß nicht.

Er schaut mich an. Ich schaue ihn an. Ich denke, jetzt kommt dann sicher wieder so etwas Anstrengendes, wie als er einmal gesagt hat, man könne nicht immer nur an sich selber denken, man müsse auch an andere denken. Es hat mich einiges gekostet, mich immer wieder daran zu erinnern. Zuerst habe ich gedacht, das ist ja einfach, man versucht zu erraten, was die Mutter will, und das ist, dass der Abfall in den Container hinuntergetragen wird. Aber dann taucht immer wieder jemand auf, den man vergessen hat und dem man auch noch den Abfall hinuntertragen soll. Man denkt, dass man an den denkt und an den und auch ein bisschen vorbeugend an alle, und man nimmt sich zurück und schaltet vorsichtshalber ab und wieder einmal eine Denkpause ein, in der man versucht herauszufinden, wessen Abfall man wieder einmal vergessen hat hinunterzutragen, doch man findet einfach niemanden, und dann auf einmal redet man mit der Patentante am Telefon, und die fragt einen immer nur über die eigenen Erlebnisse, und man kann einfach so plaudern und erzählen, und dann denkt man, vielleicht will sie ja auch erzählen, und man fragt und es kommt nichts, und man denkt, warum habe ich nur nicht schon früher daran gedacht, vielleicht ist es jetzt zu spät, vielleicht regelt sie das jetzt anders mit der Müllabfuhr.

Der Onkel Wolasch ist gestorben, weil sein Herz stehen geblieben ist, das ist nicht schwer zu begreifen, und jetzt ist er nicht mehr da. Ich weiß gar nicht mehr, wann ich ihn zum letzten Mal gesehen habe. Und mein Herz, das kann gar nicht stehen bleiben, so stark wie es immer pocht, wenn ich mit dem Fahrrad den Berg hochfahre. Und die Lili von den Müllers, die unters Auto gekommen und fast gestorben ist, hat halt einfach nicht aufgepasst, rennt einfach ohne zu schauen aus dem Park direkt über die Straße, ein bisschen aufpassen muss man schon, doch das macht man ja sowieso schon, automatisch sozusagen. Aber vielleicht ist da doch noch mehr dahinter, und zwar etwas Anstrengendes, etwas zum ständig Aufpassen. Vielleicht hat er ja Recht, vielleicht sollte ich nicht einfach so planlos in den Tag hinein leben. Vielleicht ist es das, was er immer meint mit dem Ernst des Lebens, und ich weiß ja schon, ich bin da ein bisschen nachlässig, aber ich will mir Mühe geben. Ich kann ja wenigstens versuchen, ein bisschen daran zu denken, dass auch ich eines Tages auf einem Perron einfach umfallen könnte, wie der Onkel Wolasch, und vielleicht mehr aufpassen als normal. Damit man nicht unversehens umfällt, auf irgendeinem Bahnhof, während man noch an etwas ganz anderes denkt, an den Zauberberg zum Beispiel. Irgendwann einmal wird es eben ernst, und weil man nicht weiß, wann das ist, ist es eben jetzt schon ernst und man sollte nicht an anderes denken, das heißt, ein bisschen darf man schon. Eigentlich war der Tag so schön, mit der ganzen Beerdigung, aber er hat schon Recht, man sollte eben nicht so planlos vor sich hin leben, eigentlich.

Der Lehmeli hat sich aufgehängt, er wohnte neben uns und war in unserem Alter. Einfach in einer Scheune aufgehängt hat er sich. Danach haben die Nachbarn nicht mehr so viel mit seiner Mutter geredet, das heißt zuerst sehr viel und dann nicht mehr so viel. Manchmal stelle ich mir vor, der Lehmeli, obwohl ich gar nicht viel mit ihm spielte, er ist irgendwie ertrunken in dieser sanft gewellten Hügellandschaft, eigentlich wie auch wir versunken sind in dieser Voralpenlandschaft, und längst schon denke ich nicht mehr an ihn, wie der Rest der Welt auch gar nicht an mich denkt. Es müsste einen schon jemand wach küssen, aus diesem Schlaf in den grünen sanften Wellen – wie im Schlafsaaltraum. Aber es kommt keiner.

Einmal habe ich ein Gedicht geschrieben. Mein einziges Gedicht. Es hieß Brach. Ich war ein Acker, der brachlag. Das Gedicht beschrieb kurz den Acker und dass er auf etwas wartete, aber er wusste nicht, auf was. Und doch war da eine große Sehnsucht drin, die ich sonst nirgends festmachen konnte, nur an diesem Acker. Den Zettel bewahrte ich gut auf. Jedes Mal wenn ich das Gedicht las, war mir, als tauchte ich ein in eine versunkene Welt. Und als ich wieder aus ihr hervorkam, fragte ich mich immer, werden die anderen mich erkennen, wenn ich auf den Spielplatz hinausgehe, wissen sie noch, wer ich bin, haben sie mich nicht alle längst vergessen?

Wir gehen eine Weile stumm nebeneinanderher. Mein Vater fängt an, vom pastellfarbenen Mercedes zu reden, den wir von Onkel Wolasch hatten, vor dem schwarzen, und in unregelmäßigen Abständen sage ich, ach so. Der pastellfarbene Mercedes ist der, der im Schwarzwald kaputtgegangen ist, als wir die Ente gerammt haben. Es war ein schönes Auto, mit ganz großen Scheinwerfern vorne, halt ein bisschen altertümlich.

Mein Bruder rennt an uns vorbei. Weiter vorne biegt der Fußweg in einen Hof mit Kopfsteinpflaster. Ich renne auch los. Es riecht stark nach Pferden. Am Boden liegen Striegelbürsten. Hinter einer Koppel steht ein Fuchs mit einem hellen Schweif. Wir reißen Gras aus und halten es vor die feuchten schwarzen Nüstern. Man darf den Daumen nicht abspreizen, sonst wird er einfach mitgefressen. Die riesigen Lippen gehen auf, und dann muss man die Hand ganz schnell zurückziehen. Das Pferd hat ganz lange Zähne, eine schöne gerade Reihe, riesige Zähne, die aber ganz braun sind an den Hälsen. Die Indianer putzen ihre Zähne mit trockenen Zweigen. Die Pferde fressen immer trockene Zweige, trockene und auch grüne. Darum sind die Zähne an den Kanten auch weißer, von der Abnutzung. Beim Zahnfleisch unten sind sie ganz braun, das kommt vom Pflanzensaft. Bei Pferden macht das aber nichts, sie müssen sie ja eigentlich niemandem zeigen. Ganz vorsichtig kann man es am Hals tätscheln.

Nach dem Spaziergang, als wir uns auf dem Parkplatz von allen Verwandten verabschieden, eine Zeremonie, die fast kein Ende nehmen will, steigen wir wieder zu viert, geschniegelt, wie wir sind, in unseren schwarz glänzenden Mercedes und gleiten langsam und fast lautlos davon, mit gedrehten Köpfen durch die Hinterscheibe den anderen nachwinkend.

18

Ich öffne die Haustüre, und mein Vater steht im Wohnesszimmer. Ich gebe ihm zwei Küsschen, eins auf die rechte Backe und eins auf die linke. Bei Wolfsrudeln gibt es ein Ritual, bei dem die jungen Rüden sich auf den Rücken legen und dem Leittier den nackten Hals darbieten, sich ihm symbolisch und regelmäßig unterwerfen. In unseren Breiten bietet sich das Küsschengeben an. Das Jungtier muss sich strecken und so die ganze Vorderseite bis zur Gurgel öffnen. Das hat ebenfalls etwas Symbolisches und Regelmäßiges. Mein Vater gibt dabei keinen Laut von sich.

Da gewöhnlich er bei uns den Ton angibt und ich angestrengt bemüht bin, nach diesem Ton zu tanzen, und da er diesen Ton gewöhnlich sehr leise angibt, als ob ihm der Austausch mit Artgenossen lästig wäre, was ich ja grundsätzlich verstehen kann, gebe ich ebenfalls keinen Laut von mir. Das alles macht, dass unser Zusammenleben recht reibungslos abläuft, und ich bin stolz darauf, mich nicht etwa herablassen zu müssen und meine teuren Worte an die niederen Verrichtungen des Alltags verschwenden zu müssen, sondern sie für Höheres aufsparen zu können. Ich bin darin den Indianern gar nicht so unähnlich, auch sie hegen ja in der Regel, wie mir schon früh aufgefallen ist, eine Vorliebe für einsilbige Konversationen wie auch eine Abscheu vor allem Geplapper und Geschnatter, das ein Zeichen ist von Leuten, die nichts zu sagen haben, ganz ungleich meinem Vater, der eben selten spricht, aber wenn er spricht, richtig spricht, und überhaupt noch viel mehr zu sagen hätte, was mich einerseits wahnsinnig interessiert und wovor ich andererseits auch ein bisschen Respekt habe. Diese Art von Respekt ist es, die mich auf sein leichtes Räuspern, das nicht einmal ein Räuspern ist, sondern eher ein Die-Luft-Anhalten, aufmerken lässt. Ein Die-Luft-Anhalten des Vaters ist selten mit Erfreulichem verbunden, kein Wunder bei uns Buben, dass er dies so häufig tun muss, bei unserer penetranten Ungeschicklichkeit, mein Vater muss ungeheure Lungen haben, das heißt, er hatte sie noch nicht immer gehabt, er hat sie sich antrainieren müssen, seit wir beide auf der Welt sind. Zuerst hat er sein Klappfahrrad gegen einen Renner eingetauscht, und dann hat er dieses erste amerikanische Joggingbuch gekauft und ist joggen gegangen, als noch niemand joggen ging außer meinem Vater und ein paar Freaks in den USA und die Leute gedacht haben, der Mann, der spinnt, was natürlich überhaupt nicht stimmte, denn mein Vater war nur gewissenhaft. Er trainierte nur seine Lungen, um die täglichen Enttäuschungen seiner beiden Söhne schlucken zu können, ging jeden Morgen schon vor der Arbeit seine zehn Kilometer laufen. Er führte ein Büchlein, in dem er Tag für Tag seine Pensen eintrug und das wir an besonderen Tagen anschauen und sogar anfassen durften, allerdings nur mit schlechtem Gewissen, wussten wir doch, er nimmt das alles nur auf sich wegen uns, wären wir nicht gewesen, hätte er ab und zu eine gute Zigarre rauchen können und das Leben genießen, aber nein, er muss sich durch einen ganzen Stapel fein mit Kugelschreiber voll geschriebener bunter Ringnotizbücher laufen, eine Erdumrundung nach der anderen, nur weil wir beide ihn ständig zum Die-Luft-Anhalten zwingen mit unseren unmöglichen Ideen und Ungeschicklichkeiten. Vielleicht hätte es ja auch geholfen, wenn wir uns ein bisschen zusammengenommen hätten, ein bisschen nur, wie er uns ja manchmal zu Recht gebeten hat, aber auch dann wäre der Vater wohl nicht um ein gewisses Pensum an Sport herumgekommen. Er sagt, zu einer Art Meditation sei der Sport ihm geworden, auf seinen immer gleichen Zehnkilometerschlaufen kann er seine Probleme mit uns und auch mit wichtigeren Angelegenheiten sich durch den Kopf gehen lassen, indem er ständig die Luft anhält und sie in der nächsten Sekunde wieder herauslässt, das Joggen bietet sich hierfür hervorragend an, ich kann schon verstehen, dass ihm dies eine Befreiung verschafft auch von der Arbeit, denn auch diese muss er ja nur tun, weil er uns ernähren muss, ich möchte mir gar nicht vorstellen, was für ein schönes Leben er sonst führen könnte.

Als mein Vater dann die Luft wieder herausgelassen hat und mich anblickt und endlich zu sprechen anfängt, bin ich doch ein wenig erleichtert. Obwohl ich großen Respekt habe vor seiner Lungenkapazität, bin ich manchmal doch auch ein wenig besorgt, dass er die Luft vielleicht gerade in dem Augenblick anhalten müsste, in dem er sie eigentlich schon herausgelassen hat. Unvorstellbar, was dann geschähe.

Wie siehst du denn wieder aus, sagt er nur, und schon beginnt mein Hirn auf Hochtouren zu laufen. Ich weiß natürlich schon, dass ich nicht perfekt bin, das ist ja schließlich niemand, und die, die es behaupten, sind es sowieso am wenigsten, denke ich, drum sage ich lieber nichts.

Deine Haare, sagt er, was ist denn mit deinen Haaren los, das sieht ja aus wie ein Urwald. Ich schweige. So einen Volltreffer hätte ich mir auch in den höchsten Träumen nicht herbeizusehnen gewagt, ich sehe aus wie der letzte Affe aus dem tiefsten Urwald, wie mein Vater noch ausführen würde, müsste er nicht wieder Luft holen, ich bin ein ausgemachter Wilder. Ich bin ein roher Kerl, ein Wüstling vielleicht, jedenfalls einer, mit dem man rechnen muss, ein Mann mit einem Pokergesicht, das kalt ist wie eine Stahlplatte, der heimlich die schrecklichsten Dinge tut, mit viel Geld und vielen Frauen. Endlich habe ich erreicht, was ich mir ersehne schon seit ich denken kann, dass mein Vater erschrickt vor meiner Manneskraft. Ich werde ganz verlegen. Ja, sage ich, das kann man schon so sagen. Eine ganz schön wilde Sache ist das, füge ich noch hinzu.

Es ist das erste Mal, dass ich mich dem regelmäßigen und symbolischen Haareschneiden für einmal entzogen, bestimmt nur eine Sitzung beim zuständigen familieninternen Friseur übersprungen habe, nur um die nächste umso pünktlicher wahrzunehmen, doch das Unwahrscheinliche ist geschehen: Meine Haare sind gewachsen über die übliche kurz nach der Kopfhaut endende Länge hinaus und haben sich gewellt und gelockt, in vielfältigen Windungen. Endlich einmal ist etwas gewachsen an mir, wenn auch nicht der Körper, bei dem habe ich die Hoffnung schon längst aufgegeben, dass er eines Tages einmal die sagenhafte Länge meiner Altersgenossen erreichen wird, längst habe ich mich damit abgefunden, zu einer anderen Gattung zu gehören, auch sonst wachsen nirgends Haare an mir, weder unter den Achseln noch zwischen den Beinen, noch auf der Oberlippe, da, wo alle es sehen könnten. Nirgends ist bei mir auch nur ein Fläumchen auszumachen, wo andere schon mit härterem Werkzeug an die Arbeit gehen müssen, um ein bisschen Helligkeit zu schaffen auf den Wangen.

Einmal, an einer Chilbi, bin ich mit meinem Bruder durch die Stände marschiert. Es ist die Chilbi von da, wo der Totomann wohnt. Zu Hause an der Chilbi weiß ich, dass ich nur sehr wenig Geld kriege und dass es nicht gut ist, dieses Geld für solche Sachen auszugeben: Schleckwaren, die die Zähne kaputtmachen, wilde Bahnen, von denen einem sowieso schlecht wird, Glücksspiele, wo man doch besser etwas spielen sollte, bei dem man für sein Können belohnt wird und nicht für irgendeinen so genannt glücklichen Zufall. Bei uns im Dorf ziehen die Gleichaltrigen immer zusammen herum an der Chilbi, müssen lange noch nicht nach Hause.

An dieser Chilbi ist aber alles anders. Es ist heller Nachmittag, die Gassen zwischen den aufgestellten Schießbuden und Karussellen und Geister- und Achterbahnen sind fast leer, hart spüre ich den Fünfliber in der Tasche, den mir der Totomann gegeben hat, oder vielleicht auch die Tante. Fünf Franken sind viel Geld, aber man kann noch viel mehr daraus machen. Wenn man sie sparen würde, dann wären sie mehr nach einem Jahr, schon bald würde daraus ein Fünfliber und ein Zwanzigrappenstück, die dann lustig rasseln würden im Kässeli.

Eine blonde Frau in einer Schießbude lächelt uns freundlich zu. Ich bleibe verlegen stehen. Mein Bruder will weiter. Ich sage, wart schnell. Wart schnell kann man eigentlich nicht sagen, weil, wie mein Vater meint, man nicht schnell warten kann, warten sei immer irgendwie langsam, aber alle sagen es und hier hört er ja nicht zu. Ich gehe zum Stand und lasse mir von der Frau ein Gewehr geben. Es ist besser, wenn ich ihr die ganzen fünf Franken gebe, dann kriege ich noch ein paar Schüsse dazu, weil Aktion ist, das ist wie beim Multipack im Supermarkt. Das braune Holzgewehr ist schwer und unhandlich, aber ich lasse mir nichts anmerken. Mein Bruder steht ein paar Meter hinter mir, halb abgewandt, und wartet. Wartet ungeduldig, das heißt vielleicht sogar ein bisschen schnell. Ich ziele auf das längste Kalkröhrchen, das ist am einfachsten zu treffen. Es sieht überhaupt alles so einfach aus hier. Über dem Kalkröhrchen thront ein brauner, plüschiger Teddybär, der mir auf einmal als das teuerste Gut hienieden erscheint, jedenfalls ist er viel besser als die bunten Fläschchen oder rosa Bärchen, die daneben aufgesteckt sind. Kleine Bärchen sind sowieso schon schlimm, weil ich einmal im Kindergarten etwas hätte mitbringen müssen, ich hatte die Frau Grandjean einfach nicht richtig verstanden, ob sie jetzt Beerli oder Bäärli gesagt hatte, und getraute mich nicht zu fragen, worauf mir dann meine Mutter ein Körbchen Erdbeeren und einen faustkleinen Teddybär mitgab, weil ich es nicht wusste, man konnte ja auch einmal Erdbeeren statt einem Rüebli zum Znüni haben, oder ein kleines Maskottchen dabei, ich weiß gar nicht mehr, was es dann war, was wir eigentlich hätten mitbringen müssen.

Ich ziele auf das weiße Kreideröhrchen, ziele lange und schieße daneben. Das macht aber nichts, denn zuerst einmal muss man sich an das Gewehr gewöhnen. Die blonde Frau lächelt mir gutmütig zu. Ich ziele noch einmal, länger, schieße, und es ist wieder nichts. Ich bin ein wenig überrascht. Als ich mit dem dritten Schuss nur ein bisschen am Kreideröhrchen kratze, bin ich schon fast den Tränen nahe. Mein Bruder sagt von hinten, du musst auf die kleinen Röhrchen zielen, die sprengt es sofort ganz weg. Nachdem ich mir ein schon angeschossenes Röhrchen ausgesucht habe, das keinen zu bunten Bären darüber sitzen hat, schieße ich zweimal und treffe nicht. Die blonde Frau schaut einfach nur über den Platz. Ich habe noch drei Schüsse und ich denke, jetzt die Ballone, die im Gitter über diesem Haarföhn tanzen. Man muss warten, bis sie hinunterfallen, und schießen, kurz bevor sie im warmen Luftstrom wieder nach oben gerissen werden. Das Blech klingt hohl, kein platzender Ballon. Ich kehre wieder zum großen Bären zurück. Mein Bruder sagt, doch nicht so. Ich schieße, und wieder splittert ein kleines Stückchen ab. Mein letzter Schuss geht ins Leere. Ich wache auf wie aus einem Traum, die Frau lächelt mir zu und nimmt das Gewehr zurück, ohne ihr Gespräch mit einem älteren Herren zu unterbrechen. Viel Glück fürs nächste Mal, sagt sie, und ich sehe nur noch ihren Rücken.

Erst als wir schon ein paar Stände weitergegangen sind, erschrecke ich. Ich kann nicht glauben, dass der schöne harte Fünfliber nun einfach weg ist, und ich habe nicht einmal einen Trostpreis erhalten, das kann nicht sein, das steht in keinem Verhältnis zu dem Gefühl, das ich hatte, als ich noch vor der blonden Frau stand und alles lag mir zu Füßen. Ich will wieder zurück und das Geld zurückhaben, von der blonden Frau. Der Bruder sagt, komm jetzt. Die Tränen drücken in meine Augen. Ich wende mich zum Stand zurück, doch ich merke sehr schnell, dass man an so einem Stand mit Tränen in den Augen nichts zurückfordern kann. Wie kann das nur passiert sein? Dabei habe ich sonst immer so aufgepasst auf mein Geld, jedes Zwanzigrappenstück Taschengeld schön im Kässeli gespart, und jetzt auf einmal sind fünf Franken weg. Ich muss nur noch mehr weinen, wo ich eigentlich als ein Großer auftreten wollte, in dieser Schießbudenwelt, und ich schleiche dem Bruder hinterher, darauf bedacht, dass niemand meine roten Augen sieht.

Auf dem Rückweg sagt der Bruder, ich hab's dir doch gesagt, mit einem Unterton, als würde auch er bald zu weinen anfangen. Auch für ihn muss es schrecklich sein, seinen Bruder so zu sehen. Ich, der Liebe, der immer auch eine Aufgabe haben wollte, wenn der Vater dem Bruder das Fingernägelkauen vorgeworfen hatte oder seine notorische Nachlässigkeit, die noch schlimmer ist als meine, denn ich gebe mir wenigstens Mühe.

Später werde ich mir während eines ganzen Monats keine Süßigkeiten leisten, um die fünf Franken wieder hereinzuholen. Und noch später wird mir auf einmal der fatale Gedanke kommen, was wäre passiert, wenn ich die fünf Franken nicht verloren hätte und trotzdem sparen würde, so wie jetzt? Das heißt, es ist ein Junge denkbar, der ich bin und der im Sparen doppelt so weit ist wie ich, der die fünf Franken nicht verloren hat und der dazu noch gespart hat und vom Ganzen vielleicht sogar noch Zinsen erhalten. Das heißt, denke ich, ich muss doppelt so viel sparen jetzt, ich muss unbedingt doppelt so gut sein jetzt, damit das nicht ich gewesen bin, jener Junge, der seine Fünfliber so blöd verjubelt hat. Und es wird eine schreckliche Zeit kommen, in der ich mir einen noch viel sparsameren Jungen ausrechne, als es dieser vorgestellte schon ist, der mich in den Nächten verfolgen wird und auslachen, weil ich einfach nicht mit ihm mithalten kann.

Nicht etwa, dass du meinst, das sei etwas Erstrebenswertes, so ein Urwald auf dem Kopf, da kann sich allerlei Ungeziefer einnisten, es ist für die Haare viel besser, wenn sie kurz sind, ein regelmäßiger Schnitt ist das Beste, was den Haaren passieren kann. Wenn sie lang sind, fangen sie an zu verfilzen und fallen viel schneller aus. Das ist wie beim Gras, nur eine regelmäßige Pflege macht, dass die Haare voll und dicht wachsen. Diejenigen, die sie lang tragen, die sehen ja, was sie davon haben, ab einem gewissen Alter haben sie alle eine Glatze, wie der Onkel Hans. Du möchtest doch später keine Glatze haben, oder? Jahrelang habe ich dir mit viel Mühe die Haare geschnitten und jetzt machst du alles kaputt. Ich sage, aber man kann doch die Haare auch pflegen, wenn sie ein bisschen länger sind, oder nicht? Man kann sie ja genauso regelmäßig schneiden, wenn es das ist, was ihnen so gut tut, das kommt doch nicht auf die Länge an.

Das weißt du selber, dass du das nicht tust. Das ist viel zu viel Aufwand, und das willst du doch selber nicht. Wenn du Sport treibst, ist es außerdem viel einfacher und praktischer, sie kurz zu tragen. Lange Haare kriegst du auch nicht trocken nach dem Schwimmen. Und dann fangen die Leute an, die Haare zu föhnen, das ist doch ein völliger Unsinn. Das trocknet die Kopfhaut aus und mit der Zeit fallen ihnen alle Haare vom Kopf.

Aber man kann sie auch einfach trocken reiben, so wie du es immer tust, bei längeren Haaren braucht das nur ein bisschen länger. Das tust du eben nicht. Schau dich doch an, wie das herunterhängt an dir. Ich fasse mir unwillkürlich an den Kopf. Kaum mit der Faust hineingreifen kann ich ins Haar, so kurz ist es noch. Was wird er wohl von den Rocksängern halten, mit ihren Haaren bis an den Po, die sie dann in der Luft herumwirbeln können, frage ich mich, doch eigentlich will ich es lieber nicht wissen.

Und dann braucht man eben alle möglichen Salben und

Säftchen. Wenn die Leute auch noch irgendwelche Haarwässer einreiben, dann haben sie doch nur wieder nasse Haare. Und erkälten sich. All die Pflegemittel, die halten auch nicht, was sie versprechen. Gerade du bist doch auch einer, der für den Umweltschutz ist. Außerdem die ganzen Tuben und Flaschen. Ich selbst brauche höchstens ein paar Tropfen Shampoo jeden Morgen. Was meinst du, was diese Leute mit ihren Mähnen alle verschwenden? Nein, das Beste ist doch ein kurzer Haarschnitt.

Es ist vor allem dieses Umweltschutzargument, das mich überzeugt. Es ist eigentlich eine Schande, mit so vielen Haaren herumzulaufen. Ich weiß zwar nicht recht, wie häufig sich die Rastamen von der Reggaemusik die Haare waschen, vielleicht machen sie ja das alles wieder mit der Seltenheit ihrer Beanspruchung von Energie und Verbrauchsmaterial wett, wenn sie nur einmal pro Monat ein bisschen warmes Wasser über den Kopf laufen lassen. Außerdem könnte man den Stromverbrauch von ganzen Scherenfabriken einsparen. Andererseits kann es aber auch passieren, dass ein Rastaman wegen seiner Dreadlocks ein vorbeifahrendes Auto nicht sieht, und dann gibt es einen Unfall und die Polizei muss kommen, die kostet ja besonders viel, auch der Krankenwagen, vielleicht muss dann jemand im Spital liegen, zu ungeheuren Tagessätzen, und dann wäre das Wasser- und Shampoosparen einer ganzen Horde Rastamen wieder zunichte gemacht. Es wäre interessant, das einmal auszurechnen, wie viel Shampoo so ein Rastaman braucht, wenn er denn einmal etwas braucht, und wie viele Mal ein Rastaman unters Auto kommt wegen seiner Dreadlocks. Außerdem gibt es dann noch die Rastamen, die Zugführer geworden sind usw., und man müsste dann schon genau unterscheiden, ob der Unfall wegen einer Dreadlock im Gesichtsfeld des Rastaman verursacht wurde oder wegen einer defekten Anzeige. Und auf der anderen

Seite müssten dann auch alle Unfälle mitgezählt werden, bei welchen die kurzhaarigen Mütter, die das Glück haben, keine Rastas als Kinder zu haben, was ja eigentlich ein kleiner Teil der Bevölkerung ist, auf dem Weg zum Shampooshoppen verunfallen, was wiederum einen relativ großen Prozentsatz jenes kleinen Bevölkerungsteils ausmachen könnte, das heißt, man weiß es nicht genau, wie schlimm das Shampooshoppen nun ist, aber womöglich wären dann die ganzen Kosten doch in den Bereich des Bedeutenden gerutscht.

Einmal hatte ich mir am Automaten im Hallenbad, wo wir trainierten, mit französischem Geld Süßigkeiten herausgelassen, ein französischer Franc für einen Einfränkler, das kommt viel billiger. Dummerweise hatte ich es dem Vater erzählt, worauf ich dann ausrechnen musste, um wie viel ich den Automaten betrogen hatte, und dann musste ich es zurückgeben. Wie, das sei mir überlassen, meinte mein Vater nur. An mehreren aufeinander folgenden Tagen bin ich im Hallenbad aufgetaucht, habe mit dem Bademeister, einem Bekannten aus dem Sportclub, stundenlang im Eingang gesessen und geplaudert, immer wieder aufstehend und mir ein Packet Chips oder ein Getränk herauslassend, wobei ich immer wieder zu viel einwarf, viel zu viel, genau ausgerechnet wie viel zu viel, und dann wie ein Großer fluchte, Scheißapparat. Als der Freund nach dem x-ten Mal neben mir stand und sagte, ich glaube, du machst da etwas falsch, aber das ist wirklich ein Scheißapparat, warte, ich hole den Schlüssel, da winkte ich großzügig ab, nein, nein, schon gut.

Ich weiß auf einmal gar nicht mehr, ob es nun sparsamer ist, lange Haare zu haben und sie nicht zu waschen oder kurze und sie regelmäßig zu waschen. Man könnte die Haare ja auch einfach überhaupt nie waschen, aber dann würden einen wohl die Leute immer anstarren, was zu einem ständigen

Die-Luft-Anhalten führen würde und zu einem kompensatorischen Sporttreiben, was wiederum die Kosten rapide in die Höhe schnellen ließe, eine weitgehend als positiv angesehene Ankurbelung der Wirtschaft. Aber vielleicht wäre es überhaupt besser, sich die Haare ganz abzurasieren, obwohl das natürlich extrem kurzsichtig gedacht ist, das müsste man natürlich regelmäßig machen, und nur schon um die ganzen Rasierer herzustellen ist eine ganze Industrie nötig, außerdem die ganze Werbung dafür und die wegen mangelhafter Werbung in Konkurs gehenden Betriebe von Rasiererherstellern, außerdem die Schaber, allesamt Wegwerfprodukte, all das wäre wahrscheinlich auch viel zu viel, dann lieber sich nackt vor dem Vater in die Badewanne stellen, er schnippelt ein bisschen an einem herum und ist zufrieden danach, kann aufatmen, und dann gibt man sich unter der kalten oder, wenn warmen, dann nicht allzu lang laufenden Dusche drei, vielleicht auch vier Tropfen mildes Shampoo in die Hand und auf die Haare und wäscht sich den Kopf, wie es sich gehört. Das ist wahrscheinlich schon das Beste.

Kannst du mir bitte morgen die Haare schneiden, frage ich, und mein Vater antwortet, mitten im Ausatmen, naturgemäß verunsichert über die unvorhergesehene Störung, mal sehen, ob ich morgen Zeit habe, gewiss, oder sonst übermorgen. Ich wusste ja, dass du vernünftig bist.

19

Als wir am Wochenende zu viert spazieren gehen, ist schon wieder viel Wasser die Alpenhänge hinuntergeflossen und meine Haare sind gestutzt, wir atmen alle aus vollen Lungen die frische Luft der Natur. Wir gehen häufig in die Natur hinaus, denn die Natur ist ein Raum, der selten oder nie von Menschenhand beeinträchtigt ist, wie wir ständig beeinträchtigt sind, und genau solche Störungen der Eintracht sind es ja, die einen den Atem anhalten lassen, das heißt wenigstens meinen Vater, und wo er freier atmet, sind auch wir glücklich. Überhaupt haben wir gelernt, dass das ganze Übel von den Menschen kommt, und jetzt gibt es auch noch die Überbevölkerung, das heißt zusätzlich zum Übel, das ein Mensch an und für sich ist, kommt noch die Tatsache hinzu, dass es zu viel gibt von diesen Übeln, die die Menschen sind, und zu viel von Zuviel ist eindeutig zu viel, das sehe auch ich ein, als grundsätzlich menschenliebender Zeitgenosse.

In der Natur hingegen ist es meistens schön. Es gibt zwar Orte, die durch die Gegebenheiten einen etwas exponierteren oder schrofferen oder vielleicht unfreundlicheren Charakter aufweisen, aber meist sind auch diese schön, man muss ihre Schönheit nur finden. Ich habe nämlich herausgefunden, dass vor allem diejenigen Orte als schön bezeichnet werden, die zum Bleiben einladen, und diejenigen, die dies nicht tun, nicht, was ja eigentlich seltsam ist, aber andererseits auch verständlich. Aber wenn man dann lange genug in der Natur herumläuft, wie uns das mit den Eltern immer wieder geschieht, kommt man in eine Art Reisefieber und man findet auch Orte schön, die nicht zum Bleiben einladen, weil man auch gar nicht so unbedingt darauf angewiesen ist zu bleiben. Und irgendwann findet man auch karge Landstriche schön, wie meine Eltern. Das Beste aber ist, dass in der Natur eindeutig wir beiden Buben die Führung übernehmen, nach dem in unserer Familie vorhaltenden Glauben, dass wir beide als Kinder uns hier besser zurechtfinden, das heißt, uns wird, weil wir im geordneten Bereich der Gesellschaft ständig irgendwelcher Übertretungen überführt werden, hier in der Natur eine seltsam weitreichende Intuition zugeschrieben, der wir auf unseren Spaziergängen auch tatsächlich folgen dürfen und damit unsere Eltern entführen in für sie angenehm abweisende, unterschätzt überhängende oder aufreizend zugewucherte Kletterpartien, nach welchen wir jeweils wieder froh sind, irgendwo in der Zivilisation zu landen, bei unserem Auto oder in einem Dorf mit Häusern, und vielleicht dann doch mit Menschen.

Obwohl, auch hier, in der Natur, weiß ich nie genau, ob wir jetzt nur in der Natur sind, um die Natur zu genießen oder weil alles andere ungenießbar ist, was nicht Natur ist. Andererseits sind wir so doppelt abgesichert. Können wir nämlich der Natur irgendwelcher widriger Umstände wegen einmal keinen Genuss abgewinnen, dann wissen wir immerhin, dass es außerhalb der Natur nur schlimmer wäre, dass wir also sozusagen noch immer auf der guten Seite sind. Da ich das Ganze wieder einmal genauer wissen will, zum irgendwo Einbringen, später einmal, steht mir mein Vater Rede und Antwort.

Wir haben uns in einer Lichtung auf einen umgefallenen Baumstamm gesetzt und meine Mutter beginnt, den Wanderrucksack auszupacken, die Plastikwasserflasche, das Vollkornbrot und den Hartkäse. Mein Vater lacht. In unseren Diskussionen bin ich sowieso, sind wir beide, mein Bruder und ich, sowieso die Unterlegenen. Es gibt keine einzige, in welcher einmal eine Behauptung oder eine Erzählung unsererseits den Hieben seiner Argumente standgehalten hätte, jede meiner Sandburgen und jedes meiner Luftschlösser noch sind in sich zusammengebrochen, meist schon, nachdem er kaum sein erstes Wort gesagt hat. Er macht immer so lange, was meist eher kurz ist, bis unsere Wahrnehmungen und Berichte der sinnlosen Übertreibung bis hin zur böswilligen Verfälschung von Tatsachen überführt sind. Darum ist es einfach besser, dumme Fragen zu stellen, weil man sich da keiner Illusion hingibt, etwas sei wahr oder wichtig oder welthaltig, man weiß im Vornherein, dass man nur eine dumme Frage gestellt hat, obwohl auch das ein bisschen Überwindung braucht, vor allem, wenn man versucht zu gefallen. Ich glaube, du machst dir zu viele Gedanken, sagt mein Vater, sag uns lieber einmal, wo es hier nachher langgeht.

Warum sind wir eigentlich mit dem Auto hierher gekommen? Das ist doch eine ziemliche Umweltverschmutzung, oder etwa nicht? Mein Vater lacht. Du bist gerade der Richtige. Dich hätte ich sehen wollen, wenn ich gesagt hätte, wir fahren mit dem Fahrrad. Ich wäre schon mit dem Velo gekommen, sage ich. Weißt du, wie weit wir hier weg sind von zu Hause? Es ist etwa doppelt so weit hierher wie zur Sattelegg, erinnerst du dich noch? Aber das ist doch kein Problem jetzt, es liegt ja kein Pass dazwischen, sage ich, und man könnte ja auch gemütlich fahren. Außerdem hätten wir gar nicht unbedingt so weit kommen müssen.

Jetzt widersprichst du dir aber selber. Er macht eine Pause. Du wolltest doch unbedingt ins Hochmoor kommen, und ohne Auto wäre das nun einmal nicht zu machen gewesen. Ich wäre der Erste, der das Auto zu Hause stehen ließe. Warum haben wir dann zwei Autos? Das haben wir dir schon hundertmal erklärt, sagt er. Jetzt übertreibt mein Vater, maßlos. Weil es ökologischer ist. Weil wir erstens ein großes brauchen für das Ferienhäuschen und es zweitens ein ökologischer Unsinn ist, mit dem großen Auto auch einkaufen zu fahren. Aber es ist doch ein viel größerer ökologischer Unsinn, sage ich, ein zweites Auto überhaupt erst zu produzieren. Mein Vater schweigt. So viel wie wir herumfahren, kommt das überhaupt nicht drauf an, schau dir die anderen an, wenn alle so wenig fahren würden wie wir, wären die Straßen leer. Das interessiert mich nicht, was die anderen machen, werfe ich so schnell ein, als hätte ich das Sätzchen schon irgendwo einmal gehört. Dann schau dich an, wenn du stundenlang unter der Dusche stehst, da könntest du auch einmal an die Umwelt denken. Das zählt nicht, verglichen mit den Autos, sage ich. Ich würde ja auch viel lieber ohne Auto leben, lenkt der Vater ein. Und warum tust du es nicht? Mein Vater gestikuliert. Mir wäre nichts lieber als das, sagt er. Aber du tust es trotzdem nicht. Ich schaue ihn mit ernstem Blick an. Er muss wieder lachen.

Auch mein Bruder meldet sich nun zu Wort und seine Fragen schießen wieder einmal wild ins Kraut, was der Vater überhaupt nicht mag, wie die Mücken, die, angezogen vom feuchten Moos zu unseren Füßen, in schwankenden Wolken zu den Sonnenstrahlen um uns herumtanzen: Warum können wir denn nicht mit dem Zug ins Ferienhäuschen? Warum können wir nicht mit dem Fahrrad einkaufen? Warum können wir nicht auf den öffentlichen Verkehr umsteigen?

Jetzt muss auch meine Mutter lachen. Ihr Bequemlinge. Ihr seid gerade die Richtigen. Und wer hilft mir dann, die zwölf Liter Orangensaft aus dem Dorf hochzuholen, und kiloweise Früchte und den ganzen Rest? Die Milch, das Toilettenpapier, die Müesliflöckli, den Weichspüler, die Teigwaren, das Gemüse, den Salat? Und dann all die Joghurts? Die Leute schauen ja jetzt schon, wenn ich mit meinem voll beladenen Einkaufswagen an die Kasse komme, wie kürzlich die Meiere, hast du eine Armee zu Hause, hat sie kürzlich gefragt, was macht ihr denn mit all dem Zeug.

Ich helfe schon, sage ich, und mein Bruder sagt, ein wenig leiser, ich auch. Dann fügt er noch an, also manchmal. Nur schon, wenn ihr mir die Einkaufstüten aus der Garage hochtragen sollt, ist euch das zu viel. Oder die Abfallsäcke in den Container hinunter. Meine Mutter schmunzelt jetzt. Ein bisschen vernünftig muss man schon sein. Aber schau nur, sage ich, da oben, all die Tannen, die haben ja fast keine Nadeln mehr, es gibt praktisch keine gesunden Bäume mehr, nicht einmal hier auf dem Hochmoor, das Waldsterben ist schon überall, und dann fahren wir mit dem Auto in der Gegend herum, als sei nichts gewesen. Stell dir einmal vor, wenn alle das tun. Diesen Satz könnte auch mein Vater gesagt haben.

Aber die haben noch stattliche Zapfen, wenigstens die dort, und so viele. Meine Mutter zeigt auf eine Tännchengruppe am Rand der Lichtung. Das ist der Angsttrieb, rufen wir beide zugleich, das ist doch der Angsttrieb, kurz bevor sie ganz absterben, haben sie noch einmal einen Angsttrieb. Zur Genüge haben wir die Diskussion schon gehört im Fernsehen. Wegen des Angsttriebs muss ja der Vater immer den Müll aus dem Wald in seinem schwarz glänzenden Mercedes nach Hause fahren, den wir dort aufgesammelt haben, um ihn an einem geeigneten Ort zu entsorgen. Wegen des Angsttriebs muss manchmal auch die Mutter beim Langlaufen die leer gegessene Biskuitpackung im Ausschnitt mittragen, einen seltenen Tierkot drin, den ich zu Hause auf Schwermetalle untersuchen will und den sie nicht im Rucksack haben möchte, was ja auch wieder verständlich ist. Wegen des Angsttriebs rollen wir riesige Baumstämme auf Bergstraßen und lassen nach gut eidgenössischer Tradition Steinbrocken darauf herniedergehen, sodass sie für verbrennungsmotorbetriebene Gefährte nicht mehr passierbar sind. Wir tauchen in die Bäche und Seen, um sie von Unrat zu befreien. Wenn wieder Laichzeit ist, helfen wir in der Nacht den Kröten über die Straße, die es doch irgendwie über diese Abfangnetzchen geschafft haben, die sie zu den Unterführungsröhren leiten sollen, bremsen die Fahrer auf ein amphibisch korrektes

Kriechtempo herunter. An jedem Auto, an dem ich vorbeigehe, verdrehe ich den Rückspiegel, denn nur ein unfalltoter Fahrer ist ein guter Autofahrer. Wir erschrecken Spaziergänger, damit sie einen bestimmten Waldweg nicht gehen, wo vor ein paar Minuten noch friedlich ein paar Rehe geäst haben, und in einem heißen Sommer graben wir ganze Kanalsysteme, damit der gallertige Froschlaich mit den schwarzen Punkten in den durchsichtigen Kugeln nicht an der Sonne vertrocknet und das Biotop ein weiteres Jahr überleben kann, eins noch, wenigstens. Wer soll denn warten müssen, die Natur oder die nicht zu ihr zurückwollenden Menschen?

Ich muss auf einmal daran denken, wie es bald mit der Natur zu Ende gehen wird, auf einmal und rasant, nach einer länger anhaltenden Phase der Scheinstabilität, wie es zu Ende geht mit unserem Planeten, und da will ich nicht einer sein, den man am Schluss im falschen Lager findet. Es kommt mir auf einmal unerträglich vor, zusehen zu müssen, wie die ganze Schöpfung elendiglich zugrunde geht, nur weil wir mit unseren Eltern die Straße von unserer Garage bis hierher mit Abgasen verpestet haben. Es ist mir plötzlich völlig uneinsichtig, warum ich da noch mitmachen sollte, in dieser ohnehin dem Untergang geweihten Zivilisation, warum ich jetzt nicht ausbrechen sollte, die letzte Gelegenheit vor dem Kollaps.

Ich bleibe hier, sage ich. Es ist still geworden auf der Lichtung. Ich bleibe hier, sage ich noch einmal, mit etwas dünnerer Stimme. Wo das Auto ist, weißt du ja noch, das heißt, wenn du dich nicht verläufst, wir machen jetzt auch nicht mehr lange. Wenn du nicht da bist, musst du halt sehen, wie du nach Hause kommst. Mein Vater hat mich nicht begriffen. Ich bleibe hier, ich meine für immer, sage ich. Es handelt sich um eines der letzten Hochmoore im Alpenraum, bestimmt ein idealer Platz, um ein neues Leben anzufangen. Meine Mutter ist bei solchen Sachen etwas schneller von Begriff. Und wo willst du denn schlafen, heute Nacht? Ich suche mir schon etwas zusammen, das ist kein Problem. Und was willst du essen? Ich habe doch eben gegessen, außerdem gibt es hier massenhaft Beeren und Wurzeln. Aber bis zum Abend ist es noch lang, sagt meine Mutter.

Mein Bruder hingegen scheint nicht Stellung nehmen zu wollen. Einerseits will er, wennschon, auch hier bleiben, aber andererseits scheint ihm die ganze Sache mit dem feuchten Moos und den faden Wurzeln doch entschieden zu unbequem. Ich bleibe noch ein bisschen bei ihm und treffe euch dann beim Auto, sagt er. Fast ist es, als wolle er den Todgeweihten noch ein Stück weit begleiten. Hau ab, sage ich, entweder du bleibst richtig oder du bleibst gar nicht. Halbstarke kann ich hier nicht gebrauchen. Der Vater sagt noch immer nichts.

Aber in der Nacht wird es kalt, meint die Mutter, und schau dich an, du hast ja nur noch einen Pulli dabei und mit den kurzen Hosen wird dir auch nicht recht warm. Meine Mutter meint es gar nicht so, wie sie es sagt, natürlich findet sie meine Idee unmöglich, aber sie versucht trotzdem, mich zu überzeugen. Ich kann ja in eine Scheune gehen und mich im Stroh verkriechen, mach doch nicht so ein Zeugs draus, sage ich. Euch geht es einfach zu gut, höre ich auf einmal die Stimme des Vaters. Euch geht es einfach zu gut. Es ist ja schön und recht, etwas für die Natur unternehmen zu wollen, aber das hier ist barer Unsinn. Das bringt doch niemandem etwas. Das ist wie diese Demonstranten überall, das bringt niemandem etwas, nur Kosten für den Staat, alle die Absperrungen und dann die halb Erfrorenen, die man irgendwo in der wilden Natur wieder einsammeln muss. Was meinst du, was das kostet, so eine Helikoptersuchaktion?

Ich habe natürlich keine Ahnung, was die Kosten einer regional ausgedehnten Helikoptersuchaktion betrifft, wie mein Vater noch ausgeführt hat, ich weiß nur, dass jetzt schnell etwas geschehen muss, bevor endgültig all das Lametta von den Tannen fällt. Wenn kein Lametta mehr an den Tannen hängt, ist die Feier nämlich vorbei auf dieser Kugel, und wenn alle nur vernünftig sind, dann kommen wir auch nicht weiter und reiten uns nur noch mehr in den Schlamassel.

Dann kommt es, und vielleicht geht es gerade darum so unbemerkt vorüber, weil hinter mir all die dürren Tannen mit den hängenden Ästen stehen, ein ganzer Wald voll Sträflinge, die sich nicht zu rühren wagen. Völlig unkontrolliert geht mein Mund auf und ich höre ihn etwas sagen, das mir das Blut in den Adern gefrieren lässt. Das Maul halten solle er, sage ich, er solle doch einfach das Maul halten. Ich würde im Moor bleiben und sie sollten verschwinden. Am meisten erschrecke wohl ich selbst ob meiner Frechheit. Ich habe gewagt, meinem Vater die Sprache zu verbieten, die doch eigentlich ihm gehört. Der Himmel müsste in tausend Scherben zerspringen, wenn es da irgendwo Gerechtigkeit gäbe, wenn mein ganzes Leben bis dahin nicht einfach nur unwirklich gewesen ist. Oder vielleicht warten sie ja noch ein bisschen zu mit der Strafe da oben, lassen einen schmoren, sozusagen. Ich schweige, harre, erstarrt, der Dinge, die jetzt kommen werden. Und das Unmögliche geschieht, der Vater sagt kein Wort. Sie verschwinden tatsächlich.

In den Sommerferien arbeite ich einmal in einer Sonnenstorenfabrik, eine meiner ersten Arbeitsstellen, bei der ich eine ganz andere Art von Meister kennen lerne. Ich sitze auf einem runden Hocker, den ich mir auf eine angenehme Höhe hochgeschraubt habe, vor einer Bohrmaschine. Rechts von mir steht eine leere Palette und links eine volle Palette, bis an den Rand gefüllt mit Sonnenstorenübersetzungsgehäusen. In jedes Sonnenstorenübersetzungsgehäuse kommen zwei Löcher, damit die Sonnenstorenübersetzungsgehäuse an den Eigenheimen befestigt und dort ihren schützenden Dienst verrichten können. Damit die Bevölkerung nicht hilflos der Sonne ausgeliefert ist, sondern im kühlen Schutz des Schattens sich vorbereiten kann auf den nächsten Arbeitstag. Ich zum Beispiel werde ihn damit verbringen, Löcher zu bohren in die Übersetzungsgehäuse von Sonnenstoren.

Rechts an der Maschine sitzt ein Hebel, wie bei einem Glücksspielautomaten, den ziehe ich herunter, sobald ich das Teil platziert habe, dann drehe ich es und ziehe noch einmal. Das Gehäuse werfe ich nach rechts in die leere Palette mit den Holzwänden. Das gibt ein Klong. Später, als dann schon ein paar Stücke daliegen, gibt es zuerst ein Klingkling und dann erst ein Klong. Im Lärm der Halle trägt mein Klingkling-Klong nicht viel zum Ganzen bei, aber immerhin ist es hörbar. Auch Mario hört es, der schon fünfundzwanzig Jahre in der Fabrik arbeitet, sein Geld regelmäßig nach Italien schickt und bald auch wieder dorthin zurückkehren will, ob er es dann machen wird, ist wieder eine andere Frage. Um neun Uhr gibt es Kaffee aus beigen, gerippelten Plastikbechern. Die anderen haben Brötchen bestellt. Diese Woche habe ich die Bestellungen der Arbeiter aufzunehmen. Sie wollen immer dasselbe und das nehme ich auf. Ich habe das erste Mal nichts genommen und werde auch während meiner ganzen Ferienarbeit nichts nehmen. Aber meine Mutter gibt mir Brote mit. Die darf ich nur in den Pausen essen. Dazwischen das Klinkling-Klong, das sich manchmal schon zu einem Klingklingkling-Klong auswächst. Ich horche auf die Musik dieser Halle. Das rhythmische Stampfen der Maschinen. Die Rufe. Das Quietschen, wenn Metallstangen auf die Regale geschoben werden. Die dumpferen Schallwellen, wenn die Flügel der durchsichtig-biegsamen Plastiktüre in die nächste Halle aufgestoßen werden. Das helle Surren des Gabelstaplers. Und tatsächlich irgendwo ein Radio. Dazwischen mein Klingkling-Klong und mein Klingklingkling-Klong. Ich erhöhe die Frequenz. Wenn ich in Gedanken abgleite, höre ich plötzlich keine Hintergrundgeräusche mehr. Das Klingkling-Klong soll regelmäßig sein. Ich konzentriere mich. Ich arbeite effizient. Den Stundenlohn, den ich hier verdiene, habe ich bestimmt verdient. Mario schiebt seinen dicken Bauch an mich heran. Er zeigt mir, wie die Teile zu halten sind. Er hat dicke Hände, die die Teile ganz bedächtig umfassen. Er schaut mir zu. Ich arbeite noch schneller. Er lacht. Piano ragazzo, sagt er, piano, piano. Bis zum Fiirabig isch no lang. Er plaudert mit mir, in seinem italienischen Schweizerdeutsch. Wir arbeiten nicht, wir reden nur. Ich weiß gar nicht, wohin ich meine Hände stecken soll. Er sagt, ich muess nur no zäh Jahr, dänn bin ich fertig und chan zrugg uf Italie. Er lacht. Das isch no lang, sagt er, drum piano, piano. Ich muss nicht mehr so verkrampft auf die sich nur langsam füllende Palette schauen, ich muss an Marios Pensionierung denken. Nachdem er gegangen ist, schmiegt sich das Klingkling-Klong viel harmonischer und ruhiger ein, in die Symphonie dieser Maschinenhalle.

Wie ich wieder nach Hause gekommen bin nach meinem unabgekürzten Ausflug in die freie Natur, weiß ich nicht. Auf jeden Fall habe ich es gar nicht lange ausgehalten auf der Lichtung, auch war die Sonne schon bald weg. Ich habe mich auf den Weg gemacht, in Richtung Alpen, einfach nicht in diejenige, aus der wir kamen, und auch nicht in die, in der sie verschwunden waren. Mir war alles egal und ich wusste, dass ich in diesem Land ohnehin nicht weit gehen konnte, ohne bald auf Zivilisation zu stoßen, die mir auf einmal gar nicht mehr so verhasst war. Einen leeren Joghurtbecher, den ich fand, wusch ich in einem Tümpel aus und trank am Bach daraus. Später warf ich ihn sorgfältig zusammengefaltet in einen der dafür vorgesehenen vergitterten Abfalleimer.

20

Jedes Jahr einmal heißt es, wir fahren nach Deutschland. Das bedeutet vier Stunden Fahrt, meistens vier, über die normale Schweizer Autobahn und die mit Spinnerfahrern volle deutsche, das heißt, wenn wir nicht durch den Schwarzwald fahren, wie einmal, und dann rammten wir die Ente mit der achtzehnjährigen Frau, die sich doch nur zu ihrem Pudel hinabgebückt hatte, und als sie wieder am Steuerrad auftauchte, war sie auf unserer Straßenseite. Den Führerschein hatte sie zwei Tage zuvor gemacht. Mein Bruder ist nach dem Aufprall davongelaufen, wie diejenigen, von welchen man später im Samariterkurs lernt, dass man sie nicht davonlaufen lassen darf, und meine Mutter sagte mir, geh ihm nach. Seltsam machtlos war ich ihm gegenüber, konnte nur neben ihm hergehen, wie neben einem Erwachsenen, aber ihn zur Umkehr bringen konnte ich nicht. Der Vater hatte dann einen Nasenbeinbruch und der pastellfarbene Mercedes einen Chassisbruch, der Vater blieb mit seiner leichten Gehirnerschütterung die Nacht über im Spital, der pastellfarbene Mercedes beim örtlichen Schrotthändler. Den Vater holten wir am nächsten Morgen ab, meine Mutter und er waren wie die jungen Leute in den Liebesfilmen, schauten sich lange in die Augen und hielten sich umarmt. Und dann gingen wir nicht mehr ganz nach Deutschland weiter, obwohl wir schon ein bisschen in Deutschland waren, sondern mit dem Taxi nach Hause zurück, über die Autobahn, mit dem Taxi, und der Zähler tickte und tickte, aber ich glaube, es machte nichts, denn das bezahlte die Versicherung. Die Fahrt war aber trotzdem ganz schön teuer.

Das Land, in dem die Gartenzäune so wichtig sind und zwischen den gestutzten Tännchen die Zwerge, links ein Reh, aus Kunststoff ebenfalls oder aus Keramik, rechts ein Fliegenpilz, aus demselben Material. Immer haben wir uns lustig gemacht über dieses Deutschland, in dem die Häuser keine Mauern hatten wie bei uns, nur Wände, bunt bestrichen. Lachen mussten wir über die steifen Stehcafés, die braven Kinder (willst du mit mir spielen?) und all die lustigen Beschriftungen. Humaner Krankentransport, als ob es auch inhumane gäbe. So umständliche Worte wie Gehsteig musste man sagen und Schlafanzug, wenn man verstanden werden wollte, die kleindeutsche Genauigkeit, ein Steig zum darauf Gehen, ein Anzug zum darin Schlafen, warum nicht einfach Trottoir, Pyjama, Velo, warum auch umständlich, wenn's einfach geht und dazu noch schön? Und dann gewöhnt man sich das irgendwann an und redet selber auch nur noch von Fahrrädern, Rädern zum damit Fahren. Wenn wir dann wieder zurückkamen, über die Grenze (Pässe, die Pässe hervorholen, zeig mal, ich will auch sehen, oh, bei euch sind noch Schwarzweißfotos, oh, der Vater sieht aber jung aus darauf), stimmten meine Eltern, sobald sie die Berge sahen, immer jenes Lied an: I de Schwiiz, i de Schwiiz, da simmer dihei … auch der Vater, mit seinem deutschen Akzent.

Wir fahren gerne nach Deutschland, wir zählen auf der Autobahn einerseits die Fasane und andererseits die Raubvögel, kommen dabei auf Summen, die alle Schweizer Rekorde schlagen. Deutschland ist viel besser für solche Vögel, obwohl hier alles flach ist, oder vielleicht gerade darum.

Erst viel später erfahre ich von jener Diashow, die meinen Großeltern vorgeführt wurde, als ich noch klein war, auf welchem Projektor das war, weiß ich auch nicht. Die Großeltern waren extra aus Deutschland gekommen und weil sie ja nicht, wie die Schweizer Großeltern, ihre Enkel in Amerika anschauen kommen konnten, kriegten sie eben eine Diavorführung geboten von den ersten Freuden der jungen Eltern. Mein Vater schaltet den Projektor ein, und was als Erstes erscheint, ist ein Bild von ihm, mein Vater beim Windelnaufhängen. Zuerst die Reaktion der Großeltern: Empörung, er muss also doch alles selber machen, während diese Frau nur faul herumsitzt. Und die Erklärung zum Bild: Der Vater, der nie etwas im Haushalt getan hat, kein Blut sehen kann und nicht kochen, außer Fondue, musste einmal, in der Not der modernen Kleinfamilie, selbst Hand anlegen. Weil das für meine Mutter aber ein so urkomisches Bild war, wie der Vater Windeln anfasst und sie tatsächlich aufhängt, ist sie natürlich sofort zur Kamera gesprungen.

Erst viel später erfahre ich auch von diesem anderen Besuch meiner Großeltern in der Schweiz, von diesem Überraschungsbesuch, als meine Mutter in den Bergen ist, natürlich mit uns beiden Kindern faulenzt, während der arme Junge schuften muss. Er könne schon wieder zurückkommen, zu ihnen, wenn er wolle, sagen sie ihm, ihm, der so lange gewartet hat mit dem Heiraten, und dann ist es immer noch nicht recht. Auch wenn schon Kinder da seien, sie verstünden ihn ja, er könne wieder zurückkommen. Es müssen ein paar unschöne Worte gefallen sein bei diesem Besuch, und seither ist mein Vater froh, dass wir in einer gewissen Distanz von ihnen wohnen.

Als wir einbiegen, nach dem endlos in Erinnerung gerufenen Rechts, Links, dann noch mal Links, in das Sträßchen, das zu den drei Hochhausblöcken führt und dort endet, auf der rechten Seite die quer stehenden Autos nach einer Lücke absuchend, können wir schon oben, ganz oben in einem der Hochhäuser, in einem kleinen Fensterchen, die Bewegung der Gardine sehen und die Hand der Großmutti, die winkt, ihren Kopf, den sie etwas schief hält. Wir steigen aus und rennen schon herum, noch bevor der Motor abgestellt ist. Am Ende der Reihe von Autos, die alle so anders sind als bei uns, alles Mittelklassewagen, wie es in unseren Quartetten immer heißt, steht ein Schild. Wir lesen es und müssen schon wieder lachen. Wir sprechen doch eigentlich dieselbe Sprache, oder nicht? Ein solches Wort ist uns noch nie untergekommen: Wendehammer. Kein Aufenthalt im Bereich des Wendehammers, steht da. Als meine Eltern in ihrer eleganten Kleidung das Ende des Parkplatzes überqueren, machen wir sie rechtzeitig und freundlich darauf aufmerksam und können wohl gerade noch ein Unglück verhindern: Bitte nicht im Bereich des Wendehammers, hier ist der Bereich des Wendehammers, hier freihalten bitte. Die Eltern finden es nicht sehr lustig und schauen freundlich nach oben, zum Fensterchen.

Im vierzehnten Stock steht die Großmutti in der Türe, ein Schatten hinter ihr, der Großvati, im Dunkel dieser wie mit Brokat oder Gold ausgekleideten Höhle, die ihre Wohnung geworden ist, hier im Westen. In der sie sich doch nie ganz wohl fühlen, immer denken, sie würden durch die Fenster belauscht, im vierzehnten Stock, und von wo aus sie sich in den Osten zurücksehnen, an die gute alte Zeit denken, die schwierig war, gewiss, aber eben anders, vor allem die Leute. Alles hat einen Goldrahmen hier, ein fein gehäkeltes Rüschchen oder einen besonderen Henkel, und im Auto werden wir dann zu viert noch lange drüber lachen, über das Geschirr und das Kuchen-essen-Müssen, und das weiche, ebenfalls aus Brokat scheinende Sofa und das Bild darüber, mit der Birkenlandschaft im Moor, dem spiegelnden Fluss. Die Läufer, über die man immer stolpert, der Servierwagen mit dem Goldgitter an den Seiten, die Uhr auf dem Schränkchen, in dem der Fernseher versteckt ist, die Uhr, die eine Käseglocke ist mit lauter goldenen, sich drehenden Teilen. Deutschland ist ein lustiges Land. In unserem Zimmer dann, da wo wir schlafen dürfen (die Eltern bleiben im Hotel und sind froh darum), sitzen Eichhörnchen aus Plastik mit einem rostroten Filz bekleidet und an der Wand hängt eine Kuckucksuhr, die man anhalten muss, um schlafen zu können. Auch da steht ein weiches Sofa und die Decke muss aus einer Öffnung im Kopfteil des Bettes, die bis an den Boden reicht, herausgezogen werden. Auf den Schränken stehen gerahmte Fotos, auch von uns, wie wir ganz brav dastehen und neben unseren Großeltern verlegen in die Kamera grinsen. Die eine Tür zum Wohnzimmer ist sogar mit gelbem Glas ausgekleidet, durch das rautenförmig verdrillte Eisenstangen verlaufen. Es wird sehr viel mit solchen Eisenstangen gemacht, in diesem Deutschland, sogar Gartenzäune, und Absperrungen privater Wendehämmer.

Die Großmutti sitzt immer auf dem weichen Sofa und isst zum Frühstück Brötchen, die aussehen wie alte vertrocknete Weggli, und streicht ihren selbst gemachten Leinölquark drauf und Honig. Das ist so gesund, dass sogar auch wir beide nur noch Großmuttis Leinölquark essen wollen, auf Knäckebrot, und mit Waldhonig. Sie sitzt immer auf diesem Sofa, und über dem Sofa hängt das Bild, es ist fast, als ob sie selbst in dieser urdeutschen Landschaft sitzt, wie eine Kaiserin, als hätte sie dieses Land geboren. Der Großvati sitzt daneben, in seinem Lehnstuhl, und sagt immer, nur Butter druff, dass's besser rutscht. Wir sitzen alle um den mit unser aller Hilfe ausgezogenen und mit allen Kuchenköstlichkeiten Deutschlands beladenen Tisch herum, und irgendwann kommen die Erwachsenen auf den Krieg zu sprechen, ich weiß nicht warum, und fangen an laut zu werden und zu streiten, obwohl die Nachbarn eigentlich mithören könnten.

Ich nippe an meinem köstlichen, gemäß ausgewiesenen Testergebnissen sehr guten Waldbeerenfruchtsaft von einem biologischen Doktor Gesund mit Bart und kann schon lange keinen Kuchen mehr essen, wie auch mein Vater nicht mehr, denn direkt davor war das Frühstück. Ein bisschen kann ich auch verstehen, dass mein Vater joggen gehen will, bei dieser Kuchenkultur, und sich ein Land sucht, wo Berge sind, die man mit dem Velo hochkeuchen kann, den Schlagrahm verheizen. Wir dürfen jedoch noch nicht raus, denn jetzt das Gespräch zu unterbrechen ginge nicht.

Aber es ist doch historisch erwiesen, sagt mein Vater mit heiserer Stimme, er sagt es immer wieder und hat schon einen roten Kopf, es ist doch historisch erwiesen, dass dieser Mann ein Verbrecher war. Die Großmutti sagt, na, nuschelt etwas und schaut mich mit ihrem leicht wackelnden Kopf an. Na, na, so ist das doch nicht. Gütig schaut sie mich an. Das kann man doch jetzt überall nachlesen, was der Hitler verbrochen hat, sagt mein Vater, das ist doch eine historische Tatsache, dass er den Krieg angefangen hat. Die Großmutti sagt mehrmals das Wörtchen gewiss und noch etwas von, man müsse doch sehen, wie es vorher ausgesehen habe. Dann höre ich immer wieder Vollbeschäftigung, Vollbeschäftigung. Ich schaue auf den Kuchen und das Wort hallt in meinem Ohr: Vollbeschäftigung.

Sag du doch auch einmal etwas, nickt die Großmutti jetzt dem Großvati zu, doch der grummelt nur etwas. Es sind nur noch die Großmutti und der Vater, die reden, und sie reden immer lauter. Dazwischen lacht der Vater immer wieder auf, drückt Luft durch die Nase und reißt den Kopf zur Seite. Irgendwann dann kommt es, in dieser Diskussion, dieses Sätzchen, an dem mein Vater noch so lange kauen wird, ohne Schlagrahm. Meine Mutter sitzt nur mit abwartend verzogenem Mund da und macht ganz schmale Augen, wie ich sie gar nicht kenne. Na, na, sagt die Großmutti, er war schon recht, nur das mit den Juden hätte er nicht machen sollen, und sogar mein Bruder und ich wissen irgendwie, dass sie jetzt einfach wieder nur daherredet, wie sie auch sonst immer daherredet, wenn sie auf die Wenden zu sprechen kommt und auf die

Sorben, und auf alle die verschiedenen Trachten, die es im Spreewald gibt.

Später, im Auto, wird mein Vater ganz lange schweigen und dann wird auch er anfangen, über den Krieg zu reden, doch nicht eigentlich, sondern mehr über die Großmutti und wie sie in ihrer Altersschwäche gesagt habe, nur das mit den Juden hätte er nicht machen sollen. Für ihn wird ab da etwas nicht mehr so zu sein wie vorher, an diesem Nachmittag.

Es ist immer noch laut um den friedlichen Kuchentisch mit den goldgerahmten Tassen, und dann wird es leise, und dann wird eine weitere Runde Kuchen gereicht, das heißt, es kann eigentlich niemand mehr, nur ich nehme noch ein Stück, weil, der Kuchen wurde ja extra gekauft und jetzt steht er so da, und ich esse eben, was auf den Tisch kommt, wie es bei uns immer heißt. Die Gespräche gehen weiter, alle sind etwas kontrollierter jetzt oder mehr in sich gekehrt, vielleicht auch wegen der Verdauung all des Schlagrahms auf all den Kuchenstücken, der hier Sahne heißt, bis auf einmal jemand sagt, das Bild hängt aber schief, schaut nur, das Bild hängt doch schief. Alle schauen auf und dann stehen sie auf, halten den Atem an. Mein Vater stellt sich neben das Sofa und greift zum Bild, das hinter der Großmutti den Blick in die Landschaft eröffnet, aber eben als schief entlarvt wurde, als hätte das nicht zu einem anderen Zeitpunkt geschehen können als ausgerechnet heute. Ich sehe es meiner Mutter an, wie sie dasitzt und wohl denkt, name it, häufig in so Situationen sagt sie etwas Englisches in der Richtung, aber heute sagt sie nichts, vielleicht auch weil die Großeltern kein Englisch verstehen. Als dann alle in den Raum zurücktreten und sagen, halt, jetzt, genau so, und dann wieder, nein, nochmal zurück, und als sie endlich aufhören, den Vater am Bild herumzukommandieren, der es selber ja nicht sieht, er ist viel zu nahe dran, finde ich, es hängt eh irgendwie, und dann gehen die Frauen abwaschen, die Tante Christel ist auch da, die älter ist als mein Vater und im Gegensatz zu ihm sehr früh geheiratet hat.

Mein Vater steht auf dem Balkon und schaut aus diesem vierzehnten Stock in die flache Landschaft hinaus, und dann geht er mit meiner Mutter im Hotel etwas holen, während nur der Großvati noch am Tisch sitzt und sich nicht rührt. Ich schaue mir am Fußboden auf dem reich dekorierten Teppich alte Fotos aus dem Schrank an, ins Braun gehende Kleinformate, ein Haus mit einem dichten Gebüsch davor, ein Kinderwagen, zwei in Weiß verpackte Kinder, die stramm ins Objektiv starren, eine Sonntagnachmittagsspaziergesellschaft, ein junger Mann in Uniform, während ab und zu wieder der Servierwagen frei wird, den ich beladen darf und vorsichtig über den holprigen Läufer in die Küche chauffiere, manchmal geht auch etwas schief, aber so schlimm ist das auch wieder nicht, bei dem Kitsch von einem Geschirr, wie meine Eltern wohl sagen würden.

Ich setze mich wieder an den Tisch, dem Großvati gegenüber, der irgendwie nachzudenken scheint. Plötzlich sehe ich, wie sein Blick immer wieder von der Tür an einen Punkt rechts oben an der Wand wandert, immer wieder von der Tür an einen Punkt rechts oben an der Wand. Ich schaue an den Punkt rechts oben an der Wand, auf den der Großvati schon wieder schaut, mit merkwürdig verdrehtem Hals, wo er einen Moment verharrt und dann plötzlich hintenüberkippt. Er kippt in Zeitlupe. Ich kann gerade noch um den Tisch rennen und mich hinter ihn stellen, sodass er nicht mit dem Kopf auf den Boden fällt. Ich stehe da, halte diesen Kopf mit den schütteren weißen Strähnen zwischen meinen Händen und rufe in die Küche, doch sie verstehen mich nicht. Ich rufe noch einmal. Sie sagen, ich solle selber kommen, sie seien beim Abwaschen. Das Gesicht unter mir hat geschlossene Augen und viele Poren auf den Falten, durch die immer wieder Wellen laufen. Ich rufe lauter. Erst nach langen Sekunden taucht die

Tante Christel auf, schreit und stürmt auf mich zu. Sie packt den Großvati sofort an den Füßen und zieht daran, auf den Teppich hinüber. Sie merkt gar nicht, dass ich viel zu klein bin, um mit ihr den alten Mann zu tragen, dass ich ihn bestimmt fallen lassen werde oder sonst etwas falsch mache, doch im Moment bin ich auf einmal auch stolz, dass sie es nicht merkt, sie ist viel zu aufgeregt in ihrem Gesicht. Wir tragen ihn, das heißt schleifen ihn hinüber, er ist viel leichter, als ich gedacht hätte, und dann liegt er vor uns, mit verdrehten Augen, meine Tante pult in seinem Mund herum, keucht immer wieder, das Gebiss, das Gebiss. Die Großmutti kommt herbeigerannt und sagt, mein Gott, Vati, was machst du denn wieder, und dann sind alle sehr aufgeregt. Die Tante geht ans Telefon und zieht den Adressenschieber hervor, blättert immer wieder um und sagt dann, die Nummer des Arztes, Mutti, die Nummer, ich habe dir schon immer gesagt, du sollst die Nummer da aufschreiben, wo man sie auch findet, und die Großmutti stammelt, vielleicht unter H wie Hausarzt. Sie sagt auch den Namen ihres vorherigen Arztes. Der Großvati liegt immer noch da, sodass man das Weiß der Augen sieht, und irgendwann kommen ganz saubere rote Sanitäter und setzen den Großvati auf eine Sitzbahre, wie auf einen Thron, tragen ihn weg. Irgendwann kommt auch mein Vater, und die Großmutti sagt, der Vati ist wieder umgekippt, der Vati ist umgekippt, und der Vater wird ganz ruhig und stellt knappe Fragen. Dann gehen sie alle ins Spital, zu dem man hier Krankenhaus sagen muss, und der Großvati kann schon wieder sprechen.

Auch dieser Besuch wurde irgendwie anders abgebrochen als geplant, ich weiß gar nicht mehr, ob wir länger blieben oder nicht. Der Großvati bekam dann Medikamente zum Verdünnen des Bluts und mein Vater war erleichtert, aber auch ein bisschen besorgt, weil das ja jederzeit wieder passieren konnte.

Als wir mit dem Auto wieder die Grenze passieren, die Pässe hervorholen und zeigen, in der Ferne im Dunst vielleicht eine weiße Spitze erahnen, kommt ein anderes Schweizer Lied im Radio, und meine Eltern stimmen ein, das heißt meine Mutter mit ihrer hellen Stimme und der Vater mit seinem gutmütig falschen Grummelton, und dann fängt er wieder an zu sagen, Füße runter vom Polster, und solche Sachen, und für uns ist es vorbei mit dem lustigen Land, aber dafür ist mein Vater guter Laune.

21

Von oben ist es ein Karomuster, hell- und dunkelgrün. Manche der Vierecke sind größer, manche kleiner, manche unregelmäßiger. Das kommt von den Wellen. Es laufen Wellen durch diese Fläche, hell- und dunkelgrün kariert, mit blauen Klecksen drin, weit unter mir. Ab und zu gibt es flachere Grauzonen, durch lange helle Linien miteinander verbunden, welche die hell- und dunkelgrün karierten Wellen durchschneiden. Am Rand einer solchen Grauzone, neben einem der blauen Würmer, kann ich, als wir tiefer fliegen, braune Punkte ausmachen, das sind die Dächer. Ich verfolge mit meinen Augen eine der hellgrauen Linien und da, hinter dem so gar nicht regelmäßigen dunkelgrünen Waldstück, da liegt sie, unsere korallenrote Siedlung. Ein kleiner, kaum wahrnehmbarer Farbtupfer in diesem Teppich der hell- und dunkelgrün karierten Wellen. Wir fliegen noch tiefer jetzt, aber unsere Terrasse in der Siedlung kann ich nicht genau ausmachen, nur mir vorstellen, dort ist sie, vielleicht sitzen jetzt meine Eltern draußen. Vielleicht sind sie gerade beim Essen. Vielleicht gucken sie gerade nach oben, haben ihr Gespräch unterbrochen und versuchen auszumachen, was für ein Störenfried dieses Knattern verursacht im stillhellblauen Sonntagshimmel. Schnell schon verschwindet die Siedlung aus meinem Blickfeld, unter dem linken Flügel, das kleine Sportflugzeug zittert, und dann sehe ich nur noch, weit hinter den Wellen, die weißen Zinnen, wie sie still dastehen und in eine andere Richtung schauen. Doch das war irgendwann einmal später.

Mein Bruder steht in meinem Zimmer. Ich liege auf dem Bett und lese. Er steht schon lange da und starrt mich an. Ich weiß nicht, was er will. Ich verscheuche ihn. Die Eltern sind im Ferienhaus in den Bergen, es ist herrlich ruhig heute. Ich kann mich richtig in mein Bett hineinwühlen und mich in den Seiten meines Buches verlieren. Neben mir liegen eine Packung Bündnerfleisch und eine Tüte Laugenbrezeln. Ich tue mir Gutes.

Auf einmal höre ich Musik. Laute Musik. Sie kommt aus dem Zimmer meines Bruders, es ist keine klassische Musik, die einen erheben könnte, sondern nur so Bumbum-Musik, wie der Vater immer sagt, die den Kopf hohl macht und die Leute dumm. Ich versuche gerade, meinen Kopf mit schönen Ideen zu füllen. Ich gehe hinüber, trete vor ihn hin. Stell ab, sage ich. Mein Bruder liegt auf seinem Bett, bewegt sich nicht. Stell ab, sage ich. Hau ab, sagt er. Ich sage, du stellst jetzt sofort ab, und gehe wieder in mein Zimmer. Nach ein paar Minuten höre ich noch immer diese Musik. Ich überfliege immer wieder mit den Augen den ersten Absatz auf der Seite, doch die Zeilen fließen vorne in meinen Kopf und auf der Seite wieder hinaus. Ich kann nicht anders und muss immer auf das Bumbum hören. Ich springe auf und gehe hinüber. Mein Bruder sagt, du kannst ja die Türe zumachen. Ich knalle seine Türe zu, gehe wieder in mein Zimmer und schließe die meine, vorsichtig. Ich stehe nur da und horche. Das Bumbum ist leiser jetzt. Ich kann nicht recht entscheiden, ob es noch zu laut oder schon in den Bereich des unabänderlichen Umgebungsgeräuschpegels einzuordnen ist. Ich hoffe für meinen Bruder, dass seine Musik nun in den Bereich des unabänderlichen Umgebungsgeräuschpegels gesunken ist, und lege mich wieder hin. Ich greife wieder zum Buch. Mein Ohr ist mittlerweile so weit geschärft, dass ich das Bumbum automatisch mitverfolge, bei jedem Liedwechsel auf den neuen Takt höre und an diesem zu erraten versuche, ob es wohl ein langes oder ein kurzes Lied sein wird, eher zweieinhalb oder eher sechs Minuten. Ich klappe das Buch zu und schaue aus dem Fenster. Der Baum im Nachbargarten hat Kätzchen gekriegt, die ihrerseits wiederum ein gelbes Kleid erhalten haben. Die Sonne spielt in den Ästen. Ein föhniger Wind wippt sie hin und her, sodass die Sonnenflecken wandern und hüpfen auf meinem Teppich, manchmal in ihn hineinsinken. Ich kann auch anders, denke ich. Ich stehe langsam auf, lege mein Buch zur Seite. Ich drücke auf die Klinke an meines Bruders Türe und drücke. Sie geht nicht auf. Mein Bruder hat sie wohlweislich schon vorher verbarrikadiert. Ich werfe mich mit meinem ganzen Gewicht dagegen. Etwas ächzt in den Angeln, aber sie ist immer noch zu. Ich trommle mit den Fäusten auf das Holz und schreie, aufhören. Auch mein Bruder schreit, aufhören, aufhören.

Einmal, bei einem unserer Kleinkriege im siedlungseigenen Hallenbad ist der Meiere von oben heruntergekommen und hat uns ausgescholten, er hat geschrien, und danach waren wir ganz brav und still. Es dauerte ewig, bis er fertig war, wir dachten, was tobt der so herum, beim Vater geht's viel schneller, ein Wort, das sitzt, und Schluss.

Die Musik läuft immer noch. Ich sag's dir zum letzten Mal, rufe ich, stell die Musik ab. Er ruft, hau ab. Ich trommle an die Türe. Ich höre nicht auf zu trommeln. Mein Bruder schreit. Ich weiß nicht mehr, wie lange es geht. Ich mache so lange, bis du aufhörst mit deiner Musik, sage ich. Ich stehe einfach da und trommle an seine Türe, bis er aufhört mit seiner Musik. Irgendwann, nach Ewigkeiten, geht die Türe auf, und dann kämpfen wir, verbissen, kämpfen so lange, bis wir ausgekämpft sind, und dann schleicht jeder zurück in sein Zimmer. Das Schlimme ist nicht das Kämpfen. Da fließt Adrenalin. Und die Knüffe und Magenboxer hören irgendwann auch auf wehzutun. Das Schlimme ist unsere Starrköpfigkeit. Keiner würde einfach so aufgeben. Das gibt uns eine ziemliche Weile zu tun.

Am Abend spiele ich mit meinem Vater Schach. Wir spielen selten Schach miteinander. Jedes Mal, nachdem wir gespielt haben, braucht es wieder eine lange Zeit, bis ich mich aufraffen kann, den Vater herauszufordern. Er freut sich immer. Und danach ist es für eine lange Zeit wieder gut so. Heute indessen holt mein Vater wieder einmal die braune Schachtel aus dem Schrank herunter und wir legen uns beide auf dem Spannteppichboden auf den Bauch, packen ganz vorsichtig das hölzerne Schachbrett aus mit dem Wasserfleck vor dem linken weißen Turmbauern, dort hat sich an einer fingernagelgroßen Stelle der Lack leicht vom Holz gelöst. Vorsichtig öffne ich den metallenen Verschluss, der die beiden Bretthälften zusammenhält, und wir klappen es auf, entnehmen die Figuren dem mit grünem Samt ausgekleideten Innern (leeren sie nicht etwa einfach auf den Boden). Wir drehen das Brett um, drehen es richtig, sodass von beiden aus gesehen unten rechts ein weißes Feld liegt. Wir stellen die Figuren auf, ich viel schneller als mein Vater, und er rückt dann auch meine mehr in die Mitte ihres kleinen Feldchens. Wir nehmen uns Zeit, bis wir anfangen. Die Mutter ist beim Kochen, mein Bruder in seinem Zimmer, wir liegen am Boden vor dem Brett. Mein Vater nimmt, sich auf einen Ellbogen stützend, einen weißen Bauern und einen schwarzen in die Hand. Dann hält er beide Hände zusammen, schüttelt, trennt sie wieder und zeigt mir zwei Fäuste. Ich zeige auf eine. Wir drehen das Brett. Ich darf anfangen. Wir schauen in stummem Ernst auf die Reihen, ich schaue auf meinen Vater, schaue wieder aufs Brett, sammle mich, und dann fangen wir an.

Ich habe noch nie gewonnen gegen ihn. Höchstens einmal, als ich noch die Dame und einen Turm hatte und er nur einen Turm, aber zwei Bauern weit vorne, und am Schluss hat er dann doch noch eine Dame gemacht und dann hatte er mich auch bald eingekesselt. Es ist wie beim Diskutieren, bei Tisch.

Noch nie habe ich gewonnen. Immer hat am Schluss er Recht. Trotzdem bin ich immer wieder, je länger, je mehr, überzeugt, dass ich einmal gewinnen werde, ich weiß, dass es eines Tages Zeit sein wird, irgendwann einmal, auch wenn der Tag noch fern ist. Eines Tages wird es gelingen. Ich muss mich nur konzentrieren.

Als wir noch ganz neu in der Siedlung sind, rennen wir auf den noch nackten Erdwällen herum, in Badehosen. Wir ziehen die Hosen so weit hoch, dass sie hinten im Spalt verschwinden und man unsere Pobacken sehen kann. Am Rand der Siedlung sind die großen Mädchen. Auf einmal sitzen sie auf meinem Bruder und sagen, der ist süß, den will ich küssen. Sie tuscheln immerfort und dann sagen sie wieder ganz laut, getraust du dich, ihn zu küssen, du wirst schwanger, wenn du ihn jetzt küsst. Die große Gabi hat sich einfach rittlings auf meinen Bruder gesetzt und sagt, wartet, jetzt gleich. Sie schaut meinen Bruder lange an. Nein, jetzt kann ich doch nicht, stößt sie hervor. Aber schau nur, wie süß er ist. Ich stehe daneben und schaue zu. Ich rufe, huhu, fangt mich doch, und renne weg. Ich stehe allein auf dem Erdwall und schaue hinüber, wo die Mädchen in bunten Kleidern alle in einem Kreis am Boden sitzen. Mein Bruder ist noch da, ich sehe seine Füße. Ich kann nicht genau erkennen, was sie tun.

Einmal erzählt uns der Vater etwas, wo es kein Richtig oder Falsch gibt, oder jedenfalls nicht für uns. Er strahlt irgendwie, von innen. Wir fahren von einem Besuch beim Totomann auf der Seestraße nach Hause und die Straße ist wie leer gefegt, es ist gerade irgendein Fußballendspiel. Mein Vater sagt, herrlich, es sollte eigentlich häufiger Fußballendspiel sein. Auch wir genießen dieses Fußballendspiel, es ist wie ein autofreier Sonntag oder die Einweihung eines neuen Autobahnabschnitts, und alle dürfen mitten auf dem Fahrstreifen picknicken. Dann erinnert er sich an eine andere Fahrt auf dieser Seestraße. Er sagt, als ich damals hier entlangfuhr, da kannte ich eure Mutter noch nicht sehr lange, ich habe mir überlegt, ob ich auch für lange Zeit mit ihr würde zusammen sein wollen. Ich habe mir einfach die Frage gestellt. Und auf einmal wusste ich, dass ich die richtige Wahl getroffen hatte. Ich wusste es auf einmal. Er sagt es so, dass nicht einmal mehr er selbst hätte einwerfen können: Halt mal, wie war das jetzt genau? Die Straße ist vollkommen still. Es ist die Seestraße meines Vaters an diesem Abend. Alle hundert Meter eine Laterne, die freundlich nickt, hinter den Autoscheiben.

Er zieht langsam. Denkt lange nach. Ich mag es, diese Zeitspanne, die sich plötzlich auftut, wenn ich schon gezogen habe, dann mit meinem fiebrigen Kopf und seinen Augen zu sehen versuche, in was für eine Falle ich jetzt wieder gelaufen bin, dann entdecke, es ist alles gut, schaue, wie werde ich reagieren, mir schon ein paar Zugmöglichkeiten überlege und schließlich einfach abwarten kann, mir überlege, wie er wohl ziehen wird. Man muss nur schneller sein im Denken. Ich kann aus dem Fenster schauen, auf die Mutter horchen in der Küche. Ich setze mich aufrecht hin, Übersicht gewinnen. Immer wenn ich mit einer Gruppe Gleichaltriger unterwegs bin, suche ich mir einen erhöhten Punkt, einen Stein, einen Baum, einen Hügel, und sei es nur ein Geländer, steige hoch, um Übersicht zu gewinnen, über die anderen, ich, der ich noch immer über einen Kopf kleiner bin als alle, der ich noch immer keine Haare zwischen den Beinen habe, der Einzige mit einem nackten Zipfelchen in der Dusche nach dem Turnen, und mit diesen hochfliegenden, immer fliehenden, nirgends sich festsetzen wollenden Ideen.

Als mein Bruder und ich an jenem Abend des Fußballendspiels aus der Garage hochrennen (wer von uns beiden ist der

Erste), die Tür aufschließen und ins Wohnzimmer treten, ist es da auf einmal seltsam kühl und auf dem Tisch, unserem weißen Wohnesszimmertisch mit den silbrigen Beinen auf der hellen Bastmatte, liegt ein Häufchen weißes Pulver. Wir schauen an die Decke, die Decke aber ist weiß und leer, wir schauen auf den kreisrunden Kegel und sehen, es ist Salz oder Zucker. Dann gehen wir in den Gang, und da liegt ein Stein auf dem Teppich, in der Wand ein Loch, und bei meinem Bruder liegt der Fensterrahmen am Boden, überall Scherben. Wir rennen zurück in den Eingang, wo mittlerweile die Eltern angekommen sind, ebenfalls keuchend, und meine Mutter schaut nur auf den Tisch, sagt, aufpassen, vielleicht sind sie noch da. Sie erzählt die Geschichte, die sie aus dem Lokalblatt hat, wo eine Frau den Einbrecher überrascht hat, dann ist er ihr aus dem Schlafzimmer kopfvoran in den Bauch gerannt und davon, und sie musste ins Spital. Der Vater sagt, wartet hier, macht überall Licht. Er geht vor. Wir haben viel weniger Angst als damals, als im Ferienhaus in den Bergen plötzlich ein Geräusch von der Terrasse kam, von da, wo der Totomann ihren Appenzeller aufbewahrte, in der hintersten Ecke, weil er so stank, in dem Kästchen mit der Fliegengittertüre, und wir wussten nicht, was es war, und dann kam das Geräusch noch einmal, und dann noch einmal, und schließlich ging der Totomann im Dunkeln mutig voraus, direkt auf ihren Käse zu, vor dem sie als Einzige von uns keine Berührungsängste hatte, und dann war es nur der Wind im Ölpapier, der raschelte, sie hatte vergessen, den Käse einzupacken.

Nichts anfassen, sagt mein Vater. Als dann die Polizei da ist, rekonstruieren wir, das heißt mein Vater, Folgendes: Sie sind am selben Abend schon in mehrere Einfamilienhäuser der Gegend eingebrochen. Bei uns haben sie einen Stein direkt neben der Klinke durchs Fenster geschossen, wohl ein bisschen gewartet und dann das Fenster von innen öffnen wollen. Das ist ihnen aber nicht gelungen, darum haben sie gleich den ganzen Rahmen herausgebrochen. Auf der Terrasse war auch die Türe offen. Zweiter Fluchtweg, sagt mein Vater. Dann haben sie unsere Sporttaschen genommen, all die so gut durchdachten Verstecke ausgeräumt, alles eingesteckt, so auch die Zuckerschale mit Goldrand, ein Erbstück, darum der Haufen auf dem Tisch, und dann haben sie noch alle Trainingsanzüge eingepackt, wohl als Bekleidung für weitere Einbrüche. Seitdem haben wir eine Sicherheitsverriegelung an den Fenstern, mit ganz kleinen Schlüsseln, die an geheimen Orten an einem Nagel hängen und die wir bei jedem Öffnen der Fenster hervorholen müssen, dazu noch eine Zeituhr. Wenn meine Eltern jetzt übers Wochenende in die Berge fahren, heißt es kurz unter Clean up! auf dem Zettel noch: Light on! Die Zeituhr macht, dass das Licht auch bei langer Abwesenheit ein- und ausgeschaltet wird, als sei wirklich jemand da. Für Einbrecher, die sich am Licht orientieren. In einem Krimi, den ich einmal schlechten Gewissens neben meiner sonst viel erhebenderen Lektüre konsumiert habe, hatte der Mörder als Alibi sogar Pappfiguren, die sich hinter den Vorhängen verschoben, und der Fernseher flimmerte. Er konnte aber trotzdem überführt werden, weil das Fernsehprogramm an diesem Abend geändert wurde und der dumme Mörder das nicht wusste. Wir haben keine Vorhänge und schauen wenig fern, brauchen auch nichts zu verbergen.

Man sitzt auf der Terrasse, Gäste sind da, wie eigentlich selten. Es sind Gäste aus Amerika, von wo die Offenheit kommt. Ich habe mich verspätet, habe mich zu entschuldigen. Ich war am Schiffssteg unten, sage ich, ich habe einen drangehabt, der war superriesengroß, bestimmt ein Hecht. Ich zeige, wie groß. Die Gäste lassen ein höfliches Ah hören. Ich hätte ihn fast herausgezogen, er war wirklich enorm. Der Vater sagt, du musst nicht übertreiben. Er war wirklich mega, sage ich. Das Gespräch wechselt bald auf andere Themen. Später, unter vier Augen, erklärt mir mein Vater, wenn du gesagt hättest, er ist groß, einfach nur, er ist groß, hätten wir dir geglaubt.

Die Partie will kein Ende nehmen. Erst allmählich machen sich die beiden Völker auf die Wanderung herunter vom Brett, neben die Ellbogen der beiden Sphinxe, wo sie zu Betrachtern werden am Spiel, aus dem sie ausgeschieden sind. Einzig die Damen stehen ein bisschen zierlicher neben der Bühne, denn sie wissen, wenn es einer ihrer Bauern schafft, dürfen sie wieder hinein ins Getümmel. Mit blitzenden Augen, doch stumm, feuern sie ihre Vasallen an. Die Zeit erhält Nischen, in die man sich hineinsetzen kann, ohne daraus verscheucht zu werden. Wer schnell denkt, hat mehr Zeit. Wer zu schnell denkt, hat nicht aufgepasst. Ich schaue meinen Vater an. Warum studiert er nur so lange. Ist er so zerstreut und sieht die Gelegenheit nicht, oder überlegt er schon wieder einen Schritt weiter? Es gibt immer die Möglichkeit, dass er schon einen Schritt weiter überlegt. Dann muss auch ich wieder einen Schritt weiter überlegen, worauf sich abermals die Frage stellt: Hat er nicht schon wieder weiter gedacht? Es tun sich Abgründe auf, unendliche. Das Denken hört nicht auf. Die Partie wird sich verlangsamen, wird immer zäher werden, immer mehr zum Stillstand kommen und dauern, über alle Abendessen hinaus. Zum Glück spiele ich mit dem Vater nicht dieses andere Spiel, wo jeder eine Anzahl Finger in die Luft hält, und wenn die Summe gerade ist, gewinnt er, wenn sie ungerade ist, gewinne ich. Das würde noch länger gehen. Noch länger als ewig. Man müsste immer denken, vielleicht hat er noch einen Schritt weiter gedacht und von da aus vielleicht noch einen, es würde ewig gehen, denn Denken braucht eben Zeit, auch wenn man ganz schnell denkt. Ich schaue meinen Vater an. Ich frage mich, was in seinem Kopf wohl vorgeht.

Einmal hat der kleine Bert, der sechs Jahre jünger ist als ich, aber gleich groß, einen Kleinen geschlagen, einen von den ganz Kleinen. Ich habe den Bert ins Schwitzkästchen genommen, habe gesagt, hörst du auf, und er wollte nicht aufhören. Irgendwann habe ich ihn gelassen und bin gegangen. Bert ist liegen geblieben. Später höre ich sie überall rufen, er hat dem Bert das Genick gebrochen, er hat dem Bert das Genick gebrochen. Ich verstecke mich im Wald oben. Jetzt sind auch die Großen da. Sie sehen mich von der Straße aus. Die Kleinsten rufen: Bert ist tot, sein Genick ist gebrochen. Sie rufen meinen Namen. Die Schreckensnachricht hat sich schon überall verbreitet. Ich sehe, wie sie alle um ihn herumstehen. Die Großen schwärmen aus, ich sehe von meinem Lieblingsbaum aus genau, wie eine Gruppe linksherum geht und eine rechtsherum. Ich kriege Angst. Werden sie die Polizei holen? Werden sie Hunde auf mich hetzen? Ich grabe mich im Boden ein, reibe mir Laub und die tannige, lose Erde ins Gesicht und über die Hände. Plötzlich merke ich, dass sie mich so ja trotzdem finden werden. Ich laufe ganz weit weg, durch andere Wälder, durch andere Siedlungen.

Meine längste Distanz ist dreiunddreißig Kilometer. Ich gehe jetzt immer Joggen am Wochenende. Ich bin ja kein Kleiner mehr, der immer nur spielen kann den ganzen Tag. Spielen kann ich immer noch am Nachmittag, Fußball oder Schiitli-Verbannis. Wenn ich weiß, ich habe etwas geleistet. Dass ich vielleicht umkehren sollte – weit durch die Voralpen vorgedrungen, schon fast in die Nähe der Zentralalpen gelangt, die man von hier ganz gut sehen kann, die Beine unter mir sind schwer geworden –, realisiere ich erst, als mich ein Fahrrad überholt, der Fahrer sich umdreht und ich sehe, es ist der Meiere. Er schaut mich erstaunt an und fragt, kannst du noch? Er selber scheint müde, noch so weit entfernt von zu Hause. Ich beiße die Lippen zusammen, nicke stumm. Ich halte nicht an. Er fährt davon. Zu Hause, am Nachmittag, auf dem Sportplatz oben, beim Fußball, sagt der kleine Meiere, das ist aber nicht gut, wenn man noch nicht erwachsen ist, so weit joggen. Mein Vater hat gesagt, das ist ungesund. Ich nicke nur. Er ist neidisch, ich sehe es ihm genau an.

Wir sitzen draußen auf der Terrasse beim Frühstücken. Mein Vater, wie immer, nur in Badehosen, meine Mutter in Leibchen und kurzen Hosen, mein Bruder und ich in Pulli und Trainingshosen. Es weht eine kühle Brise. Mein Vater hat Hühnerhaut, meine Mutter auch. Sogar wir, unter unseren Pullis. Das ist gut für die Durchblutung, sagt mein Vater. Das ist eine gute Vorbeugung für Erkältungen. Schaut mich an, ich bin praktisch nie erkältet.

Ich bin ständig erkältet, denke ich. Aber nur weil ich etwas falsch mache, ich weiß. Weil ich schwimmen gehe, wenn ich schon den Schnupfen im Anzug spüre, weil ich mit nassen Haaren hinausgehe, weil ich überhaupt zu lange Haare habe, weil ich mich falsch ernähre, zu viel Schokolade usw. Obwohl ich mir doch Mühe gebe und nach dem Duschen am Morgen immer noch ganze fünf Sekunden auf kalt stelle. Das ist gut, das härtet ab und erfrischt. Und es muss ja nicht einmal jeden Tag sein.

Wir gehen zu viert auf das Tor der Tiefgarage zu, meine Eltern, mein Bruder und ich. Der Platz vor der Garage ist weit und hell, die Sonne scheint, es ist Sommer. Wir werden einen Ausflug machen, an den See, in die Berge, was weiß ich.

Wir schreiten auf das Garagentor zu, und schon sehe ich die Wolfshaut daliegen, sauber gefaltet. Der Mann sitzt daneben auf seinem Klappstuhl und schläft. Es ist fast ein Spiel jetzt. Ich renne auf die Wolfshaut zu, laut rufend, sie faltet sich auf, der Mann schlüpft hinein, eine dunkle Fellschnauze, die uns frisst, und schon sitzen wir im Bauch und fliegen davon. Ich habe keine Angst mehr. Wir sehen seltsame Sachen, die aber alle nicht so wichtig sind. Eine kleine Welt. Dunkel ist es hier drin, aber angenehm, und es blendet nicht. Bald landen wir, steigen heraus und gehen zum Auto.

Der See ist blau, die Berge haben sich in die Ferien verabschiedet, ich stehe am Wasser und schaue auf meinen Schwimmer. Der Schwimmer ist gar nicht wichtig, wichtig ist nur, dass ich dastehen kann und das Seegras riechen und auf den Tag hören, wie er erwacht, mit den Menschen da und dort, die anfangen, sich zu regen, auf einen umgedrehten Bootsrumpf klopfen, auf der Straße eine Tasche vorbeitragen oder einfach dastehen und aufs Wasser hinausschauen. Es ist nicht viel zu erkennen, das Wasser spiegelt den noch leeren Himmel, der erste Wind wird erst später aufkommen, auflandig am Morgen, und das Wasser wird anfangen, sich zu kräuseln, die Möwen werden erwachen, die Egli vielleicht jagen, wer weiß. Jedenfalls ist es noch schön ruhig und angenehm ereignislos.

Wir spielen immer noch. Gerade eben hat mein Vater einen Zug getan. Jetzt schweigt er. Er wollte nicht aufhören, als wir vorhin zum Essen gerufen wurden. Ich weiß nicht, wie lange die Partie noch dauern wird. Das Brett liegt vor uns, mit seinen Quadraten, fast endlos, wenn man den Kopf auf Bretthöhe hält, aufgestützt auf die am Boden liegenden, verschränkten Hände. Die weißen und schwarzen Figuren haben etwas an sich, dass man sie anfassen möchte, den Ecken und Windungen im Holz nachfühlen, besonders den runden Köpfen der kleinen Bauern und den gezackten Mähnen der Pferde. Ich versinke in Nachdenken, es ist kein Ende abzusehen, die Positionen werden immer weiter verschoben werden, einzelne Figuren verschwinden, manche tauchen wieder auf, wir stehen uns immer noch gegenüber, wir werden immer weiter spielen, bis in alle Ewigkeit.

Und eines Tages bleibt das Wetter stehen und die Vögel hören auf zu zwitschern, bleibt die Landschaft stehen und die Voralpenwellen wandern nicht mehr weiter, die Nagelfluhmassive haben aufgehört, sich zu verschieben, die Wälder laufen nicht mehr, wie auch die Voralpenflüsse nicht, sie stehen, wie die Seen, wie die Gletscher, wie der Himmel. Das Bild ist eingefroren.

Die Natur gefriert, und erwacht. Plötzlich. Unerwartet. Die Fische tauen auf, aus dem Eis, schütteln sich ungläubig, wedeln mit dem Schwanz, und schon gleiten sie davon. Schmetterlinge reisen wieder über die Blumenstationen. Birkhähne balzen, Hirsche röhren. Es werden wieder Wölfe angesiedelt, die ab und zu heulen in den Tälern, man hat keine Angst mehr, sie könnten zu viele Schafe reißen, oder kleine Buben. Und mein Körper beginnt allmählich zu wachsen.

Umschlaggestaltung any.way, Wiebke Buckow
Zeichnungen Théodora Quiriconi
Satz aus der Dante PostScript PageMaker bei
Pinkuin Satz und Datentechnik, Berlin
Druck und Bindung Clausen & Bosse, Leck
Printed in Germany
ISBN 3 498 04484 2

Die Schreibweise entspricht den Regeln
der neuen Rechtschreibung.